迅速な対応はプロセスの理解から！

紛争類型別

DISPUTE TYPE POINTS OF
PROCEDURE SELECTION

手続選択のポイント

［編］
第一東京弁護士会
若手会員委員会
出版部会

第一法規

はしがき

　第一東京弁護士会「若手会員委員会」は弁護士登録10年以内の委員で構成されており、本書は、本年度の委員である67期から76期までの弁護士に、当委員会のOBである66期の弁護士を加えて執筆しております。委員の年齢、経験、立場は様々ですが、本書では、それぞれに分野に知見のある弁護士が分担して、自分の経験を踏まえて、まだ実務経験が浅かった頃の記憶が鮮明なうちに、各分野で留意すべき点を意識して執筆しました。

　昨今の弁護士は各業務分野ごとに専門特化する傾向があるとはいえ、みなさんは多様な類型の相談を受けることがあると思います。とくに経験の浅い若手の弁護士は、なじみのない類型でどのような手段をとるのが適切か、ただちには判断しづらいこともあるでしょう。そのような皆さんに向けて、本書は、依頼者から相談を受けた際に、的確かつ迅速にアドバイスできるよう、多様な事件類型における手続のポイントを整理しました。一般民事、労働問題、交通事故、家事事件（離婚・相続）、破産再生、発信者情報開示、被害者参加、建築・不動産、商事紛争、危機管理（第三者委員会等）など、実務で遭遇しやすい領域を網羅し、それぞれの事件類型でよく活用される手続の概要を広くまとめています。

　各章では、事件の類型に応じて、どの手続を選択し、どのように進めていくのかを解説しました。各手続の概要や注意点について幅広く記載するとともに、相談を受けた際に即座に利用できる構成を意識しています。多数の事件を抱えている皆さんは、事件と離れて体系的に勉強していくのも骨が折れると思います。そこで、実際に事件の相談が来たときに本書を参照することで、各手続の要点を把握し、依頼者に的確なアドバイスができるようにすることを目指しました。訴訟だけでなく、色々な手段がありうるのですから、本書を参考に、皆さんが色々な選択肢をとることができるようになり、ひいては依頼者の満足につながれば幸いです。

　本書を通じて、皆さんが多様な案件に対応できるようになることを、心より願っています。

令和7年2月

第一東京弁護士会若手会員委員会
委員長　弁護士　大野　薫

はじめに

　知らない分野、専門外の分野の事件を受任したとき、誰もが「怖い」と思った経験があるのではないでしょうか。弁護士にとって未知の分野は、自分のスキルの幅を広げることができるチャンスであると同時に、普段慣れている分野よりも失敗する可能性が高いピンチでもあります。

　未知の分野の依頼を受け、新たに勉強をしようと思っても、弁護士は忙しく、十分な時間が取れないことも多いかと思います。また、その分野の専門書籍を読んだり、その分野を専門としている先輩や同期の弁護士に相談したりしようとしても、「何から手を付けていいのか分からない」「何から質問すればよいのか分からない」といった経験をしたこともあるかもしれません。

　本書は、各分野について専門知識を持っていない弁護士を念頭において、ざっくりとした全体像、イメージを持ち、初動において間違えるリスクを減らすこと、相談・受任から訴訟等の法的手続に向けた流れを理解することを目的として、企画・執筆したものです。

　執筆者は、第一東京弁護士会の若手会員委員会という委員会に所属する1年目から10年目前後の弁護士です。各執筆者とも専門外の分野に直面したときの「怖い」という経験を鮮明に覚えています。そのような若手弁護士が、自分が専門とする分野について、「もし自分が専門知識を持っていない弁護士だったら、何を知りたいだろうか」という観点から、構成を考え、執筆をしていますので、分かりやすい、とっつきやすい書籍となっています。

　皆さんにとって、本書が未知の分野に挑戦するための第一歩となることができれば、なによりの幸せです。

令和7年2月

　　　　　　　　　　　　　　　　　　　第一東京弁護士会若手会員委員会

　　　　　　　　　　　　　　　　　　　弁護士　澤木　謙太郎

編集委員・執筆者一覧
（※編集委員・執筆者は全員、第一東京弁護士会に所属）

井口　賢人（いぐち　けんと）【編集委員、第1章】
江川西川綜合法律事務所　弁護士。明治大学法学部法律学科卒業、早稲田大学大学院法務研究科修了。令和5年第一東京弁護士会広報調査室嘱託。明治大学法曹会事務局。労働事件、企業法務、一般民事事件等を主に取り扱う。著作として『Q&A　単純承認・限定承認・相続放棄の法律実務』（日本法令、令和6年）、『即解！印紙税　要点ナビ』（日本法令、令和5年）、『〈ヒントは条例にあり!?〉業界別　法律相談を解決に導く法律・条例の調べ方』（第一法規、令和5年）、『若手弁護士・パラリーガル必携　委任状書式百選』（新日本法規、令和3年）、『標準実用契約書式全書〔4訂補訂版〕』（日本法令、令和6年）、『最新　取締役の実務マニュアル』（新日本法規、平成19年〜（加除式））、『実務家に必要な刑事訴訟法―入門編』（弘文堂、平成30年）（いずれも共著）。

澤木　謙太郎（さわき　けんたろう）【編集委員、第1章】
浅沼・杉浦法律事務所　弁護士。立命館大学法学部卒業、中央大学法科大学院卒業。平成27年12月弁護士登録。令和4年第一東京弁護士会広報調査室嘱託。主な著作に「コンビニ加盟店の店舗従業員に対する本部（フランチャイジー）の労組法上の使用者性」（季刊労働法258号、平成29年）、『Q&A労働時間・休日・休暇・休業トラブル予防・対応の実務と書式』（共著、新日本法規、令和2年）、『最新　労働者派遣法の詳解―法的課題　その理論と実務』（共著、労務行政、平成29年）。『〈ヒントは条例にあり!?〉業界別　法律相談を解決に導く法律・条例の調べ方』（共編著、第一法規、令和5年）。

佐々木　将太（ささき　しょうた）【編集委員、第2章】
法律事務所ASCOPE　弁護士。平成28年明治大学法科大学院終了。平成29年弁護士登録。主な取扱分野は、人事労務問題を中心とした企業法務のほか、一般民事、不当要求対応、暴力団排除、刑事事件など。主要な著作に『最新　取締役の実務マニュアル』（共著、新日本法規、平成19年〜（加除式））、『〔改訂版〕証拠・資料収集マニュアル―立証計画と法律事務の手引―』（共著、新日本法規、令和4年）、『〈ヒントは条例にあり!?〉業界別　法律相談を解決に導く法律・条例の調べ方』（共著、第一法規、令和5年）など。

編集委員・執筆者一覧

山田　まどか（やまだ　まどか）【編集委員、第4章】
みなと青山法律事務所　弁護士。千葉大学法経学部法学科、明治大学法科大学院出身。主な取扱分野は不動産取引や交通事故を中心とした中小企業法務、離婚、相続、後見、刑事事件等。主な著作（共著）に『実践弁護士業務　実例と経験談から学ぶ　資料・証拠の調査と収集』（第一法規、平成31年）、『〈ヒントは条例にあり!?〉業界別　法律相談を解決に導く法律・条例の調べ方』（第一法規、令和5年）。

神崎　華絵（かんざき　はなえ）【編集委員、第10章】
渥美坂井法律事務所・外国法共同事業　弁護士。早稲田大学法学部早期卒業、早稲田大学大学院法務研究科修了。令和元年12月弁護士登録。民間企業（日系航空会社）で勤務した経験をもとに、企業法務、労働事件、知的財産案件等を主に取り扱い、各種訴訟対応に注力。主な出版物として『実践弁護士業務　実例と経験談から学ぶ　資料・証拠の調査と収集〈第2版〉』（編集、第一法規、令和6年）、『実践弁護士業務　実例と経験談から学ぶ　資料・証拠の調査と収集　不動産編』（編集、第一法規、令和5年）。

森田　和雅（もりた　かずまさ）【第1章】
芝琴平法律事務所　弁護士。専修大学法学部法律学科卒業、北海道大学法科大学院修了。令和7年第一東京弁護士会広報調査室嘱託。企業法務、事業再生、倒産事件、一般民事事件、刑事事件等を主に取り扱う。著作として『〈ヒントは条例にあり!?〉業界別　法律相談を解決に導く法律・条例の調べ方』（第一法規、令和5年）、『子どものための法律相談』（青林書院、令和4年）、『若手弁護士・パラリーガル必携　委任状書式百選』（新日本法規、令和3年）（いずれも共著）。

沖田　洋文（おきた　ひろふみ）【第1章】
山岡総合法律事務所　弁護士。中央大学法学部法律学科卒業、在学中予備試験合格。令和3年12月弁護士登録。主な取扱分野は不動産、相続、中小企業法務。第一東京弁護士会刑事弁護委員会、民事介入暴力対策委員会所属。主な著書は、『最新　取締役の実務マニュアル』（共著、新日本法規、平成19年〜（加除式））。

編集委員・執筆者一覧

南越　維心（みなこし　いしん）【第1章】

弁護士法人大地総合法律事務所　弁護士。同志社大学法学部卒業後、貿易会社に勤務し、通訳業務（ベトナム語）等に従事する。その後、大阪市立大学法科大学院を修了。令和4年弁護士登録。主な取扱分野は副業商材やサクラサイトなどの詐欺事件を中心とする消費者問題や一般民事、刑事事件など。詐欺事件については年間1000件以上を受任している。またベトナム語が必須・重要となる事件（ベトナム人研修生に関する法的問題の使用者側・労働者側や外国人犯罪など）も扱う。

寺本　吉孝（てらもと　よしたか）【第1章】

西村・町田法律事務所　弁護士。中央大学商学部卒業、早稲田大学大学院法務研究科修了。不動産、相続、企業法務、一般民事事件等を主に取り扱う。著作として、『Q&A　単純承認・限定承認・相続放棄の法律実務』（日本法令、令和6年）、『最新　取締役の実務マニュアル』（新日本法規、平成19年〜（加除式））（いずれも共著）。

古賀　桃子（こが　ももこ）【第2章】

第一芙蓉法律事務所　弁護士。九州大学卒業、早稲田大学大学院法務研究科修了、University of Southern California, Gould School of Law（Business Law Certificate）卒業、NY州弁護士。主な取扱分野は、人事労働問題（使用者側）、不祥事調査・対応、企業法務全般など。著作として、『懲戒をめぐる諸問題と法律実務』（労働開発研究会、令和3年）、『ケースでわかる成功する募集・採用の最新ノウハウ-適正な対応と法律実務-』（新日本法規、令和3年）、『新型コロナウイルス影響下の人事労務対応Q&A』（中央経済社、令和2年）（いずれも共著）。

谷口　奈津子（たにぐち　なつこ）【第2章】

虎ノ門第一法律事務所　弁護士。慶應義塾大学法学部法律学科中退（法科大学院に飛び入学のため）、慶應義塾大学大学院法務研究科修了。主な取扱分野は、一般企業法務、エンタテインメント法務、紛争対応、一般民事、家事（主に相続関係）など。著作として『こんなときどうする　製造物責任・企業賠償責任Q&A＝その対策のすべて＝』（第一法規、平成12年〜（加除式））、『〈ヒントは条例にあり!?〉業界別　法律相談を解決に導く法律・条例の調べ方』（第一法規、令和5年）（いずれも共著）。監修としてドラマ「東京地検の男」（テレビ朝日）、ドラマ「正直不動産2」（NHK）など。

編集委員・執筆者一覧

廣野　亮太（ひろの　りょうた）【第3章】
山分・島田・西法律事務所　弁護士・中小企業診断士。平成19年早稲田大学法学部卒業。民間企業2社（情報サービス業、国際物流業）勤務を経て、平成27年首都大学東京（現：東京都立大学）法科大学院修了。現場に明るくフットワークが軽い弁護士・中小企業診断士として活動中。専門分野は①不動産取引全般（売買・賃貸トラブル、賃料増減額請求、土地・建物明渡請求、建築トラブル等）、②事業承継・相続、③反社会的勢力及びクレーマーの不当要求対応・関係遮断等。

内田　雅也（うちだ　まさや）【第3章】
法律事務所アルシエン　パートナー弁護士（第一東京弁護士会所属）。平成18年法政大学法学部卒業。機械系メーカーの国内営業職勤務を経て、平成27年中央大学法科大学院修了。注力分野は、被害者側交通事故（担当案件数850件以上、日弁連交通事故相談センター相談員）、芸能法務（大手芸能事務所顧問等）、中小企業顧問（石油関連企業、医療法人、競馬関連企業、人材会社等）、民事介入暴力対策（第一東京弁護士会民事介入暴力対策委員会委員）等。

溝邉　千鶴穂（みぞべ　ちづほ）【第3章】
加藤剛法律事務所　弁護士。平成29年上智大学法学部法律学科卒業後、慶応義塾大学法科大学院（未修コース）に進学し、令和2年に修了。令和4年弁護士登録。主な取扱い分野は離婚事件であるが、交通事故、成年後見、建物明渡し、相続、その他の一般民事など、広く業務経験を積んでいる。

本多　翔吾（ほんだ　しょうご）【第4章】
法律事務所ASCOPE　弁護士。駒澤大学法学部、明治大学法科大学院出身。主な取扱分野は、人事労務問題を中心とした企業法務、離婚・男女問題、中小企業法務、刑事事件、借金問題など。主な著作に『〈ヒントは条例にあり!?〉業界別　法律相談を解決に導く法律・条例の調べ方』（共著、第一法規、令和5年）。

伊藤　洋実（いとう　ひろみ）【第5章】

九帆堂法律事務所　弁護士。同志社法学部卒業、中央大学法科大学院修了。主な取扱業務は労務・人事をはじめとする企業法務、不動産法務、一般民事事件、相続事件。主な著作に『寺院のための法律基礎知識 Q&A 宗教法人設立手続から税務まで』（編著、日本法令、令和6年）、『実践弁護士業務　実例と経験談から学ぶ　資料・証拠の調査と収集　交通事故編』（共著、第一法規、令和6年）、『〈ヒントは条例にあり!?〉業界別　法律相談を解決に導く法律・条例の調べ方』（共著、第一法規、令和5年）等。

溝口　懸（みぞぐち　けん）【第5章】

溝口けん法律事務所　弁護士。日本大学法学部法律学科卒業、日本大学法科大学院修了。主な取扱分野は一般民事、家事（特に相続関係）、中小企業法務など。主な著作に『これだけは知っておきたい！弁護士による宇宙ビジネスガイド－New Spaceの潮流と変わりゆく法－』（共著、同文舘出版、平成30年）。

堀田　有大（ほった　ゆうだい）【第5章】

AND綜合法律事務所　弁護士。東京大学法学部、獨協大学法科大学院出身。主な取扱分野は企業の法律顧問、不動産法務（不動産取引・借地借家・建築紛争等）、相続（遺産分割等）。

林　誠吾（はやし　せいご）【第6章】

シグマ麹町法律事務所　弁護士。不動産関連事件、暗号資産関連事件に注力するほか、日本大学法学部助教として、民事手続法の研究及び教育活動を行う。近時の主要な著作として、『シェアリングエコノミーの法規制と実務』（共著、青林書院、令和4年）、『事例でわかる不動産の強制執行・強制競売の実務』（共著、日本加除出版、令和4年）。

足立　香桜里（あだち　かおり）【第6章】

NEXAGE法律事務所　弁護士。東京大学法学部卒業。取扱分野は、訴訟・紛争、人事労務、M&A・組織再編・資金調達、その他企業法務全般。著作として、『IPO物語—とあるベンチャー企業の上場までの745日航海記』（商事法務、令和2年）、『事業リストラに伴う労働条件の変更・人員削減等の留意点』（SMBCコンサルティング、令和3年）、『2021年版　年間労働判例命令要旨集』（労務行政、令和3年）等（いずれも共著）。

編集委員・執筆者一覧

土淵　和貴（どぶち　かずき）【第7章】

TF法律事務所　弁護士（66期）。立命館大学法学部卒業、大阪大学高等司法法研究科（法科大学院）修了。主な取扱業務は企業法務、M&A／企業再編、損害保険会社の相談業務（交通事故等）、企業犯罪を含む刑事事件。著作として『中小企業経営者のための事業の「終活」実践セミナー』（共著、清文社、平成27年）、『中小企業のための民事再生手続活用ハンドブック』（共著、きんざい、令和3年）、『〈ヒントは条例にあり!?〉業界別　法律相談を解決に導く法律・条例の調べ方』（共著、第一法規、令和5年）。

遠藤　泰裕（えんどう　やすひろ）【第7章】

永沢総合法律事務所　弁護士。平成19年北海道大学法学部卒業、平成22年早稲田大学大学院法務研究科修了。平成30年第一東京弁護士会広報調査室嘱託。企業法務、倒産・事業再生法務、保険法務を取り扱う。主な著作に『若手弁護士・パラリーガル必携　委任状書式百選』（共著、新日本法規、令和3年）、「『不適切会計』に対する内部統制と監査」（共著、会社法務A2Z　2015年12月号）、『最新　取締役の実務マニュアル』（共著、新日本法規、平成19年～（加除式））。

髙石　竜一（たかいし　りゅういち）【第7章】

スプリング法律事務所　弁護士。京都大学文学部人文学科卒業。文部科学省、国立大学法人帯広畜産大学を経て令和4年12月弁護士登録。企業法務、M&A、事業再生・倒産、訴訟を中心に、幅広い業務分野を取り扱う。

小俣　梓司（おまた　しんじ）【第8章】

浅沼・杉浦法律事務所　弁護士。明治大学法学部卒業、中央大学法科大学院修了。主な取扱業務は、中小企業を対象とした企業法務、相続、不動産関連、一般民事、家事、犯罪被害者支援など。第一東京弁護士会犯罪被害者に関する委員会に所属。主な著作は、『改訂版　証拠・収集マニュアル』（新日本法規、令和4年）、『2訂版　犯罪被害者支援 実務ハンドブック』（東京法令出版、令和5年）、『若手弁護士・パラリーガル必携　委任状書式百選』（新日本法規、令和3年）、『最新　取締役の実務マニュアル』（新日本法規、平成19年～（加除式））など（いずれも共著）。

編集委員・執筆者一覧

稗田　亜衣（ひえだ　あい）【第8章】
弁護士法人琥珀法律事務所　弁護士。大阪市立大学法学部卒業、神戸大学法科大学院修了。主な取扱分野は、労働事件、交通事故その他一般民事事件、家事事件、犯罪被害者支援など。第一東京弁護士会犯罪被害者に関する委員会に所属。

阿部　造一（あべ　こういち）【第9章】
小川・大川法律事務所　弁護士。東京地方裁判所民事調停官。新宿区建築審査会委員。品川区法律相談員。日本大学法学部法律学科卒業。日本大学法科大学院修了。上場企業、中小企業の企業法務から家事事件に至るまで幅広い業務を取り扱う。主な取扱分野は、不動産（借地借家・建築）、相続、労務、法人倒産案件。著作は、『新・行政不服審査法の実務』（共著、三協法規出版、令和元年）、『若手弁護士・パラリーガル必携　委任状書式百選』（共著、新日本法規、令和3年）、『〈ヒントは条例にあり!?〉業界別　法律相談を解決に導く法律・条例の調べ方』（共著、第一法規、令和5年）。

勝浦　貴大（かつうら　たかひろ）【第9章】
弁護士法人宮﨑綜合法律事務所　東東京事務所　弁護士。関西学院大学法学部卒業、大阪市立大学大学院法学研究科（法科大学院）修了。令和2年12月に大阪弁護士会から第一東京弁護士会に登録替え。主な取扱分野は、反社会的勢力、不当要求排除、企業不祥事、不正調査、個人情報管理、不動産取引全般（売買、賃貸借、建築、共有関係解消、管理組合運営）、刑事事件（無罪判決獲得実績有り）など。

宮野　真帆（みやの　まほ）【第9章】
九帆堂法律事務所　弁護士。成城大学法学部法律学科卒業、立教大学法務研究科卒業。令和4年12月弁護士登録。主な取扱分野は不動産関連、一般民事など。主な著作に『実践弁護士業務　実例と経験談から学ぶ　資料・証拠の調査と収集　交通事故編』（共著、第一法規、令和6年）など。

編集委員・執筆者一覧

大江　弘之（おおえ　ひろゆき）【第10章】

奥・片山・佐藤法律事務所　弁護士。開成高校、早稲田大学法学部卒業。平成25年東京大学法科大学院修了。67期。令和4年4月～令和7年4月司法研修所民事弁護教官室所付。株主総会指導などの上場企業法務、企業法務全般、医療法人や非営利法人の経営支援及び破産管財人等を手掛ける。個人の相談（離婚、相続等）、刑事も対応。主要な著作は、『弁護士のための医療法務　実践編～大切なことは医療倫理にあり～』（編著、第一法規、令和4年）、『最先端をとらえるESGと法務』（共著、清文社、令和5年）、『Q&A 令和元年 改正会社法』（共著、新日本法規、令和2年）、『書式　会社訴訟の実務―訴訟・仮処分の申立ての書式と理論』（共著、民事法研究会、令和3年）及び『実務にすぐ役立つ　改正債権法・相続法コンパクトガイド』（共著、ぎょうせい、令和元年）等多数。

又吉　重樹（またよし　しげき）【第11章】

弁護士法人ほくと総合法律事務所　弁護士。慶應義塾大学法学部法律学科卒業、早稲田大学大学院法務研究科卒業、平成28年1月弁護士登録。危機管理（不祥事調査等）、不動産・建築、M&Aを中心に、企業法務全般を取り扱う。主な著作に『中小企業の社内調査』（共著、きんざい、平成31年）、『保険コンプライアンスの実務』（共著、経済法令研究会、平成29年）等。

凡 例

1．裁判例の書誌事項の表示について
裁判例には、原則として判例情報データベース「D1-Law.com 判例体系」（https://d1l-dh.d1-law.com）の検索項目となる判例IDを記載した。
例：最判平成12・3・9民集54巻3号801頁〔28050535〕

2．判例集及び継続的刊行物の略称について
本書に引用される判例集及び継続的刊行物については、原則として以下の略称を用いている。

民録	大審院民事判決録
民集	最高裁判所民事判例集
裁判集民	最高裁判所裁判集民事
下級民集	下級裁判所民事裁判例集
家裁月報	家庭裁判月報
判タ	判例タイムズ
判時	判例時報
労判	労働判例
労経速報	労働経済判例速報
家判	家庭の法と裁判

迅速な対応はプロセスの理解から！
紛争類型別　手続選択のポイント
目　次

- はしがき ... i
- はじめに ... ii
- 編集委員・執筆者一覧 ... iii
- 凡　例 ... xi

第1章　一般民事

第1　はじめに ... 2
1. 本章について ... 2
2. 事件類型 ... 2

第2　手続概説 ... 3
1. はじめに ... 3
2. 訴訟提起前の手続 ... 3
    - (1) 任意交渉　3
    - (2) 証拠保全　3
    - (3) 仮差押え・仮処分　5
3. 債務名義等を得るための手続 ... 13
    - (1) 訴え提起前の和解（即決和解）　13
    - (2) 支払督促　14
    - (3) 民事調停　15
    - (4) 仲裁・調停・和解あっせん　19
    - (5) 訴訟　20
    - column　民事裁判のIT化　35
    - (6) 少額訴訟　36
4. 債務名義取得後の手続 ... 37
    - (1) 総論　37
    - (2) 強制執行　37
    - (3) 担保権の実行　37

(4)　形式的競売　*38*
　　　(5)　財産開示　*38*
　　　(6)　第三者からの情報取得　*39*
　5　参考文献 *40*

第3　手続選択の注意点 *42*

　1　総論 *42*
　2　各段階における手続選択の注意点 *42*
　　　(1)　訴訟提起前の手続　*42*
　　　(2)　債務名義等を得るための手続　*44*
　　　(3)　債務名義取得後の手続　*47*
　3　手続選択に当たって調査確認すべき事項 *48*
　　　(1)　訴訟提起前　*48*
　　　(2)　債務名義取得手続　*48*
　　　(3)　債務名義取得後　*49*
　　　　column　弁護士会照会を利用した資産調査　*49*

第2章　労働

第1　はじめに *52*

第2　個別的労働関係紛争の類型と特徴 *53*

　1　個別的労働関係紛争の類型 *53*
　2　解雇無効などによる地位確認請求事件について *54*
　　　(1)　解雇訴訟の概要　*54*
　　　(2)　解雇訴訟の特徴　*54*
　　　(3)　その他労働契約の終了を争う紛争類型の特徴　*55*
　3　残業代請求事件について *56*
　　　(1)　労働者側の代理人として調査、検討する点　*56*
　　　(2)　使用者側の代理人として調査、検討する点　*60*
　4　安全配慮義務違反に基づく損害賠償請求事件について *61*
　　　(1)　安全配慮義務違反に基づく損害賠償請求事件とは　*61*
　　　(2)　安全配慮義務違反に基づく損害賠償請求の特徴と準備　*62*

目次

第3 個別的労働紛争に関する手続の種類と選択のポイント ... 66

1 労働紛争に関する手続 ... 66
2 訴訟 ... 66
3 労働審判 ... 68
4 労働事件における仮処分手続 ... 68
 (1) 総論　*69*
 (2) 労働事件における各仮処分手続　*70*
5 裁判所以外の機関における手続 ... 71
6 手続選択のポイント ... 72
 (1) 裁判所以外の機関における手続を選択すべき場合　*72*
 (2) 訴訟と労働審判いずれを選択するべきかのポイント　*73*
 (3) 仮処分手続を選択すべき場合　*75*

第3章　交通事故

第1 総論 ... 78

第2 交通事故事件の対応に必要な知識 ... 79

1 保険 ... 79
 (1) 自動車保険の分類　*79*
 (2) 自賠責に関する手続選択について　*80*
 (3) 社会保険　*80*
 column 弁護士費用特約について　*80*
2 賠償基準 ... 81
 (1) 賠償の基準　*81*
 (2) 賠償額算定に当たり参考となる書籍　*82*

第3 手続の概説とポイント ... 84

1 総論 ... 84
2 示談交渉 ... 84
 (1) 示談交渉のタイミング　*84*
 column 治療費一括対応期間の打ち切りへの対応　*85*
 (2) 交渉の相手方　*86*
 (3) 交渉の方法　*86*

3	後遺障害等級認定手続	86
4	裁判外紛争解決手続（ADR）等	87
	(1) 公益財団法人交通事故紛争処理センター　87	
	(2) 公益財団法人日弁連交通事故相談センター　89	
	(3) 弁護士会の民事紛争解決センター　91	
5	民事調停	91
6	訴訟	91
	(1) 総論　91	
	(2) 交通事故事件における留意点　92	
	(3) 交通事故事件の訴訟物　93	

第4 手続選択の注意点 95

1	総論	95
2	事例別の一般的な手続例	95
	(1) 事例1　過失割合に争いがない事例　95	
	(2) 事例2　治療期間が長期にわたる事例　97	
	(3) 事例3　過失割合や素因減額が問題となる事例　99	
	(4) 事例4　物損のみの事例　100	
	(5) 事例5　自転車事故の事例　102	
3	参考文献	104

第4章　家事（離婚・後見）

第1 総論（本章について） 108

1	手続選択の概要	108
2	登場人物の概要	109
3	家事調停の進行の仕方	109
4	家事調停終了の仕方	110

第2 離婚事件 111

1	離婚	111
	(1) 法律相談　111	
	(2) 離婚調停及び円満調停の概要　112	
	(3) 手続選択のポイント　112	
	(4) 離婚調停の手続の流れ　113	

目 次

- 2 婚姻費用・養育費 ―――― 114
  - (1) 法律相談　*114*
  - (2) 婚姻費用・養育費分担調停　*114*
  - (3) 増額又は減額調停　*117*
- 3 財産分与 ―――― 120
  - (1) 法律相談　*120*
  - (2) 財産分与請求調停の概要　*120*
  - (3) 手続選択のポイント　*120*
  - (4) 財産分与請求調停の流れ　*122*
- 4 面会交流 ―――― 122
  - (1) 法律相談　*122*
  - (2) 面会交流調停の概要　*123*
  - (3) 手続選択のポイント　*123*
  - (4) 面会交流調停の流れ　*125*
- 5 監護者指定・子の引渡し ―――― 126
  - (1) 法律相談　*126*
  - (2) 監護者指定（変更）調停及び子の引渡調停の概要　*127*
  - (3) 子の引渡調停　*129*
  - (4) 子の仮の引渡し　*129*
- 6 親権者変更 ―――― 130
  - (1) 法律相談　*130*
  - (2) 親権者変更調停の概要　*130*
  - (3) 手続選択のポイント　*130*
  - (4) 親権者変更調停の流れ　*131*
  - **column　共同親権の導入**　*131*
- 7 強制執行 ―――― 132
  - (1) 履行勧告等について　*132*
  - (2) 今後確定期限が到来する将来債権　*132*
  - (3) 面会交流及び子の引渡しに対する強制執行　*133*
- 8 情報秘匿 ―――― 134
  - (1) 情報秘匿の制度概要　*134*
  - (2) 非開示希望申出　*135*
  - (3) 住所、氏名等の秘匿制度　*135*
  - (4) まとめ　*135*
- 9 渉外家事事件 ―――― 136
- 10 参考になる書籍 ―――― 136

第3 親子関係事件 138

1 実親子関係を巡る紛争 138
(1) 親子関係を作出する手続　*138*
(2) 親子関係を不存在にする手続　*139*

2 養親子関係を巡る紛争（特別養子縁組を除く） 141
(1) 縁組を行う手続　*141*
(2) 当事者が生存している場合における養子縁組解消手続　*141*
(3) 養子縁組の当事者の一方が死亡した場合の養子縁組解消手続　*142*

3 参考にすべき書籍 143

第4 後見 144

1 成年後見制度とは 144
(1) 成年後見制度　*144*
(2) 援助者　*144*

2 後見制度の選択・利用方法 145
(1) 相談を受けたら　*145*
(2) 法定後見制度（特に成年後見の）利用の流れ　*145*
> **column**　いつから職務開始!?　*146*

(3) 任意後見制度利用の流れ　*147*

3 参考にすべきサイトや書籍等 149

第5章　家事（相続）

第1 総論 152

第2 業務の流れ 153

1 法律相談 153
(1) 心構え　*153*
(2) 複数の相続人から依頼を受ける場合　*153*
(3) 確認すべきこと　*154*

2 手続の選択 157
(1) 相続を希望しない場合、相続を検討する場合　*157*
(2) 相続を希望する場合　*160*
> **column**　相続債務は時効や混同で消滅しないのか　*163*

xvii

目次

| 3 | 参考となる書籍 | 169 |

　　column　使途不明金について　*170*

　　column　法定相続情報一覧図の利用　*171*

第6章　発信者情報開示・削除請求

第1　はじめに … 174

1　総論 … 174
　　column　情報流通プラットフォーム対処法　*175*
2　初動対応 … 176
　　(1)　初期段階で確認すべき事項　*176*
　　(2)　情報発信についての証拠化　*177*

第2　選択し得る手続 … 178

1　総論 … 178
2　侵害情報の削除請求 … 178
　　(1)　総論　*178*
　　(2)　削除請求の法的根拠　*178*
　　(3)　任意の削除請求　*179*
　　(4)　裁判上の手続を利用した削除請求　*180*
　　(5)　検索サイトに対する削除請求　*180*
3　発信者情報開示請求 … 182
　　(1)　総論　*182*
　　(2)　任意による発信者情報開示請求　*184*
　　(3)　裁判上の手続　*184*
4　民事上の損害賠償請求 … 190

第3　対応方針の選択 … 191

1　発信者の特定まで行うか … 191
　　(1)　発信者の特定の必要性　*191*
　　(2)　個別の事案において、発信者の特定まで行うか　*191*
2　発信者の特定を行う場合の情報の辿り方 … 192
3　発信者の特定を行う場合の手続の選択 … 194
　　(1)　各手続の比較　*194*

(2)　提供命令及び消去禁止命令の活用場面について　*195*

第7章　倒産・事業再生

第1　総論　198

第2　個人　199

1　概説　199
　(1)　手続選択の前提となる情報収集　*199*
　(2)　倒産手続の類型　*201*
　(3)　任意整理の概要　*201*
　(4)　個人再生手続の概要　*202*
　(5)　破産手続の概要　*203*
　(6)　「経営者保証に関するガイドライン」に基づく保証債務整理　*203*

2　手続選択のポイント　205
　(1)　各手続のメリット・デメリット　*206*
　(2)　法人の代表者以外の個人の手続選択に当たってのポイント　*207*
　(3)　法人の代表者の手続選択に当たってのポイント　*209*

第3　法人　212

1　概説　212
　(1)　倒産手続に至る前の経済的再建の検討　*212*
　(2)　手続選択の前提となる情報収集　*213*
　(3)　倒産手続の類型　*215*
　(4)　再建型手続の概要　*216*
　(5)　清算型手続の概要　*218*

2　手続選択のポイント　220
　(1)　各手続のメリット・デメリット　*221*
　(2)　法人の手続選択に当たってのポイント　*222*

目次

第8章　犯罪被害者支援

第1　総論　　228

1 犯罪被害者支援についての相談を受けるに当たって　　228
　(1) 相談を受けるに当たって　228
　(2) 被害者からの法律相談において弁護士が確認・説明すべき事項(チェックボックス付)　229
2 刑事手続の流れと被害者側の手続への関与　　230
3 本章について　　231

第2　被害者参加制度　　233

1 制度の概略　　233
　(1) 被害者参加制度とは　233
　(2) 被害者参加制度でできること　233
　(3) 被害者参加弁護士の役割　234
2 利用要件　　234
　(1) 被害者参加の対象犯罪（刑事訴訟法316条の33第1項各号）　234
　(2) 参加できる者　235
　(3) 参加申出の時期　235
　(4) 国選被害者参加弁護士制度の利用要件　235
3 具体的な手続の流れ　　236
　(1) 参加の申出の手続　236
　(2) 国選被害者参加弁護士の選定手続　237
　(3) 公判期日への出席（刑事訴訟法316条の34）　237
　(4) 検察官に対する意見申述（刑事訴訟法316条の35）　237
　(5) 証人尋問（刑事訴訟法316条の36）　237
　(6) 被告人質問（刑事訴訟法316条の37）　238
　(7) 心情に関する意見陳述（刑事訴訟法292条の2）　239
　(8) 事実又は法律の適用についての意見陳述（被害者論告）（刑事訴訟法316条の38）　239
4 被害者参加における記録の閲覧・謄写　　240
　(1) 検察庁における記録の閲覧・謄写　240
　(2) 裁判所における記録の閲覧・謄写　241
　(3) 民事事件（損害賠償請求訴訟）との関係　241
5 被害者参加弁護士が行うべき準備のポイント　　241
　(1) 被害者との打合せ　241
　(2) 被害者参加の申出　242
　(3) 事件内容の把握（記録の閲覧・謄写）　243

(4)　検察官との打合せ　244
　(5)　裁判所との関係　245
　(6)　公判前整理手続における留意点　245
　(7)　裁判員裁判における留意点　246

第3　損害賠償命令制度　247
1　制度の概要　247
2　制度を利用するメリット　248
3　制度を利用する際の注意点　248
4　利用要件　249
　(1)　対象犯罪（保護法24条1項各号）　249
　(2)　申立人　249
　(3)　相手方　249
　(4)　申立先　249
　(5)　申立期間　249
　(6)　申立費用　250
　(7)　法テラスの民事法律扶助制度の利用　250
5　具体的な手続の流れ　250
　(1)　申立手続　250
　(2)　審理　251
　(3)　裁判　253
6　損害賠償命令事件に関する記録の閲覧・謄写等（保護法40条）　254

第9章　不動産・建築

第1　不動産所有関係　256
1　共有　256
　(1)　共有関係の解消が問題になるケース　256
　(2)　事件処理の流れと手続選択　256
　(3)　共有物分割訴訟（民法258条1項）　257
　(4)　共有持分買取訴訟（民法253条2項）　259
　(5)　所在等不明共有者の持分取得制度（民法262条の2）　260
　(6)　所在等不明共有者の持分譲渡制度（民法262条の3）　261
2　境界関係　262
　(1)　筆界と所有権界について　262

        (2) 事件処理の流れと手続選択　*263*
        (3) 所有権界に関する紛争の場合　*264*
        (4) 筆界に関する紛争の場合　*265*

第2　賃貸借関係継続中の手続　*268*

1　賃料増減額請求　*268*
        (1) 賃料増減額請求とは　*268*
        (2) 事件処理の流れと手続の選択　*268*
        (3) 手続の流れ　*269*
2　借地非訟事件　*270*
        (1) 借地非訟事件とは　*270*
        (2) 事件の種類　*270*
        (3) 手続の流れ　*272*
        (4) 介入権申立事件における相当の対価　*273*

第3　賃貸借関係終了に基づく明渡しに関する手続　*274*

1　保全手続　*274*
        (1) 保全を検討すべき場合　*274*
        (2) 土地　*274*
        (3) 建物　*275*
2　賃貸借契約の終了事由　*276*
        (1) 賃貸借契約の解除事由　*276*
        (2) 更新拒絶解約申入れの正当事由　*276*
        (3) 調停、訴訟手続による終了の際注意すべき点　*277*
3　建物明渡しの断行・執行　*277*
        (1) 概要　*277*
        (2) 申立方法　*278*
        (3) 明渡催告　*278*
        (4) 明渡断行　*278*

第4　建築関係　*280*

1　建築関連紛争　*280*
        (1) 紛争類型　*280*
        (2) 建築専門家による知見の活用　*280*
2　事件処理の流れと手続選択　*281*
        (1) 民事上の請求　*281*

(2)　建築規制に関する紛争　282
3　建築訴訟における訴訟手続の特徴　282
　　(1)　審理モデルの活用　282
　　(2)　一覧表の作成　283
4　建築訴訟における専門家の関与　283
　　(1)　付調停（民事調停）　283
　　(2)　専門委員　285
5　ADR、相談機関　285
　　(1)　概略　285
　　(2)　建設工事紛争審査会　286
　　(3)　指定住宅紛争処理機関（住宅紛争審査会）　289
　　(4)　住宅紛争処理支援センター（住まいるダイヤル）　292
6　建築規制にかかる紛争　292
　　(1)　建築行政　292
　　(2)　行政訴訟　293
　　(3)　審査請求　293

第10章　会社・商事

第1　総論　298

第2　会社に関する裁判——会社訴訟、会社非訟　300

1　総論　300
2　想定事例　301
3　問題1：株式・株主総会について　301
　　(1)　株式・株主総会にかかる紛争の特徴　301
　　(2)　株式について　302
　　(3)　株主総会決議取消しの訴え　304
4　問題2：役員責任の追及　307
　　(1)　役員責任の追及の概要　307
　　(2)　株主代表訴訟のポイント　307
　　(3)　実際の流れを考える～想定事例を基に～　308
5　参考：振替株式について　309

目 次

第3 会社訴訟以外の商事事件（知的財産） ········· 310
1 事例 ········· 310
2 権利性・出願の判断 ········· 311
　(1) 知的財産権の意義・種類、権利性　*311*
　(2) 事例において　*314*
3 責任追及の内容・方法について ········· 315
　(1) 様々な責任追及　*315*
　　column　著作権法における侵害プレミアム論の明確化　*316*
　(2) 事例において　*316*
4 裁判外での任意交渉 ········· 317
　(1) 任意交渉の方法、内容　*317*
　(2) 事例において　*318*
5 裁判手続 ········· 319
　(1) 知的財産裁判手続の特徴　*319*
　(2) 各手続　*319*
　(3) 事例において　*321*

第4 会社訴訟以外の商事事件（個人情報保護法） ········· 322
1 事例 ········· 322
2 総論：レピュテーションリスクへの対応 ········· 323
3 個人情報とは何か―流出した情報の性質 ········· 323
　(1) 「個人情報」とは　*324*
　(2) 事例で流出した情報の「個人情報」該当性　*325*
4 個人情報の管理と情報の流出への対応 ········· 325
　(1) 個人情報の管理について　*325*
　(2) 個人情報の漏えいへの対応・総論　*326*
　(3) 情報の漏えいへの対応・検討1（個人情報保護委員会へ報告が必要なのかどうか）　*327*
　(4) 情報の漏えいへの対応・検討2（個人情報保護委員会へ報告する事項）　*327*
　(5) 情報の漏えいへの対応・検討3（本人への通知）　*329*
　(6) 民事上の責任　*330*
5 事例の検討 ········· 331
　(1) 事案の概要の把握　*331*
　(2) 流出した情報の個人データ該当性の検討　*332*
　(3) A社の義務・責任について　*332*

第5 会社訴訟以外の商事事件（業法関係） ... 335
1 概要 ... 335
2 具体例1：宅地建物取引業法違反 ... 336
  (1) 総論　336
  (2) 手続選択のポイント　336
  (3) 関連する責任（民事上の責任）について　337
3 具体例2：独占禁止法違反 ... 337
  (1) 総論　337
  (2) 手続選択のポイント　338
  (3) 民事上の責任について　339

第11章　危機管理

第1 はじめに～本書で危機管理を取り上げる理由～ ... 342

第2 なぜ原因分析・再発防止が必要なのか？ ... 344

第3 不祥事調査の流れ ... 345
1 初期調査 ... 345
2 本格調査 ... 346
  (1) 調査体制の検討　346
  (2) 調査の流れ　347
3 調査終了後の対応 ... 354

第4 各紛争類型の原因分析・再発防止イメージ ... 356

第1章

一般民事

第1 はじめに

1 本章について

　本章では、私人間の法的紛争であって家事、商事、労働等のような特有の紛争解決手段を持つ事件類型以外の事件を、一般民事事件として取り扱う。私人間の法的紛争を前提とする都合上、本書においては刑事事件や行政事件については取り扱わない。
　なお、特有の紛争解決手段を持つ事件については、他章にて解説する。

2 事件類型

　一般民事事件の範囲は極めて多岐にわたる。紛争の中心は、法的な権利義務に関するものではあるが、後述する民事調停のように法的な権利義務以外の紛争を取り扱うことができる手続も存在する。
　本章で念頭におく一般民事事件は、損害賠償請求、金銭債権の請求、物権に基づく請求等であるが、これら以外の法的紛争についても本章で概説する手続を用いることができる場面は多くある。また、特有の紛争解決手続をもつ事件類型であっても、それらの手続によって解決ができないときには、本章で紹介する手続に移行する場合も多いので、各章と併せて本章についても参照されたい。

第2 手続概説

1 はじめに

　以下では、一般民事事件において用いられる手続を概説する。弁護士が紛争当事者の代理人となって法的紛争を解決しようとする場合、もっとも基本となる手続は訴訟である。そのため、以下では、訴訟を中心として、主に訴訟提起前に行うべき手続、訴訟又は訴訟の他に債務名義を取得する手段として用いられる手続、債務名義の取得後にその権利を実現するための強制執行手続の3つの観点に分類して説明する。

2 訴訟提起前の手続

(1) 任意交渉

　任意交渉（示談交渉と呼ばれることもある）とは、裁判所などの第三者を介することなく、紛争の当事者間で直接やり取りを行い、紛争の解決に向けた話し合いを行うことである。世の中で発生する事件や紛争においては様々な場面で任意交渉が行われており、実際に任意交渉だけで事件・紛争が解決することも多い。任意交渉だけで紛争が解決できれば、依頼者にとっては紛争を早期に解決できる上に費用も安く抑えられるのでメリットが大きい。また依頼者から紛争解決の依頼を受ける弁護士としても、任意交渉を適切に進めていくことで、紛争を迅速かつ効率的に処理していくことができるのである。

(2) 証拠保全

ア　証拠保全概説

　証拠保全とは、民事訴訟における将来の証拠調べの時期まで待っていたのでは取調

べが不能又は困難となる特定の証拠方法について、あらかじめ証拠調べをしてその結果を保全しておくための訴訟手続である（民事訴訟法234条）。

証拠保全が用いられることが多い事件類型としては、医療過誤事件（医療機関が保管しているカルテ等の診療記録の証拠保全）、残業代請求事件（使用者が保管しているタイムカード等の証拠保全）、金融商品取引事件（証券会社が保管している取引口座開設申込書等の証拠保全）等が挙げられる。対象となる証拠方法には書証だけでなく人証も含まれる。

イ　証拠保全の要件

証拠保全の要件は、「あらかじめ証拠調べをしておかなければその証拠を使用することが困難となる事情がある」ことである。

「あらかじめ」とは、訴訟における正規の証拠調べの段階以前の意味であり、必ずしも訴訟提起前である必要はない。

「その証拠を使用することが困難となる事情がある」とは、証拠の取調べが物理的に困難になる場合だけでなく、著しく経費が増加する場合も含まれる。例えば、証人や当事者本人が老齢又は不治の病のため余命いくばくもない場合、国外へ移住しようとしている場合、文書の文字が消えそうな場合、公文書等の保存年限が経過して廃棄されるおそれのある場合等が挙げられる。

ウ　証拠保全の申立て

証拠保全の申立ては、①相手方の表示、②証明すべき事実、③保全すべき証拠、④証拠保全の事由等の事項を記載した書面（民事訴訟規則153条）に訴訟委任状等の必要書類を添付し、管轄裁判所（民事訴訟法235条）に提出して行う。

④証拠保全の事由とは上記「あらかじめ証拠調べをしておかなければその証拠を使用することが困難となる事情」を意味し、申立書にはこれを基礎付ける事実を具体的に記載し、資料により疎明しなければならない。

エ　証拠保全の審理・決定・実施

証拠保全決定の審理は、多くの場合、書面審理と申立人（又はその代理人）の面接（審尋）を併用する形で行われる。面接では、申立書の内容の補足説明や疎明資料の原

本確認のほか、証拠調べの具体的な実施方法（検証、鑑定、尋問等）及び実施期日並びに決定書及び呼出状の相手方に対する送達方法等の事務的な打合せが行われるのが一般的である。

　証拠保全決定は、当事者に対し、「相当と認める方法」で告知することによって効力を生ずるものであるところ（民事訴訟法119条）、この告知は、一般的には、決定書を作成してその謄本を送達する方法によって行われている。改ざんのおそれを理由に検証するような場合には、相手方に対する送達は執行官送達で行うことが通常である。執行官送達は、指定された証拠調べ期日の約1時間前から1時間30分前に行われることが多い。

　証拠調べの実施にあたっては、裁判官から相手方に対し証拠保全の趣旨説明を行い、相手方の理解・協力を求めることになる。証拠保全には強制力はなく、あくまで相手方の任意の協力を得て行うものである以上、相手方が拒絶する場合には、検証不能等として証拠調べを終了させるほかない。

　証拠調べを実施した場合は、現場でコピー・写真撮影等により対象となる証拠の記録化を行う。記録化された証拠は、調書に添付されて裁判所の証拠保全事件の記録に綴られることになるため、当事者はその記録を閲覧・謄写することにより保全された証拠を確認することができる。

オ　証拠保全の効力

　証拠保全手続が終了した後に本案訴訟が提起された場合、証拠保全を行った裁判所の裁判所書記官が、本案の裁判所書記官に対し、証拠保全の記録を職権で送付し（民事訴訟規則154条）、本案訴訟では、証拠保全の結果を本案訴訟の口頭弁論に上程すれば、当該訴訟において証拠調べが実施されたのと同一の効力を生じることになる。

(3)　仮差押え・仮処分

ア　総論

　権利を実現するための手段は、債務名義を取得して、強制執行等の手続によって満足を得る方法が一般的である。

　しかし、判決等の債務名義の取得には時間を要するところ、時間の経過により勝訴しても救済の実効性を欠いたりする場合がある。また、訴訟提起から債務名義取得ま

での間に、訴訟提起を受けた者が財産を費消したり、執行を免れるために財産を処分・隠匿したりすることがある。そうすると、せっかく債務名義を取得しても強制執行ができなくなってしまう。

このような執行不能や救済の遅延を回避するために、債務者に対して財産の処分や状態の変更を禁じたり、暫定的に一定の給付を命じたり仮の地位を認めさせる手続が民事保全手続である。

民事保全手続には、仮差押えと仮処分の二つの手続きが存在する。仮差押えは、金銭債権の支払を保全するための手続で、仮処分はそれ以外の場合のための手続であるが、両手続には共通する点も多い。また、仮差押えの対象としては不動産、動産、債権があるが、本稿では使用頻度の多い不動産に対する仮差押えと金銭債権（主に預金債権等）に対する仮差押えについて解説する。

イ　金銭債権（預貯金）に対する仮差押え
（ア）　意義

債権仮差押えの対象としては、預貯金債権や売掛金債権、給与債権、敷金債権などが考えられる（以下、主に預貯金債権を前提に解説する）。債権の仮差押えをすると、第三債務者（銀行等）に対し、弁済禁止効が生じる（民事保全法50条1項）。第三債務者が仮差押えを無視して債務者に弁済をしても、その弁済を債権者に対抗することができないため、債権者は第三債務者に対して自身に支払うよう請求することができる。そのため、多くの場合に債務者において預貯金の引き出し等ができなくなり、債務者の財産の散逸を防ぐことが期待できる。

（イ）　債権の特定

被保全債権は、金銭の支払を目的とする債権でなければならない（民事保全法20条1項）。

仮差押えの目的物を債権者において特定する必要がある（民事保全法21条）ため、例えば、預貯金債権を差し押さえる場合、債権者は調査を行うなどして差押えの対象とする銀行名と支店名を把握しておく必要がある。

（ウ）　申立て

　仮差押えの手続は、債権者が裁判所に対して書面（申立書）によって申立てを行うことによって始まる（民事保全法2条1項、民事保全規則1条1号）。申立書の書式等については後掲の参考文献を参照されたいが、通常は本文で申立ての趣旨や申立ての理由（被保全権利と保全の必要性に関する主張）などを記載し、疎明資料を添付し、別紙として各種目録を添付する。

　申立ての理由のうち保全の必要性については、強制執行をすることができなくなるおそれがあるとき、又は強制執行をするのに著しい困難を生ずるおそれがあるときに認められる（同法20条1項）。債務者側に、責任財産を減少させようとしたり、換価によって補足し難くしたり、債務者そのものが所在不明になるおそれがあったりする等、保全の必要性に関係する事情を具体的に記載する必要がある。

　また、保全の必要性については、債務者の被る打撃の程度も関連し、打撃の程度が少ない手続の方が、保全の必要性の審査が緩やかになる。不動産の差押えが当該不動産の換価等を仮に止めるに過ぎないのに対し、金銭債権の仮差押えは債務者が受けるべき金銭の支払を仮に止めることになるため、前者の方が打撃の程度が少ないと考えられている。そのため、保全の必要性として債務者の住居に関する主張や疎明（賃貸物件であることや、自己所有物件である場合には担保余力の無いこと等）が必要となる場合もある。

（エ）　債権者審尋（裁判官面接）

　個々の裁判所の運用によるが、書面審理をした後、債権者の審尋（裁判官面接）が行われる場合がある。特に、東京地裁や大阪地裁等の大規模庁では、全件について債権者審尋が行われている。

　債権者審尋においては、申立書記載の主張及び疎明について裁判官から質問がなされ、債権者はこれに答え、必要に応じて主張や疎明を補充することとなる。なお、債権者審尋の際に、保全担当裁判官の立場から、主張や立証について本案で問題になりそうな点が指摘されることもある。そのような場合には、裁判官と十分に議論をして後の本案に備えることも重要である。

（オ）陳述催告申立て

金銭債権の仮差押えを執行する場合には、第三債務者に対して債権の存否その他の事項を陳述すべき旨の催告を求めることができる。例えば、賃金債権の仮差押えであれば債務者の勤務先に対して勤務の有無や賃金の額を陳述させたり、敷金の仮差押えであれば債務者の物件の貸主に対して敷金の有無やその額等を陳述させたりすることになる。債権者側は、仮差押えの対象となる債権の実態が把握できないことも多いため、実務上、仮差押えを求める事件では、ほとんどの場合、この申立てを併せて行う。

なお、陳述催告申立ては、仮差押命令申立てと同時に又は遅くとも同命令正本が第三債務者に発送される前にしなければならない。

（カ）担保

民事保全事件における担保は、民事保全の執行によって債務者が受ける損害の賠償のために立てるものであるから、担保の額も仮差押目的物の価格に応じて定められることが多い。

なお、担保金の金額については、類型ごとにある程度の目安が示されている（『民事弁護教材　改訂　民事保全（補正版）』司法研修所、平成17年）ため各自で参照されたい。

担保提供期間を定めて担保提供を命じられることとなるが、その期間が短いため（一般的には7日間）、代理人弁護士としては申立てより前の時点で担保金の金額の目安を依頼者（債権者）本人に説明し、供託金を用意させておくべきである。

担保金は法務局において供託手続を行う。供託申請書を記載（供託所窓口に備付けの専用の用紙に記入）するほか、法務局提出用の委任状や資格証明の提出が必要となる場合もあるため、事前に確認をする必要がある。供託金の納付方法については窓口での現金納付のほか、銀行振込、電子納付等の方法がある（詳細は法務局のホームページを確認すること）。

法務局から交付された供託書正本・写し等を保全裁判所に提出すると発令手続に入ることとなる。なお、この供託は原則として担保提供を命じた裁判所の所在地を管轄する地方裁判所の管轄区域内の供託所でする必要がある（民事保全法4条1項、例外は同法14条2項）。裁判所や法務局が遠隔地（事務所から遠い場所）である場合には、法務局に供託金を納付し、その足で供託書正本を裁判所まで提出することが多い。

（キ） 保全命令の発令手続

　法務局から交付を受けた供託書正本とその写しや、郵券、各種目録（必要部数を揃える）等の必要書類を保全裁判所まで提出することで保全命令の発令手続に入る。

　保全裁判所は、提出された書類やその他の追完を命じた書類等が揃っていることを確認し、保全命令を発令する。

（ク） 執行の方法・効力

　裁判所が、債務者及び第三債務者へ、仮差押決定書を送達することで弁済禁止効が生じる。なお、実務では効力発生前に対象となる債権が処分されないよう、債務者への送達を数日遅らせる取扱いがされている。

ウ　不動産に対する仮差押え

（ア） 意義

　不動産の仮差押えをすると、債務者は、仮差押えの目的物不動産について、一切の処分行為が禁止される。不動産の仮差押登記がされた後に、債務者が、第三者に対して、目的不動産の売却を行った場合や、抵当権を設定する等の処分行為をした場合であっても、債権者は、第三者の権利や登記を無視して、本執行としての不動産強制競売を行うことで金銭債権の回収が期待できる。また、不動産の仮差押登記を行うことで、債務者に対し、仮差押登記の取下げをする代わりに債権の支払を要求する等の交渉のカードになる事実上の効果も期待できる。

　もっとも、対象不動産に既に担保が設定されており、強制執行段階で債権を回収できない可能性や、そもそも保全の必要性を欠くとして仮差押えが認められない可能性がある。そのため、不動産仮差押えの申立ての際には、目的不動産の担保余力の有無について十分な検討が必要となる。

（イ） 申立て

　概ね金銭債権の仮差押えの申立てと同様である。

　不動産仮差押えの場合、添付書類として不動産登記事項証明書や固定資産評価証明書等の書類を提出することが必須になる。事案ごとの必要書類については、後掲の参考文献や裁判所のホームページ等を確認されたい。特に緊急を要する場合には、申立

書の記載に先立ち必要書類を早急に確認・取得しておくべきである。
　また、先述のように対象不動産に先順位抵当権等の担保権が存在し担保余力がない場合には、保全の必要性が否定されてしまう可能性があるため、申立ての理由においては対象不動産の担保余力について説明をする必要がある。
　なお、不動産仮差押え特有の執行方法として、強制管理の方法による執行がある（民事保全法47条4項、5項）。強制管理を求める場合には、申立書において、強制管理の方法による執行を求める旨を明示する必要がある。

（ウ）　債権者審尋（裁判官面接）
　金銭債権の仮差押えと同様である。

（エ）　担保
　金銭債権の仮差押えと同様であるが、基本的には固定資産評価額の約2割とされている。ただし、当該不動産に担保権が付いているような場合、その被担保債権を控除して目的物の時価を算定することとなる。

（オ）　執行の方法と効力
　不動産に対する仮差押えの執行方法は、仮差押えの登記をする方法又は強制管理の方法により行う（民事保全法47条1項）。
　これにより、債務者は、仮差押えの目的物について、譲渡や担保権設定等の一切の処分を行うことが制限される。

エ　仮処分
（ア）　意義
　仮処分には、係争物に関する仮処分（民事保全法23条1項）と、仮の地位を定める仮処分（同条2項）の2種類がある。
　係争物に対する仮処分は、債権者が債務者に対し特定物についての給付請求権を有し、かつ、目的物の現在の物理的又は法律的状態が変わることにより将来における権利実行が不可能又は著しく困難になるおそれがある場合に、目的物の現状を維持するのに必要な暫定措置をする手続である。係争物に関する仮処分は、現状を仮に固定す

ることによって将来の本執行に備えるという機能目的を有することに特徴がある。実務上よく見られるのは、不動産の登記請求権を保全するための処分禁止の仮処分や、建物収去土地明渡請求権を保全するための建物の処分禁止の仮処分や、明渡請求権を保全するための占有移転禁止の仮処分等である。

　他方、仮の地位を定める仮処分とは、争いがある権利関係について、債権者に生ずる著しい損害又は急迫の危険を避けるために、暫定的な法律上の地位を定める仮処分である。仮の地位を定める仮処分は、権利を主張する者に生じる現在の危険や不安を除去するために、暫定的な法律関係を形成するという特徴がある。実務上、よく見られるのは、瑕疵ある株主総会決議に基づいて選任された取締役の職務の執行を停止する仮処分や、解雇事件において労働者側が、労働契約上の地位を有することを仮に定める旨の仮処分と賃金の仮払を命ずる内容の仮処分である。

　以下では、仮処分の手続の一般的な流れを概説するが、各事件類型に特有の留意点については、他章に解説を譲る。

（イ）申立て

　仮処分の申立てに当たっては、申立書を作成の上で、管轄裁判所に申立てを行う必要がある。申立書に記載すべき内容は被保全権利の存在と、保全の必要性であり、仮差押えの場合と同様である。

　仮処分事件は、金銭債権以外の権利の保全を目的とするものであるから、被保全債権の種類は多岐にわたる。

　保全の必要性については、係争物に関する仮処分においては、係争物の現状の変更により債権者が権利を実現することができなくなるおそれがあるとき又は権利を実行するのに著しい困難を生ずるおそれがあるときに認められる（民事保全法23条1項参照）。他方、仮の地位を定める仮処分においては、債権者に生ずる著しい損害又は急迫の危険を避けるために必要と認められること（同条2項参照）が要件である。

（ウ）審尋

　係争物に関する仮処分については、書面審理の他、債権者審尋が行われることも多い。とりわけ、東京地裁や大阪地裁等の保全担当の専門部が存在する裁判所では、全件について債権者審尋が行われる。

他方、仮の地位を定める仮処分は、競売や建築等の行為を差し止める類型のものや、動産の仮の引渡し等、発令されることで債権者側に一定の満足を与えるような類型のものも多く、債務者にとっての打撃が大きいことから、債務者の立ち会うことができる審尋又は口頭弁論の期日を経なければ原則として発令できないものとされている（民事保全法23条4項）。そのため、仮差押えや係争物に関する仮処分の場合と異なり、仮の地位を定める仮処分では、双方審尋期日が開かれて、債権者と債務者とで主張立証が繰り広げられることも少なくない。

(エ) 担保

仮処分においても、仮差押えと同様に発令のために担保を立てることが求められる。額については、類型ごとにある程度の目安が示されている（民事弁護教材「改訂 民事保全」（補正板）司法研修所）が、目的物の価格を基準とする仮差押えや係争物に関する仮処分の場合と比べ、仮の地位を定める仮処分においては担保額が高額になることも多いため、事前によく検討しておく必要がある。

(オ) 執行の方法・効力

申立ての内容によって異なるが、例えば不動産に関する登記請求権を保全するための処分禁止の仮処分では、処分禁止の登記を行う方法によって執行され（民事保全法53条1項）、当事者恒定効が生ずることになる。

仮の地位を定める仮処分の場合は、発令された命令に応じて強制執行や間接強制等の方法によって命令内容を実現することになる。

オ 即時抗告・保全異議・保全取消等

債権者は、保全命令の申立てを却下された場合には、告知を受けた日から2週間の不変期間内に即時抗告をすることができる。

他方、保全命令が出された後、同命令に不服のある債務者は、その命令を発した裁判所に保全異議を申し立てることができる（民事保全法26条）。また、保全命令発令後の事情変更や特別事情によって保全命令が取り消されるべき場合には、債務者は保全取消しを申し立てることができる（同法37条ないし39条）。

なお、保全異議又は保全取消しの申立てに関する裁判に不服がある当事者は、送達

を受けた日から2週間の不変期間内に保全抗告をすることができる（同法41条1項）。

カ　担保の取消し・取戻し

上記の通り、保全命令の発令には担保を立てることが必要となる。この点、同担保は本案終結によって自動的に還付されるようなものではなく、債権者は担保の取戻しを受けるために、担保の取消決定又は担保取戻許可決定を得なければならない。

担保の取消しは、担保提供者が担保の事由が消滅したことを証明した場合（「事由止み」ともいわれる）（民事訴訟法79条1項）、担保権利者の同意を得たことを証明した場合（同条2項）、権利行使催告により担保権利者の同意が擬制される場合（同条3項）にそれぞれ認められる。また、担保の取戻しは保全執行としてする登記若しくは登録又は第三債務者に対する保全命令の送達ができなかった場合、その他保全命令により債務者に損害が生じないことが明らかである場合において、保全執行期間が経過し、又は保全命令の申立てが取り下げられたときに、取消しの手続を経ずに、裁判所の許可を得て担保を取り戻す手続をいう。

実務上は、本案訴訟の多くが和解で終結するため、和解条項中に担保取消しに同意する旨の条項を入れて、民事訴訟法79条2項を根拠に担保取消しを行うことが多い。なお、仮処分命令発令後、何らかの事情で本訴提起を行わなかったような場合、うっかりすると担保取消しがなされず、担保が供託されたままというケースがあり得る。依頼者が出資した担保金であるので、そのようなことのないようくれぐれも注意をする必要がある。

3　債務名義等を得るための手続

(1)　訴え提起前の和解（即決和解）

ア　訴え提起前の和解（即決和解）とは

訴え提起前の和解（以下、「即決和解」という）は、裁判上の和解の一種で、民事上の争いのある当事者が、判決を求める訴訟を提起する前に、簡易裁判所に和解の申立てをし、紛争を解決する手続である。当事者間に合意があり、かつ、裁判所がその合意

を相当と認めた場合に和解が成立し、合意内容が和解調書に記載されることにより、確定判決と同一の効力を有することになる（民事訴訟法267条1項）。

即決和解では、前もって当事者間で作成した和解条項を裁判所で調書に記載してもらうことによって、確定判決と同一の効力を獲得することができる。そのため、任意交渉の結果、債務者が自身の債務を認めているものの、今後、債務者が任意に債務を履行しない場合には強制執行を視野に入れている事案において、簡易迅速に債務名義を得る手続として選択される。

イ 手続

相手方の普通裁判籍を有する簡易裁判所に対して、和解を申し立てる。その際、請求の趣旨、原因、争いの実情を記載する。

和解期日においては、和解条項を確認した上で、成立した合意を和解調書に記載する。

期日当日に和解が不調に終わった場合、期日に出席した当事者双方から申立てがあれば、和解申立時に訴えの提起があったものとみなして、裁判所は直ちに弁論を命じる（民事訴訟法275条2項）。

(2) 支払督促

ア 支払督促とは

支払督促とは、金銭その他の代替物又は有価証券の一定の数量の給付を目的とする債権について、債権者からの申立てにより、裁判所書記官が支払督促を相手方に発する手続である（民事訴訟法382条）。同手続の特徴としては、以下の通りである。

(ア) 債権の内容による制限があること（同条）
(イ) 債務者の住所地を管轄する簡易裁判所の裁判所書記官に対し申立てを行い（同法383条1項）、申立てを受けた裁判所書記官は、提出された書類をもとに形式的な審査を行うこと（同法386条1項）

支払督促は、債権者に簡易かつ迅速に債務名義を取得させることが目的であるから、担当官は、当該申立てに却下すべき事情があるか（同法385条1項）、必要な記載があるか（同法387条）という点について形式的に審査することになる。債権者としては、申立てさえすれば、訴訟における審理のように

裁判所に行く必要がなく、また申立ての際に証拠等を提出する必要もないから、債務名義を取得するまでの手間を大きく省くことができる。
- （ウ）訴訟手続と比較すると費用が安価であること

　簡易的な手続であるため、訴訟等に比べると費用が安く済むから、債権者にとっても当該手続を利用するメリットが大きい。
- （エ）債権者の申立てで支払督促に仮執行宣言を付すことができること（同法391条1項）

　債権者からの申立てによって、仮執行宣言を付すことができるようになり、仮執行宣言付き支払督促が確定すれば、債権者は執行文の付与を受けることなく、債務者に対し直接強制執行を申し立てることができるようになる（民事執行法25条）。
- （オ）債務者への発付後、2週間以内に督促異議の申立てがあった場合には訴訟に移行し（民事訴訟法395条）、異議申立てがなかった場合には、当該支払督促は確定判決と同一の効果を有することになること（同法396条）

(3) 民事調停

ア　民事調停とは

　民事調停とは、当事者の互譲により、条理にかない実情に即した解決を図ることを目的とする紛争解決制度である（民事調停法1条）。

　民事事件の中には、訴訟のように法の適用により強制的に解決するよりも、当事者の互譲によって合意形成がなされる方がよりよい解決となる場合がある。また、話合いによる自主的な解決の方が、その後の当事者間の生活関係が円満になることも多い。そのような事件において、当事者間での自主的な解決を促す制度として民事調停制度がある。

　メリットとしては、①法規に拘束されず、紛争事実そのものを条理によって解決するために実情に即した妥当な解決が得られること、②訴訟に比べて、迅速かつ費用も少額で紛争が解決できること、③当事者の合意による解決のため、円満な解決が得られることが挙げられる[1]。

---

[1] 石川明・梶村太市『注解　民事調停法〔改訂版〕』（青林書院、平成5年）4頁

第1章　一般民事

　その他のメリットとして、各分野の専門家が調停委員として事件に関与することで、よりよい紛争解決に導くことができることも、民事調停のメリットである。専門家調停委員が関与することの多い事件類型としては、不動産、建築紛争等が挙げられる。例えば、不動産関連の紛争では、賃料増減額請求事件や共有物分割請求事件など当該対象不動産の価値評価が争点となる。また、建築紛争では、瑕疵の把握はもちろんのこと、建築紛争を一つとっても設計、施工、構造、意匠、材料、地盤及び設備などの専門的、技術的分野が多岐にわたる。

　このような複雑かつ専門的な類型である不動産、建築紛争においては、不動産鑑定士や建築士等の専門家調停委員が関与して紛争の解明に導くことで、実情に即した解決を図ることが期待できる。また、専門家から当事者に対して質疑することや資料提出を促したりし、現地の不動産について現地調査を行ったりすることで、裁判所は図面や写真によっては理解が困難であった当事者の主張を一見して理解することができ、適切な解決を当事者に促すことができる。当事者においても、専門家が関与して現地調査が実施されると、紛争の真の理解を促すことができ、裁判所が作成した調停案や意見書にも納得感が生まれやすい効果がある。

　そのため、不動産、建築紛争においては、専門家調停委員が関与し、現地調査が行われる民事調停手続を利用するメリットは大きい[2]とされている。なお、詳細については第9章を参照されたい。

イ　手続の開始

　民事調停は、当事者による申立てによって開始するほか、訴訟事件中に職権で付される場合（付調停）もある。以下、詳述する。

（ア）申立調停

　民事に関して紛争を生じたときは、当事者は、裁判所に調停の申立てをすることができる（民事調停法2条）。この場合の管轄は、特別の定めがある場合を除いて、相手方の住所、居所、営業所若しくは事務所の所在地を管轄する簡易裁判所である（民事調停法3条1項）。また、当事者が合意で定める地方裁判所若しくは簡易裁判所も管轄

---

[2]　東京地裁の調停部及び大阪地裁の調停部はともに建築専門部に配属されている（東京地裁民事第22部、大阪地裁第10民事部（令和7年1月時点））。

とすることもできる（民事調停法3条1項）。すなわち、民事調停手続の事物管轄は、原則として簡易裁判所であり、当事者の合意がある場合（例えば、申立前に管轄合意がある場合や契約書上に管轄条項がある場合）に限り、地方裁判所で申立てをすることができる。

なお、訴訟と異なり、例えば金銭債権に関する紛争において、義務履行地を管轄として民事調停を申し立てることはできないので注意が必要である。

（イ）付調停

申立て以外で調停手続が利用される場合として、民事訴訟係属中に、裁判官が職権で事件を調停に付することがある。これを付調停という（民事調停法20条1項）。

民事訴訟事件の中には、解決のために専門的知見が重要となる事件もある。このような場合に裁判官は、同事件を調停に付することで、必要な専門的知見を有する専門家調停委員の知識、経験を反映した争点整理を行うことができ、専門家の意見を聞いた当事者も互譲により柔軟な解決を目指すことが可能になる。なお、付調停は不動産や建築紛争等の事件で用いられることが多い[3]。

ウ　手続の進行[4]

（ア）調停機関

裁判所は、調停委員会で調停を行う（民事調停法5条1項）。ただし、裁判所が相当であると認めるときは、裁判官だけでこれを行うことができる（単独調停。民事調停法5条1項）。調停委員会は、調停主任1名及び民事調停委員2名以上で組織する（民事調停法6条）。

調停主任は、裁判官の中から、地方裁判所が指定し[5]（民事調停法7条1項）、調停手続を指揮する（民事調停法12条の2）。

民事調停委員は、裁判所が各事件について指定され（民事調停法7条2項）、調停委

---

[3] 東京地裁民事第22部では、ある程度主張が揃った段階（瑕疵一覧表の一応の完成）で付調停にすることが多い（岸日出夫ほか「建築訴訟の審理モデル〜追加変更工事編〜」判タ1453号（平成30年）17頁）。
[4] 民事調停手続の詳細、運用状況については、宇田川博史・長谷川裕『民事調停官の実務（上・下）−付調停事件を中心に』NBL1276号、1277号（令和6年）を参照。
[5] 調停主任として民事調停官（民事調停法23条の2。弁護士で5年以上その職にあったもののうちから最高裁判所が任命する、いわゆる非常勤裁判官。）が裁判官と同等の権限を持って調停手続を主宰する場合もある（民事調停法23条の3）。

員会で行う調停に関与する専門的な知識経験に基づく意見を述べること等を行う（民事調停法8条1項）。同委員は、弁護士や大学教授などの法律家専門委員のほか、各技術分野の専門家調停委員（建築士、不動産鑑定士、コンピューター専門家、医師、公認会計士など）や有識者専門委員（国際取引業務、銀行取引業務、証券取引業務など）等の様々な知見をもった人物が選任され、法律的観点を踏まえながら、紛争の解明に必要な専門的知見を提供する。

（イ）現地調査

民事調停は条理にかない実情に即した解決を図ることを目的とするため、事案の真相を把握することが不可欠であり、調停委員会は職権で事実の調査及び必要と認める証拠調べをすることができる（民事調停法12条の7）。

特に建築や建物明渡し（朽廃の認定）などの建物に関する紛争並びに土地の形状及び評価などが問題となる不動産関連訴訟においては、調停委員会が不動産の現状をその目で確認することが重要となる。そこで、調停委員会は、係争物件の状況を見分する現地調査を行う（民事調停法12条の4、同12条の7）[6]。現地調査の結果、調停委員会は、調停員会としての意見を評議して、当事者に対し調停委員会の意見を述べ、調停案の作成を行う。

エ　手続の終了
（ア）調停の成立、不成立

調停において当事者間に合意が成立し、これを調書に記載したときは、調停が成立したものとし、その記載は、裁判上の和解と同一の効力を有する（民事調停法16条）。

調停委員会は、当事者間に合意が成立する見込みがない場合又は成立した合意が相当でないと認める場合において、裁判所が後述の民事調停法17条の決定をしないときは、調停が成立しないものとして、事件を終了させることができる（民事調停法14条）。

付調停の場合、受訴裁判所は調停事件が終了するまで訴訟手続を中止することができる（民事調停法20条の3第1項）[7]。この場合、調停が成立し又は後述の民事調停法17

---

[6] 東京地裁民事第22部では、現地調査を行う意味がない又は不可能である事案を除き、おおむね現地調査を実施している（岸日出夫ほか・前掲18頁）。

[7] 東京地裁民事第22部では、係属中の訴訟手続は付調停後も中断せず、訴訟手続の期日と調停手続の期日を同時に開催する運用（手続の並進）を行っている。これにより、調停委員の専門的な知見をシームレスに訴訟手続に反映させ

条の決定が確定したときは、訴えの取下げがあったものとみなす（民事調停法20条2項）。調停が不成立のときは、調停事件終了によって中止していた訴訟手続が再び進行する[8)][9)][10)]。

（イ）　調停に代わる決定（17条決定）

　裁判所は、調停委員会の調停が成立する見込みがない場合において相当であると認めるときは、当該調停委員会を組織する民事調停委員の意見を聴き、当事者双方のために衡平に考慮し、一切の事情を見て、職権で、当事者双方の申立ての趣旨に反しない限度で、事件の解決のために必要な決定をすることができる（民事調停法17条。根拠法から、「17条決定」とも呼ばれる）[11)]。

　17条決定に対しては、当事者又は利害関係人は、異議の申立てをすることができ、その期間は当事者が決定の告知を受けた日から2週間である（民事調停法18条1項）。同期間内に異議の申立てがないときは、17条決定は裁判上の和解と同一の効力を有する（民事調停法18条5項）。一方で、同期間内に適法な異議の申立てがあったときは、17条決定はその効力を失う（民事調停法18条4項）

（4）　仲裁・調停・和解あっせん

　債務名義取得を目的とした紛争解決手段としては、仲裁、裁判所以外の機関による調停、和解あっせん等のいわゆるADR（Alternative Dispute Resolution／裁判外紛争解決手続）を利用する方法も考えられる。

　本章では、仲裁とその他ADRとの一般論について述べるが、実務上は、仲裁と、その他のADRとでは手続に大きな違いがあることについては理解しておく必要がある。

　仲裁は、当事者が現在又は将来の紛争について第三者である仲裁人の判断に委ね、

　　円滑な争点整理を行うことができる一方で、争点整理の結果得られた心証を調停手続に反映させることで解決を図ることが可能である（岸日出夫ほか・前掲17頁）。
8)　　石川明・梶村太市・前掲208頁
9)　　東京地裁民事第22部では、付調停において不調となる場合には、調停手続を活用して得られた専門的知見やこれを踏まえた調停委員の意見を訴訟手続で活用する方法として、調停委員にて意見書を作成する運用を行っている（岸日出夫ほか・前掲17頁）。
10)　　職権付調停事件における結果や過程は訴訟事件に当然には引き継がれないので、調停の結果等を訴訟資料、証拠資料とするためには、期日調書や同別紙の意見書等を謄写した上で、訴訟手続で書証として提出する必要がある。
11)　　17条決定の活用例としては、紛争解決の内容について大筋で一致しながら、途中から一方当事者が出頭しなくなったために調停が成立させられない場合やわずかな差異や感情的対立により調停成立には至らないが裁判所の決定という形であれば当事者が受け入れることが予想される場合が考えられる。

その判断に拘束されることを合意（仲裁合意）した場合に用いられる裁判外紛争解決手続である。

他方、調停・和解あっせんは、当事者間の自主的な紛争解決のために第三者が仲介をして合意の成立を目指す紛争解決手段である。

前者は、前提として仲裁合意に基づくものであるために拘束的な手続であって、申立てに対して応答義務があることや、結論については確定判決と同一の効力を有すること、また仲裁合意がある場合には訴訟提起ができない（仲裁法14条）こと、申立てに時効停止効があること等の特徴がある。

他方、調停・和解あっせんは、当事者間で自由に和解契約を締結することができることを前提に、第三者による仲介・あっせんによってこれを実現しようとするものであるから、非拘束的な手続であり、相手方の応答義務はなく、和解が成立しなければ何ら当事者間の権利義務関係に影響を及ぼさないという点がある。

一般にADR全体を「仲裁」と表現することがあるが、上述の通り、仲裁合意に基づく「仲裁」とそれ以外では拘束力が全く異なるため、依頼者から「仲裁の申立てを受けた。」という相談をされた場合、弁護士としては、それが仲裁合意に基づく仲裁手続を指しているのか、その他のADRを指しているのかを十分に検討した上で回答する必要がある。

一般にADRの手続は、裁判に比べて簡易、迅速、低廉であるといわれているが、主催している機関によって制度設計や運用が異なるため、ADRを利用する場合には事前に調査をしておく必要がある。また、訴訟等では裁判官を選ぶことができないが、ADRでは仲裁人、調停人、あっせん人等を当事者が合意又は指名によって選ぶことができる場合がある点が特徴であり、訴訟や民事調停の場合に比べると、特定分野の専門家による判断を受けることができる点にメリットがある。

ADRを積極的に利用すべき事件類型については当該章で言及する。

(5) 訴訟

ア　訴訟総論

民事訴訟のうち通常訴訟は、公開の裁判所において行われる判決による終了を予定した手続であり、民事事件において最も基本的な紛争解決手続である。審理回数に制限のない点で少額訴訟手続（民事訴訟法368条以下）と異なり、判決による終局的解決

がなされる点で調停や労働審判と異なる。

　通常訴訟の長所としては、当事者の合意ではなく判決という裁判所による一方的な判断で解決が示されることが挙げられる。これにより当事者間の意見や感情の対立が大きな場合でも終局的な解決が可能となる（調停をはじめとするその他の紛争解決手段では当事者の合意が必要となる場合が多い）。通常訴訟では裁判上の和解により解決されることも多いが、これも最終的に判決を下すこととなる裁判所が当事者に一定の心証を示すことで、和解による解決が促進されているものといえる。

　また、確定判決（又は和解調書）は債務名義となり、当事者が任意に履行しない場合には強制執行が可能となる点も、通常訴訟の長所である。

　通常訴訟の短所としては、手続が厳格であり審理期間・回数の制限もないため終結まで時間を要する場合も多い点、他の手続と比較して費用が高額となる場合が多い点、判決による場合には（分割払や担保提供など）柔軟な解決ができない点がある。

　また、訴訟を提起されること、「被告」となることに心理的な抵抗を覚える者もなお多く、訴訟を提起されたこと自体で相手方当事者の態度が硬化してしまうこともある。

イ　訴訟提起の前提事項
（ア）　管轄
a　管轄総論

　訴訟提起をするにあたっては、裁判所の管轄を確認する必要がある。管轄には職分管轄、事物管轄、土地管轄がある。

　職分管轄は裁判所の役割分担についての定めである。具体的には受訴裁判所・執行裁判所の区別や審級を区別するものであり、原則として専属管轄である[12]。

　事物管轄は、第一審訴訟事件につき同一地域を管轄する地方裁判所と簡易裁判所の間の分担の定めをいい、訴額（140万円）で区別される。

　土地管轄は、所在地を異にする同種の裁判所間での職分を分担するための定め、例えば地方裁判所に訴訟を提起する場合に、どの地方裁判所に提起できるのかという問題である。土地管轄については、被告となる者が自然人の場合には住居（民事訴訟法4条1項、2項）、法人の場合には主たる事務所・営業所の所在地（同条1項、4項）のほ

---

12)　新堂幸司『新民事訴訟法（第四版）』（弘文堂、平成20年）98頁

第1章　一般民事

か、同法5条以下で訴えの種類等に応じた管轄が規定されている。

　複数の土地管轄が存在する場合、その中から1つの裁判所を選択して訴訟を提起することとなるが、移動の手間や旅費・交通費の節約の観点から訴訟提起をする代理人の事務所から最も近い裁判所で訴えを提起するのが通常であろう。

　なお、専属管轄を除き、原告が管轄のない裁判所に訴訟提起をした場合でも、被告が管轄違いの抗弁を提出せずに本案の答弁（又は弁論準備手続における申述）をしたときは、その裁判所に管轄権が生じる（応訴管轄、民事訴訟法12条）。

b　法定専属管轄の確認

　法定の専属管轄がある事件では、当事者の合意や応訴によっても法定外の裁判所を管轄とすることが認められない（民事訴訟法13条）ため、訴えの提起にあたっては、法定の専属管轄の有無を確認する必要がある。事物管轄・土地管轄については、特に専属とする旨が法定されている場合に限り、専属管轄となる[13]。

　専属管轄の例としては、人事訴訟（人事訴訟法4条1項）、特許・実用新案等の知的財産訴訟（民事訴訟法6条1項）、会社設立無効や株主総会決議取消・無効確認・不存在確認といった会社の組織に関する訴え（会社法835条1項）等の会社訴訟[14]、再審の訴え（民事訴訟法340条）、民事執行訴訟（民事執行法19条）、破産事件（破産法6条）などがある。

c　合意管轄・専属的合意管轄

　任意管轄（法定の専属管轄以外の管轄）については、第一審に限り当事者間の合意により管轄を定めることが可能であり（民事訴訟法11条1項）、その合意は書面又は電磁的記録による必要がある（同条2項、3項）。

　合意管轄をする場面としては、事件未発生の段階で契約書等の中で合意がされる場合（企業間の契約書の多くには合意管轄に関する条項が規定されている）と、事件が発生し訴訟提起が見込まれる段階になってから当事者間で管轄の合意をする書面を作成する場合（例えば事件の法定の管轄地はA裁判所だが、双方の代理人がともにB裁判所の近くに事務所がある場合など）がある。

---

13)　新堂・前掲96頁
14)　その他、会社法における専属管轄としては、株主による責任追及等の訴え（会社法848条）、株式会社の役員の解任の訴え（同法856条）、特別清算における役員等の責任の免除の取消しの訴え（同法857条）、持分会社の社員の除名の訴え・持分会社の業務執行社員の業務執行権又は代表権の消滅の訴え（同法862条）、社債発行会社の弁済等の取消しの訴え（同法867条）など。

また、合意管轄には、合意された特定の裁判所以外の法定の管轄裁判所の管轄を排除するもの（専属的合意管轄）と、排除しないものがある。専属であるか否かは合意をした書面の解釈によるところ、裁判を行う裁判所を特定したいのであれば、「専属的合意管轄」であることを明記しておくべきである。

d　仲裁合意

当事者間に仲裁合意（仲裁法13条。なお書面又は電磁的記録によることを要する）がある場合、事件の解決は仲裁によって処理することとされ、通常訴訟が提起されても裁判所は訴えを却下しなければならないとされているため（同法14条）、通常訴訟提起にあたっては、当事者間に仲裁合意が存在しないことを確認する必要がある。

（イ）　当事者

a　訴訟能力、法定代理人、特別代理人

訴訟能力とは、訴訟当事者（又は補助参加人）が自ら単独で有効に訴訟行為をなし、または受けるために必要な能力[15]であり、原則として民法上の行為能力が基準とされる（民事訴訟法28条、なお例外として人事訴訟）。訴訟能力を欠く者による訴訟行為や、その者に対する相手方や裁判所の訴訟行為は無効となる。通常訴訟の場合、未成年者や成年被後見人は訴訟能力を欠くとされ、被保佐人・被補助人については訴訟能力が制限されているものとされている。訴訟提起を準備する代理人弁護士としては、法定代理人からの授権を得る、あるいは法定代理人を被告とする等の対応を要する。

未成年者や成年被後見人に法定代理人がいない場合や利益相反等で法定代理人が代理権を行使できない場合、受訴裁判所の裁判長に対し、特別代理人の選任を申立てることとなる（遅滞のため損害を受けるおそれがあることを疎明することを要する。民事訴訟法35条1項）。

b　法人、法人ではない社団・財団、選定当事者

法人は私法上権利主体となることができる者であるから（民法34条）、原則として民事訴訟の当事者となることができる。

法人でない社団・財団については、「代表者又は管理人の定めがある」ことを条件に、民事訴訟上の当事者となることが認められている（民事訴訟法29条）。

---

[15]　新堂・前掲146頁

第1章　一般民事

法人ではない社団・財団について当事者能力に疑義がある場合には選定当事者（民事訴訟法30条）の利用も検討すべきである。

c　共同訴訟

一定の類型では、関係する一定範囲の者すべてを当事者としなければならないとされているところ（必要的共同訴訟、民事訴訟法40条）、訴訟提起にあたっては、固有必要的共同訴訟への該当性に留意して当事者を確定しなければならない。

通常共同訴訟（同法38条）の場合、誰を当事者とすべきかは原告の任意である。ケースバイケースではあるが、複数人を原告とすることで主張立証の充実や、裁判の迅速化につながる可能性もある一方で、原告同士の利害が衝突することも珍しいことではない（当然、代理人としては利益相反にも注意しなければならない）。また、被告を複数とすることで債権の回収可能性を高めるという狙いもある。

ウ　訴状提出

訴状の記載内容については関連する書籍が多数あるため、そちらを参考にされたい[16]。本稿では、訴訟提出に付随する事項について若干の説明をするにとどめる。

（ア）　訴額、印紙、郵券

訴えの提起にあたっては、手数料・郵券を予納しなければならない。

a　手数料（貼用印紙）

訴え（通常訴訟）を提起するためには、手数料の納付が必要であり（民事訴訟費用等に関する法律3条1項）、手数料の納付は原則として[17]訴状正本に印紙を貼付する方法によらなければならない（同法8条本文）。

手数料の金額（貼用印紙額）は訴額を基準に計算される。訴額とは訴訟物の金額、すなわち勝訴によって原告の受ける利益[18]によって定まる（民事訴訟費用等に関する法律4条1項、民事訴訟法8条1項、9条）。算定不能の場合、160万円とみなされる（民事訴

---

16)　司法研修所発行の各書籍のほか、例えば岡口基一『要件事実マニュアル』、弁護士法人佐野総合編『主文例からみた請求の趣旨記載例集』（日本加除出版、平成29年）、佐藤祐義『訴訟類型別　訴状審査をめぐる実務』（新日本法規、平成30年）など

17)　金額が100万円を超える場合には、印紙貼付ではなく現金納付も可能である（民事訴訟費用等に関する法律8条ただし書、民事訴訟費用等に関する規則4条の2第1項）。

18)　東京弁護士会・第一東京弁護士会・第二東京弁護士会編『令和6年度版弁護士職務便覧』（日本加除出版、令和6年）1頁

訟費用等に関する法律4条7項)。例えば、損害賠償請求など金銭給付請求の場合は原則として請求金額が訴額となる。所有権や占有権が訴訟物となる場合など、金銭支払請求権以外を訴訟物とする場合には特別の計算方法が定められているため、その計算方法を確認する必要がある[19]。

　手数料の金額は、訴額に応じて段階的に定められている(民事訴訟費用等に関する法律別表第1)。裁判所のホームページや弁護士職務便覧には手数料金額の早見表が掲載されているため、これを確認するのが便利である。

b　訴訟上の救助

　訴訟上の救助とは、訴訟の準備・追行に必要な費用を支払う資力がない者や、その支払により生活に著しい支障を生ずる者に対し、勝訴の見込みがないとはいえないことを条件に、申立てを受けた裁判所が裁判費用や執行官の手数料の支払を猶予する等の訴訟上の救助の決定をすることができる制度である(民事訴訟法82条、83条)。あくまでも、この制度は裁判費用の「一時猶予」であり、「免除ではない」ことに注意を要し、訴訟上の救助を利用した当事者が経済的利益を得た場合には、精算が求められることになる。

　依頼者が、訴訟提起の費用を用意できないようなケースでは、同制度の利用も検討されるべきである。

エ　送達

(ア)　原則

　訴えが提起されると、裁判所より被告の住所等(住所、居所、営業所、事務所)に対して訴状(副本)が送付される(民事訴訟法103条1項本文)。

　被告への訴状送達は訴訟係属により裁判所が審理を開始する条件であるところ、訴状の被告への送達は必須である。

　なお、被告(又は補充送達受領資格者)が正当な理由なく受領を拒否した場合、送達をすべき場所に書類を差し置くことで送達の効力が生じる(差置送達、民事訴訟法106条3項。なお、就業場所での補充送達では不可)。

　住所等が不明であるか、住所等で送達をするのに支障があるときは、就業場所を送

---

[19]　例えば前掲・令和6年度版弁護士職務便覧2頁

達場所とすることができる（同法103条2項）。ただし、就業場所送達は被告のプライバシーを侵害するおそれがあり、当事者に対する損害賠償請求や代理人に対する懲戒のリスクがあるため細心の注意が必要である。

（イ）付郵便送達

　住所等は判明しているが、訴状の交付送達ができなかった場合、原告代理人としては付郵便送達（書留郵便等に付する送達）を試みることとなる。付郵便送達とは、訴状等の送達書類を書留郵便に付して送達場所（訴状送付の段階では住所等が通常。なお就業場所は不可）に発送し、発送した時点で送達の効果があったものとみなす制度である（民事訴訟法107条1項、3項）。

　付郵便送達をするためには、送達先の住居等に相手方が居住している実態を有することが必要であるところ、①付郵便送達をする旨の上申書と②送達先での現地調査の結果を記載した調査報告書・資料を提出するのが通常である。現地調査は当事者が行う場合も弁護士が行う場合もあるが、いずれであっても法令違反やプライバシー侵害には細心の注意が必要である。

（ウ）公示送達

　住所等が不明であるために訴状の交付送達ができなかった場合、原告代理人は公示送達を試みることとなる。公示送達とは、当事者の住居等が不明である場合等に、当事者の申立てにより（民事訴訟法110条）、裁判所書記官が送達すべき書類を保管し、いつでも送達を受けるべき者に交付すべき旨を裁判所の掲示場に掲示し（同法111条）、2週間を経過した場合に送達の効力が生じるとする制度である（同法112条）。

　公示送達では当事者の申立てが必要であり、また住所等の不明が要件とされるところ、①公示送達の申立書と②送達先での現地調査の結果を記載した調査報告書・資料を提出する。現地調査にあたっての留意事項は付郵便送達の場合と同様である。

オ　第1回期日までの被告側の対応
（ア）答弁書・委任状の提出

　訴状を受領した被告の対応として最も重要であることは、答弁書の提出である。答弁書を提出しないまま被告が第1回口頭弁論期日を欠席すると、通常は訴状記載の事

実について擬制自白が成立して敗訴してしまうため、答弁書（及び代理人による場合には委任状）は必ず事前に（かつ余裕をもって）提出すべきである。

なお、委任状については原本の提出が必要（FAXは不可）である点には注意が必要である。答弁書と委任状を窓口への持参か郵送で提出するのが通常である。

答弁書には、請求の趣旨に対する答弁のほか、訴状記載の事実に対する認否・抗弁事実を具体的に主張・立証することとされているが（民事訴訟規則80条1項第1文）、請求の趣旨に対する答弁のみを記載すべき場合も多い（同項第2文参照）。

（イ）移送

訴状を受領した被告においては、管轄違いの移送（民事訴訟法16条）、裁量移送（同法17条）、簡易裁判所の裁量移送（同法18条）の申立てを検討することがある（なお、これらの移送は職権でも可能）。移送の申立てをする場合、期日で主張する場合を除き書面によらなければならない（民事訴訟規則7条1項）。

管轄違いを理由とする移送（16条移送）の場合、裁判所は管轄違いであると認めた場合には原則として管轄裁判所に移送しなければならない（必要的移送。例外として民事訴訟法12条による応訴管轄、民事訴訟法16条2項による地方裁判所による簡易裁判所管轄事件の自庁処理）。

また、当事者の申立て及び相手方の同意があるときも、原則として申立てに係る他の裁判所に移送しなければならない（民事訴訟法19条1項）。

訴訟の遅滞回避・当事者の衡平を図るための裁量移送（17条移送）の場合、申立てによる場合には相手方の意見を聴取し（民事訴訟規則8条1項）、当事者及び尋問を受けるべき証人の住所、使用すべき検証物の所在地その他の事情を考慮して移送の有無を判断する。

移送決定や事件を他の裁判所まで移送する手続には相応の時間を要する場合がある。また、管轄違いであっても申し立てられた管轄裁判所よりも提訴先の裁判所の方が結果的に被告（やその代理人）にとって都合の良い場合もある。

そのため、被告としては移送の理由があると思われる場合であっても移送を申し立てずに応訴管轄で対応する場合も多い。

カ　審理開始後
(ア)　口頭弁論

　第1回期日では、訴状及び答弁書が陳述されるほか、訴状や答弁書等の内容を確認し、第2回期日までの当事者準備事項を確認したうえで第2回の期日が指定される場合が多い。

　第2回以降は概ね1か月に1度の頻度で期日が開催され、基本的には当事者が交互に主張立証を行う。

　第2回以降の進行については、口頭弁論ではなく、弁論準備手続にて行うことも多い。事件の係属する裁判所が代理人弁護士からみて遠方にあるような場合には電話会議にて行うことも多く行われてきたが、最近では事務所所在地の近くの裁判所に係属する事件も含めウェブ会議によることも多くみられる。

　なお、以下では訴訟提起の後に当事者や請求の内容等に変更が生じるようなケースのうち、実務上見られるものについて簡単に言及する。

a　当事者の変更
(a)　当事者の死亡

　当事者（自然人）が訴訟係属中に死亡し、相続人が当事者の権利や義務を包括承継した場合、被相続人の訴訟上の地位についても当然に承継することとなる（なお、訴訟物が一身専属的な権利である場合や、死亡・相続による混同が生じ同一人に権利義務が帰属した場合等は例外）。

　被相続人に訴訟代理人が存在しない場合、訴訟手続は中断し相続人（いない場合には相続財産管理人、清算人等）は訴訟手続を受継しなければならない（民事訴訟法124条1項1号）。

　訴訟代理人が存在する場合、訴訟手続は中断せず（同条2項）、被相続人の訴訟代理人が承継人の代理人となる。訴訟代理人は当事者が死亡した旨を裁判所に届け出なければならない。

　相続人が存在しない場合、相続財産管理人が受継する場合や、特別代理人を選任して受継させる場合がある。

(b)　当事者の後見開始

　当事者（自然人）が訴訟係属中に訴訟能力を喪失した場合（意思能力を喪失した場合又は成年後見開始の審判を受けた場合）でも、訴訟代理人がついていれば中断は生じな

い（民事訴訟法124条2項）。その者に訴訟代理人がいなければ訴訟手続は中断し、後見人となった者が受継をする（民事訴訟法124条1項3号）。

(c)　当事者の破産

　破産手続開始決定がされると、その破産者を当事者とする破産財団に関する訴訟手続は、中断する（破産法44条1項）。訴訟代理人の有無にかかわらない。これは次の2つのいずれの場合をも含む。

① 破産者を債務者とする請求

　破産債権に関する訴訟、通常は破産者が従前の民事訴訟の被告の場合、破産者に対する債権は原則として破産手続によって行使しなければならず、個別的な権利行使が禁止される（破産法100条1項）。破産手続において債権者（民事訴訟において通常は原告）は破産債権として届出をし、異議等がなされなければ確定し、これによって民事訴訟は当然に終了する。異議等が出された場合、破産管財人や異議を述べた債権者全員を相手方として訴訟手続受継の申立てをし（破産法127条1項）、債権確定訴訟として進行する。

② 破産者が債権者となる請求

　破産財団に属する財産に関する訴訟、通常は破産者が従前の民事訴訟の原告の場合、破産手続開始によって破産者の財産は破産財団となり（破産法34条1項）、財産の管理及び処分をする権利は、破産管財人に専属することとなる（破産法78条1項）ところ、中断していた訴訟は管財人によって受継することが可能となる（破産法44条2項）。

(d)　民事再生

　当事者に民事再生手続が開始した場合、再生債務者の訴訟手続のうち再生債権に関するものは中断する（民事再生法40条）が、再生債務者は財産の管理処分権を失わないため、それ以外の訴訟は中断しない。再生手続において、その債権が異議なく確定した場合、従来係属していた民事訴訟は当然に終了する。異議等が出された場合、再生債権者（場合によってはさらに異議を述べた債権者）による受継が必要となる（民事再生法107条、109条）。

b　請求の変更等

(a)　訴えの変更

　原告は、請求の基礎に変更がない限り、口頭弁論の終結に至るまで、請求又は請求の原因を変更することができる（民事訴訟法143条1項本文。ただし著しく訴訟手続を遅

滞させることとなるときには認められない、同項ただし書）。この申立ては書面（訴えの変更申立書）で行い、相手方に送達する必要がある（民事訴訟法143条2項、3項）。

訴えの変更には、①追加的変更（従来の請求は維持して新たな請求を追加）、②交換的変更（従来の請求に替えて新たな請求を求める）がある。②交換的変更については、新訴の提起と旧訴の取下げと解されており、旧訴取下げ部分について被告の同意が必要となる。

(b) 反訴

反訴は、係属中の民事訴訟の手続内で被告が原告に対して提起する訴えである。本訴の請求又は防御の方法と関連する請求を目的とする場合に限られるが、原告の同意がある場合や異議なく応訴した場合でもよい。口頭弁論の終結に至るまでに提起すること、反訴請求が他の裁判所の専属管轄に属さないこと、著しく訴訟手続を遅滞させないことを要する（民事訴訟法146条）。

(c) 中間確認の訴え

当事者は、現在係属している訴訟における請求の先決関係に立つ法律関係を確認する訴えについて、請求を拡張して、その判決を求めることができる（民事訴訟法145条1項。ただし他の裁判所の専属管轄ではないことが必要）。この申立ては書面で行い、相手方に送達する必要がある（民事訴訟法145条4項、同法143条2項、3項）。

c 参加・承継

(a) 補助参加

補助参加は、訴訟の結果について利害関係を有する第三者が当事者の一方を補助するためにその訴訟に参加するものである（民事訴訟法42条）。補助参加をしようとする者が裁判所に申出をし（民事訴訟法43条1項）、当事者が異議を述べた場合、裁判所が参加の許否について判断をする（民事訴訟法44条1項）。補助参加人は攻撃又は防御の方法の提出、異議の申立て、上訴の提起、再審の訴えといった一切の訴訟行為をすることができるが、参加時の訴訟の程度に従いすることができないものはできず、被参加人の訴訟行為と抵触するものについては無効となる（民事訴訟法45条1項、2項）。参加した訴訟の判決の効力は、原則として補助参加人にも及ぶ（民事訴訟法46条）。

(b) 訴訟告知

訴訟告知は、訴訟の係属中、補助参加等が可能な第三者に当該訴訟係属の事実を通知することをいう（民事訴訟法53条1項）。訴訟告知を受けた者は当然に訴訟に参加す

るものではなく、訴訟への参加を望むのであれば、補助参加等の申出をする必要がある。ただし、訴訟告知を受けたが参加をしなかった者についても、一定の要件を満たす場合には参加的効力（民事訴訟法46条）が生じる（民事訴訟法53条4項）。

(c) 独立当事者参加

独立当事者参加は、訴訟の結果によって権利が害されることを主張する第三者（詐害防止参加）又は訴訟の目的の全部若しくは一部が自己の権利であることを主張する第三者（権利主張参加）が、その訴訟の当事者の双方又は一方を相手方として、当事者としてその訴訟に参加することをいう（民事訴訟法47条1項）。独立当事者として参加する者は、既に係属している訴訟における原告・被告の一方又は双方に請求を立てる必要がある。独立当事者参加の場合、三当事者全員を名宛人とする一個の終局判決が出されることとなる。

キ　立証方法における手続選択

(ア)　書証

民事訴訟における証拠は物証と人証に分けられ、物証の中心が書証である。

書証は口頭弁論期日において主張に対応する形で各当事者から提出するのが通常である。もっとも、事案によっては重要な文書を相手方当事者や第三者が所持している場合も少なくない。そのため、民事訴訟法には第三者や相手方当事者等が所持する証拠を取得するための手続が設けられている。

a　文書送付嘱託

裁判所が文書の所持者に対し、当該文書を裁判所に送付するよう依頼する手続である（民事訴訟法226条）。この文書送付嘱託には強制力がなく、任意の提出を求めるものであるため、所持者が送付嘱託を受けた場合に任意に提出することが期待できる場合に用いられる手続である。任意の提出が期待できない場合には、次に述べる文書提出命令によることとなる。なお、文書の所持者である機関次第ではあるが、代理人弁護士からの要請では提出に応じられないが、裁判所からの送付嘱託であれば応じることが可能だとする場合も少なくない。

文書の送付を求めたい当事者が裁判所に対して申立てを行い、これを受けた裁判所が採否を決定する。送付嘱託の採用が決定された場合、書記官から文書の所持者に対し裁判所に文書を送付することが嘱託される。所持者から裁判所に文書が送付される

と、裁判所から当事者に文書の提出がされた旨が告知される。所持者から文書が送付されるだけでは訴訟での証拠提出があったことにはならず、送付があったことを知った当事者が謄写し、あらためて書証として提出する必要がある。

b　文書提出命令

文書提出命令は、裁判所が、当事者の申立てに基づき、その必要があると認める場合に、文書の所持者（当事者又は第三者）に対し、当該文書を裁判所に提出するよう命令することをいう（民事訴訟法223条1項）。文書を提出しない場合に、所持者に対して一定のペナルティがある点で文書送付嘱託と異なり、所持者の任意の提出が期待できない場合に用いられる手続である。裁判所が文書提出を命ずるためには、当事者の申立書に必要事項が記載されていること（民事訴訟法221条1項）のほか、その文書について取調べの必要性があること、所持者が文書提出義務（民事訴訟法220条）を負うことを要する。

文書提出命令に先立ち、裁判所は、相手方に意見聴取の機会を与えるほか（民事訴訟規則140条2項）、文書の所持者が第三者である場合には、その第三者を審尋しなければならない（民事訴訟法223条2項）。また、インカメラ審理も可能である（民事訴訟法223条4項）。

裁判所は審理結果を踏まえ、文書提出について認容する決定、又は却下する決定をする（民事訴訟法223条1項）。

認容決定・却下決定については、即時抗告が可能である（民事訴訟法223条7項）。

所持者が文書提出に応じない場合の効果は、所持者が当事者である場合と第三者である場合とで異なる。なお、証拠の必要性の判断や採否の決定は受訴裁判所の専権に属するため、証拠としての必要性を欠くことを理由とする却下決定に対する即時抗告はできないものとされている。

まず、文書の所持者が当事者である場合の効果は、民事訴訟法224条1項及び3項に規定されている。まず、民事訴訟法224条1項では、「当事者が文書提出命令に従わないとき」には、「当該文書の記載に関する相手方の主張を真実と認めることができる」と規定されている。ただし、「文書の記載に関する主張」とは、文書の性質、内容、成立の真正についての主張をいい、文書によって証明すべき事実までただちに真実と認めるものではない。次に、民事訴訟法224条3項では、当事者が文書提出命令に従わず、「相手方が、当該文書の記載に関して具体的な主張をすること及び当該文書により

証明すべき事実を他の証拠により証明することが著しく困難であるとき」に、裁判所が「その事実に関する相手方の主張を真実と認めることができる」と規定されている。この規定は立証を軽減したものではあるが、裁判所の自由心証を拘束するものではなく、裁判所が相手方の主張を真実とは認められないと判断した場合には、相手方の主張を真実と認めないとする判断も可能である。

次に、文書の所持者が第三者である場合、提出をしない場合には過料が科されることとなる（民事訴訟法225条1項）。

文書の所持者から裁判所に文書が提出された後の取扱いは文書送付嘱託と同様である。すなわち、所持者から文書が送付されるだけでは訴訟での証拠提出があったことにはならないため、裁判所から文書の提出がされた旨の告知を受けた当事者が文書を謄写し、あらためて書証として提出することとなる。

c 訴訟記録の取寄せ（記録提示申立て）

訴訟記録の取寄せとは、受訴裁判所が保管する訴訟記録を証拠とすることをいう。取り寄せただけでは証拠提出したことにはならないため、当事者が閲覧のうえ書証として提出しなければならない。

d 調査嘱託

調査嘱託とは、裁判所が必要な調査を、官庁その他の団体（若しくは公署、外国の官庁若しくは公署又は学校、商工会議所、取引所その他の団体）に嘱託することができる制度である。嘱託先は「団体」であり、個人に対する調査嘱託はできない点に注意を要する。申立てによる場合、裁判所は相手方の意見を聴取したうえ、採否の決定をする。

（イ）人証

人証としては、証人、鑑定人[20]、当事者本人に分類されるが、多くの場合に行われるのが、証人・当事者本人に対する尋問である。一定の場合に受命裁判官又は受託裁判官に裁判所外で証人の尋問をさせることができる（所在尋問、民事訴訟法195条）。裁判所が相当と認め当事者にも異議がない場合、証人の尋問に代え、書面の提出をさせ

---

20) 鑑定（民事訴訟法212条以下）は、鑑定に必要な学識経験を有する者（鑑定人、民事訴訟法212条、213条）に書面又は口頭で、意見を述べさせたり、鑑定人への質問を行ったりすることをいう（民事訴訟法215条、215条の2）。医療訴訟（医師）のほか、不動産価格等の評価（不動産鑑定士）、株式価格の評価（公認会計士）など、専門性の高い分野で用いられる。
　鑑定を官庁や法人に嘱託して行わせることも可能であり、これを鑑定嘱託という（民事訴訟法218条1項）。

第1章　一般民事

ことも可能である（書面尋問、民事訴訟法205条、なお当事者尋問では不可）。

　証人が当事者やその法定代理人の面前で陳述をすると、圧迫を受け精神の平穏を著しく害されるおそれがあるとき、裁判所は、証人と当事者の間についたて等を設けて当事者と証人がお互いに視認できないようにする遮蔽（民事訴訟法203条の3）の措置や、別室にいる証人にモニターを用いて尋問するビデオリンク（民事訴訟法204条）の措置をとることが可能である。

　また、尋問ですべての事項についての質問をするとなると膨大な時間が掛かることもあるため、尋問に先立って尋問での質問に代えて陳述書を作成するのが通常である。

　不出頭や証言拒絶に対する制裁は、証人の場合、過料又は罰金であり（民事訴訟法192条、193条、200条）、出頭しない証人に対しては勾引も可能である（民事訴訟法194条）。これに対し、当事者の不出頭や陳述拒否に対する制裁は、尋問事項に関する相手方の主張の真実擬制である（民事訴訟法208条）。

ク　和解期日

　訴訟係属中には、裁判所から和解を勧められる場合もある。和解協議のタイミングは事案によって様々だが、尋問開始前の段階や、尋問終了後のタイミングで行われることが多い。

　和解のメリットとしては、訴訟物の有無以外にも様々な条件を付することができること（例えば支払を分割払いとすることや期限の利益喪失条項を付すること、担保提供をさせること、口外禁止条項義務を付すること等）、互譲によることで今後の当事者間の関係を悪化させずにすむ場合があること、任意の支払を期待しやすくなること、判決に残らないこと、早期解決となること、事案の見通しが持てること（判決となった場合には結論が予測できない場合もあり得る）等が挙げられる。

　実際にも多くの事案が和解で終結しており、裁判所の統計資料（地方裁判所における民事第一審訴訟事件の概況及び実情）によれば、全体の32.8%の事件が和解によって終了している。

ケ　判決

　結審の後、裁判所が判決を言い渡す。判決の言渡し後、判決正本が当事者に送達される。判決内容に不服のある当事者は、判決正本が送達された日の翌日から起算して

2週間以内（控訴期間）に控訴が可能である。控訴期間内に控訴がされない場合、控訴期間の経過により確定する（民事訴訟法116条1項）。

「この判決は，仮に執行することができる」との文言（仮執行宣言）が付されている判決については、判決確定前であっても強制執行が可能となる（民事訴訟法259条）。

> **column　民事裁判のIT化**
>
> 　近年、政府の方針に沿って、民事訴訟手続等に関するIT化が急速に進められている。令和4年5月には民事訴訟法等の一部を改正する法律（令和4年法律第48号）が、令和5年6月には民事関係手続等における情報通信技術の活用等の推進を図るための関係法律の整備に関する法律（令和5年法律第53号）がそれぞれ成立し、これらは令和10年6月までの間に段階的に施行されるものとされている。
>
> 　本稿執筆時点（令和7年1月）では、民事訴訟においてマイクロソフト社のTeamsを活用したWeb会議による争点整理手続が導入され、全ての地裁・高裁で運用されている。これにより、双方に代理人のついている事件では、裁判所に行かずとも、事務所からインターネットを介して期日に出頭するということが可能になった。
>
> 　また、書面の提出については、民事裁判書類電子提出システム（mints）の運用が開始されており、当事者双方の代理人弁護士が希望した場合には、同システムを利用して、準備書面、証拠説明書、書証の写し、その他手数料の納付を要しない雑事件申立書（移送申立てや文書提出命令の申立て等）等をオンライン上で提出し、受領することが可能となっている。
>
> 　こういったIT化により、従前では遠隔地であることから事件対応が難しかった事件を受任することが可能になったり、移動時間が無くなったことによって期日調整が容易になったりする等、弁護士業務にも良い変化が生じている。
>
> 　このように現在でも民事訴訟手続のある程度の部分がオンライン化されているが、今後は、オンラインでの申立てや、事件管理システムを用いた送達、インターネット上で閲覧可能な公示送達等、より一層のオンライン化が進むことが予定されている。また、今後は、民事訴訟のみならず、民事執行・保全、破産・再生手続、調停、労働審判、人事訴訟、家事事件等についても、インターネットを利用した申立てや事件記録の電子化がなされることが予定されている。
>
> 　民事訴訟のあり方はこれからも時代とともに移り変わっていくことが予想されるので、今後も法改正や、運用の変更に注視する必要がある。

（6） 少額訴訟

　少額訴訟とは、60万円以下の金銭の支払を求める場合に限って利用することのできる特別な訴訟手続である。少額訴訟においては、原則として1回の口頭弁論期日で結審がなされ、即日判決が言い渡されること（民事訴訟法370条、同法374条）や、反訴ができないこと（民事訴訟法369条）、証拠は即時に取り調べることができるものに限られること（民事訴訟法371条）、請求認容判決には職権で仮執行宣言を付すことになっていること（民事訴訟法376条）、終局判決に対しては原則として控訴をすることができず（民事訴訟法377条）、同一裁判所に対する異議手続のみが認められていること（民事訴訟法378条）などの特徴があり、簡易迅速な解決に特化している。

　ただし、被告が少額訴訟での審理に同意しない場合、被告の申述によって通常訴訟に移行する（民事訴訟法373条）ため、被告側が争う可能性が高い場合には、少額訴訟による解決が難しい場合もある。また、争点が多く複雑な事案や、証拠等が不十分で1回の期日で審理ができない場合には、職権で通常の裁判に移行される場合もある（民事訴訟法373条3項4号）。

　少額訴訟においては、原告の請求が認容される場合であっても、分割払、支払猶予、遅延損害金免除の判決がなされる場合がある（民事訴訟法375条）。また、訴訟途中での和解も可能である。

　なお、少額訴訟の認容判決を得た場合、通常の強制執行とは異なる少額訴訟債権執行手続を利用することができる。同手続は、少額訴訟判決を得た簡易裁判所を管轄とする手続であるために司法書士でも手続代理ができる点や、金銭債権に対する強制執行のみができるという特色がある。

　少額訴訟の管轄は、原則として相手方住所地の裁判を受け持つ簡易裁判所であるが、通常訴訟同様、義務履行地等を管轄として、同地区の裁判を受け持つ簡易裁判所に提起することもできる。

4 債務名義取得後の手続

(1) 総論

　民事執行とは、私法上の権利を国家機関により強制的に実現する手続である。民事執行手続の種類には、民事執行法上の分類によれば、①強制執行、②担保権の実行、③形式的競売、④財産開示、⑤第三者からの情報取得がある。以下、各手続を概説するが、詳細については後記の参考文献を参照されたい。

(2) 強制執行

　強制執行は、債務名義（民事執行法22条）とこれに基づく執行力を公証する執行文（民事執行法26条）により、私法上の請求権を強制的に実現するための手続である。
　実現されるべき権利が金銭債権か、それ以外の債権かによって大きく2種類に分かれる。
　金銭債権については、債務者の財産を差し押さえ、換価し、配当又は弁済金交付によって債権の満足を得るという3段階の手続を行うことになるが、債権者がその対象として何を選択するかによって、不動産執行（民事執行法43条以下）、船舶等の準不動産執行（民事執行法112条以下）、動産執行（民事執行法122条以下）、債権その他の財産権執行（民事執行法143条以下）に分けられる。
　金銭債権以外の債権に基づく強制執行、すなわち非金銭執行における執行方法は、債権の性質の違いに応じて、直接強制、間接強制、代替執行の3種類の方法から選択されることになる。
　なお、意思表示を求める債権（例えば不動産の移転登記請求権）の場合は、これを内容とする債務名義が効果を発生した時点で意思表示が擬制され（民事執行法177条）、債務者がその意思表示を行ったものとみなされるので、その結果、債権者が単独でその債権を実現できることになる。

(3) 担保権の実行

　担保権の実行は、不動産、準不動産、動産又は債権その他の財産権に設定された担

保権を実行して債権の満足を得る手続である。強制執行で必要となる債務名義は不要であり、登記簿謄本等により担保権の有無が審査されることになる。

不動産の担保権実行手続には、担保不動産競売と担保不動産収益執行の2種類がある。担保不動産競売は、不動産を競売により換価し、その換価代金から債権の満足を得る手続であるのに対し、担保不動産収益執行は、賃料等の当該不動産の収益価値から債権の満足を得る手続である。

(4) 形式的競売

形式的競売は、留置権による競売又は民法・商法その他の法律による換価のための競売である（民事執行法195条）。

実体法上、留置権には、債権の弁済を受けるまで目的物の占有を保持することができるという留置的効力しかなく、物の交換価値から優先弁済を受ける権利ではないため、売却代金の中から配当等によって弁済を受けることはできない。そのため、債権者は、目的物を留置し続けなければならない負担から解放されるために形式的競売を申し立て、換価により目的物を現金化したとしても、債務者に対して換価金の返還義務を負うことになる。もっとも、債権者は、自己の債務者に対する債権を自働債権としてこの返還義務と相殺することにより、事実上の優先弁済を受けることができる。

民法・商法その他の法律による換価のための競売には、例えば、目的物の換価だけを行うものとして、共有物分割のための競売（民法258条3項）、自助売却（民法497条、商法524条、527条1項、528条等）、権利関係を整理するための競売（会社法197条1項、5項、234条1項、商法742条等）があり、清算まで行うものとして限定承認・財産分離の場合の相続財産の競売（民法932条、947条3項、950条2項、957条2項）、会社の特別清算に伴う財産の競売（会社法538条1項）等がある。

(5) 財産開示

財産開示は、権利実現の実効性を確保する見地から、債権者が債務者の財産に関する情報を取得するための手続であり、債務者（開示義務者）が財産開示期日に裁判所に出頭し、債務者の財産状況を陳述する手続である。

債権者は、陳述によって知り得た債務者の財産に対し、別途強制執行の申立てを行うことになる。

財産開示の申立てをすることができるのは、執行力のある債務名義の正本を有する債権者又は債務者の財産について一般の先取特権を有する債権者である（民事執行法197条）。

　財産開示の申立てが認められるためには、強制執行又は担保権の実行における配当等の手続（申立ての日より6か月以上前に終了したものを除く）において、申立人が金銭債権（被担保債権）の完全な弁済を得ることができなかったこと（民事執行法197条1項1号及び2項1号）又は知れている財産に対する強制執行（担保権の実行）を実施しても、申立人が当該金銭債権（被担保債権）の完全な弁済を得られないこと（民事執行法197条1項2号及び2項2号）等の要件を満たす必要がある。

(6) 第三者からの情報取得

　第三者からの情報取得手続は、債務者の財産に関する情報を債務者以外の第三者から取得するための手続であり、令和元年の民事執行法改正により新設されたものである。

　第三者から取得できる情報の種類には、①債務者名義の不動産の所在地や家屋番号等に関する情報（以下「不動産情報」という）、②債務者に対する給与の支払者である勤務先会社名等の情報（以下「勤務先情報」という）、③債務者の有する預貯金口座の支店名、口座番号、残高等の情報（以下「預貯金情報」という）、④債務者名義の上場株式や国債等の銘柄や数等の情報（以下「株式情報」という）である。

　申立てをすることができる債権者は、①不動産情報、③預貯金情報、④株式情報に関しては、執行力のある債務名義の正本を有する金銭債権の債権者又は債務者の財産について一般先取特権（給与先取特権（民法306条2号、308条）など）を有する債権者である。②勤務先情報に関しては、民事執行法151条の2第1項各号に掲げる義務（養育費や婚姻費用など）に係る請求権か人の生命又は身体の侵害による損害賠償請求権の執行力のある債務名義の正本を有する債権者に限られる。

　情報の提供を求める第三者は、以下のとおりである。

① 　不動産情報：法務局
② 　勤務先情報：市区町村、厚生年金を扱う団体（例えば日本年金機構、国家公務員共済組合、地方公務員共済組合等）

③　預貯金情報：銀行や信用金庫等の金融機関
④　株式情報：口座管理機関（社債、株式等の振替に関する法律2条4項）である証券会社等の金融商品取引業者や銀行等

申立てが認められるためには、財産開示手続前置（①不動産情報、②勤務先情報のみ）又は強制執行不奏功等の要件（民事執行法197条1項）を満たす必要がある。

申立てが認められた場合、裁判所は情報提供命令を発令する。①不動産情報と②勤務先情報の場合は、情報提供命令正本が債務者と申立人に対して送達され、債務者は1週間以内に執行抗告をすることができる。情報提供命令が確定すると、第三者に対し、情報提供命令正本が送達される。③預貯金情報と④株式情報の場合は、情報提供命令が申立人と第三者に送達されるが、債務者には送達されず、債務者は情報提供命令に対して不服申立てをすることはできない。

申立てが却下された場合は、申立人はその決定正本が送達された日から1週間以内に執行抗告をすることができる。

5　参考文献

本文中に掲載・引用したもの以外では、以下の書籍等を参考とした。

- 兼子一ほか『条解民事訴訟法〔第2版〕』（弘文堂、平成23年）
- 森冨義明・東海林保編著『新版　証拠保全の実務』（きんざい、平成27年）
- 裁判所HP「訴え提起前の和解手続の流れ」（https://www.courts.go.jp/tokyo-s/saiban/l3/l4/Vcms4_00000361.html）
- 安西明子ほか『民事訴訟法〔第3版〕』（有斐閣、令和5年）
- 経営紛争研究会編著『債権回収あの手この手Q&A各種財産の調査から回収まで』（日本加除出版、令和元年）
- 羽成守「民事調停の特質を生かした紛争解決」自由と正義74-1（令和5年）
- 近藤壽邦ほか「民事調停のすすめ」LIBRA18-7（平成30年）
- 市川充・岸本史子編著『債権回収のチェックポイント〔第2版〕』（弘文堂、令

和5年)
- 伊藤眞ほか編『条解民事執行法〔第2版〕』(弘文堂、令和4年)
- 齋藤隆・飯塚宏編著『民事執行〔補訂版〕』(青林書院、平成26年)
- 東京地方裁判所民事執行センターホームページ (https://www.courts.go.jp/tokyo/saiban/minzi_section21/index.html)
- 園部厚『書式　支払督促の実務〔全訂11版〕―申立てから手続終了までの書式と理論』(民事法研究会、令和6年)

第3 手続選択の注意点

1 総論

　一般民事事件では、まず相手方に対して内容証明郵便の送付や架電その他の方法で連絡を取って任意交渉を持ちかけることが多い。任意交渉といっても、その内容は千差万別であるが、例えば損害賠償を求める場合には相手方が任意に支払ってくれる場合もあるため、まずは通知書（配達記録付内容証明郵便等を利用することが多いが、相手方の受領拒否等が考えられる場合には特定記録その他の郵送方法を用いることもある）を相手方に送付して任意に支払うよう求め、これが功を奏さない場合に、債務名義取得に向けた手続に移る流れが一般的である。債務名義取得後、相手方が任意に義務を履行しない場合には強制執行等の手続に移ることとなる。

　しかしながら、事案の内容によっては上記のような一般的な進行では不都合が生じる場面もある。以下では、手続の各段階において、どのような観点から手続を選択すべきかについて注意点を述べる。

2 各段階における手続選択の注意点

（1） 訴訟提起前の手続

　上述の通り、訴訟提起前の時点では任意交渉を行うのが一般的ではあるが、場合によっては任意交渉を行うべきではない場面も存在する。そこで、まずは任意交渉を行うべきではない場合について説明を行う。

　また、訴訟提起前には、将来的な訴訟等を見据えた証拠保全の手続や強制執行等を見据えた各種仮処分の手続があるので、これらの手続選択をすべき場合について、以下詳述する。

ア　任意交渉を行うべきではない場合

　任意交渉によって事件を解決することが最も迅速かつ安価であるため、上述のように一般的な案件であれば任意交渉による解決を試みるのが有益である場合が多い。

　しかしながら、相手方が任意の請求に応じる可能性が極めて低く、むしろ請求が実現しないように妨害をしてくることが予想されるような場合には、任意交渉を避けるべき場合もある。また、任意交渉を行うことで、かえって依頼者に何らか不利益が生じる場合にも任意交渉は避けるべきである。以下、詳述する。

（ア）　依頼者（及びその関係者）の生命・身体に危険が生じているケース

　依頼者の生命・身体に危険が生じているケースは、家事事件（特に離婚事件）に多いように思われる。すなわち、夫婦関係においては、離婚を求めている配偶者の一方が、他方の配偶者から暴力を受けているケースが散見されるし、親子関係においては、一方の親が、他方の親に無断で、あるいは子の意思に反して無理やり子を連れ去るケースがしばしば存在する。これらのケースにおいては、被害者の生命・身体を速やかに保護する必要がある上に、任意に請求に応じるよう交渉を行ったとしても、このような紛争は相手方の意思が強固であることが多いことから、こちらの請求に任意に従うということは通常考えづらい。そこでこれらのケースでは、任意交渉を行うのではなく、別の手続を先に行うべきであり、DVのケースでは、裁判所に保護命令の申立て（配偶者からの暴力の防止及び被害者の保護等に関する法律10条1項）をしたり、子供の連れ去りのケースでは、子の引渡し調停等を申し立てるとともに、審判前の保全処分（家事事件手続法105条1項）を申し立てるべきである。

（イ）　事件処理を隠密に進める必要があるケース

　前述したとおり、依頼者からの請求に対し、相手方が資産の隠匿・処分を行うことで、無資力となったり、強制執行の対象となる資産が消滅したりするなどで、依頼者の請求が無意味なものとなるおそれがあるケースでも、先に任意交渉を行うのではなく、保全手続を経てから行うべきである。先に通知書を送付してしまうと、それをきっかけに相手が資産隠し等を行ってしまうので、むしろ逆効果である。このようなケースでは、相手方にこちらの動きが知られないように進めていくことが必要不可欠となる。すなわち隠密性が必要となるから、事件処理の実効性を先に確保する手続を行

第1章　一般民事

う必要がある。

イ　証拠保全

基本的には、改ざんのおそれがある等の証拠保全の事由の有無と費用対効果の観点から証拠保全手続を利用すべきかどうかを検討することになる。

例えば、医療過誤事件において、相手方医療機関がカルテ等の診療記録を改ざんするおそれがあるような事案であっても、本案で請求を予定している損害が軽微で証拠保全を行うと費用倒れになるような場合（謄写費用・カメラマン費用等で数万円、入院期間が長ければ数十万円になることもある）には、証拠保全手続は利用しないという判断に傾きやすいと考えられる。そのような場合には、カルテ開示請求等の他の証拠収集手段を検討すべきこととなる。

ウ　仮差押え・仮処分

手続の概説でも述べたとおり、申立ての要件として、保全の必要性を主張することが必要になるため、債務者側に、責任財産を減少させようとしたり、換価によって補足し難くしたり、債務者そのものが所在不明になるおそれがあったりする等の事情がある場合に、仮差押え・仮処分の申立てを検討すべきである。もっとも、仮処分のうち仮の地位を定める仮処分については、債権者に生ずる著しい損害又は急迫の危険を避けるために必要と認められることが要件であるので仮差押えとは異なった観点から必要性を検討する必要がある。

なお、手続概説で述べたとおり、仮差押え・仮処分の申立てには担保が必須となるが、担保額が高額になる事案は珍しくない。担保額の相場観について調べておいた上で、依頼者に十分に説明をし、担保金を事前に用意しておいてもらわなければ仮差押え・仮処分の実現ができない場合も多いため、上記の必要性の他、担保が用意できるのかという点や、保全をかけた資産からの債権の回収見込みについて十分に検討する必要がある。

(2)　債務名義等を得るための手続

債務名義等を得るための手続として概説した各種手続について、以下では選択のポイントを解説する。

ア　紛争解決手続選択のポイント

　手続概説で述べたとおり、債務名義取得のための手続の中心は訴訟（通常訴訟）である。したがって、債務名義取得に向けた手続を行うことが決まった場合、訴訟を選択するか、それ以外の手続も利用可能なのかを検討し、それ以外の手続が利用可能なのであれば、メリットとデメリットを考慮して、その手続を選択すべきなのかを検討していくのが原則となる。

　例外としては、仲裁合意が存在しているために訴訟提起ができない場合には、相手方当事者と訴訟によることについて改めて合意しない限り、仲裁手続を選択せざるを得ない。また、訴訟は主として債務名義取得に向けて行うものであるから、依頼者が求める内容を訴訟物として構成できない場合には訴訟その他の手続が利用できないため、内容に応じて民事調停や仲裁以外のADRの利用を選択することになる。

イ　各手続を選択すべき場面
（ア）　即決和解を選択すべき場面

　即決和解は、前もって当事者間で作成した和解条項を裁判所で調書に記載してもらうことによって確定判決と同一の効力を獲得することができるという手続であるため、任意交渉の結果、債務者が自身の債務を認めた上で、当事者間で債務の帰趨についての合意ができていることが手続利用の前提となる。典型的な利用例は、貸金の存在には争いが無く、分割弁済について合意するような場合である。このような場合には、債権者としてはもっとも簡易迅速に債務名義を取得することができるというメリットがある。他方、債務者側は、訴訟で敗訴した場合等は当然に一括払を求められることとなるが、即決和解は和解の一種であるため、分割弁済や債務の一部免除を求めるなどの条件交渉をすることができるメリットがある。

　他方、相手方が債務の存在を否認しているような場合や、相手方が音信不通・所在不明のような場合には手続の性質上、利用することができないので注意する必要がある。

（イ）　支払督促を選択すべき場面

　支払督促のメリットは、対象となる債権について簡易かつ迅速に債務名義を取得し事件を効率的に処理することである。他方で、異議申立てがなされると通常訴訟に移

行することになるため、最初から訴訟提起をする場合よりも時間を要することになる可能性がある。そのため、債務者が債権者の権利自体を認めていて異議申立ての可能性が低く、債権の証明が容易であるような場合には支払督促の利用が検討されるべきである。

支払督促は、訴訟提起と比べて申立てや立証の手間がかなり緩和されているため、相手方から争われるおそれの少ない少額債権の回収等に利用されることも多い。その他、相手方の所在がはっきりしているが、相手方に任意交渉を持ちかけても無視するような場合には、支払督促を申し立てて相手方が対応せざるを得ないような状況を作る場合もある。

（ウ）　仲裁・調停・和解あっせん（ADR）を選択すべき場面

上記の通り仲裁合意に基づく仲裁に関しては、そもそも訴訟等の手続を選択することができないため、仲裁によるしかないこととなる。仲裁合意は、主に企業間の基本契約等に条項として組み込まれていることがある。このような仲裁合意がなされるのは、企業間取引であるため紛争が発生した場合であっても紛争の発生自体を秘密にしたい場合や、専門性が高いため裁判官ではなく同分野に精通した人物の判断を仰ぎたい場合、当事者の一方が外国法人等で通常訴訟の実施が困難であると考えられる場合等が考えられる。

仲裁以外のADR手続に関しては、後述の民事調停を選択すべき場面と重なるが、手続を非公開にできる点や、柔軟な対応、訴訟に比べて簡易・迅速・低廉な手続を求める場合等には、手続選択のメリットがあるといえる。また、手続概説でも述べたように、訴訟等では裁判官を選ぶことができないのに対し、ADRでは仲裁人、調停人、あっせん人等を当事者が合意又は指名によって選ぶことができる場合もあるため、法的な観点からの整理よりも、当該分野の専門家の知見に基づいた判断を求めているような場合には、訴訟や民事調停よりもADRの方が適していることがあるといえる。

（エ）　少額訴訟を選択すべき場面

少額訴訟は、60万円以下の金銭の支払を求める訴訟に限って行える手続であるから、まずこの要件を満たしているか否かが問題となる。その上で、上述したように証拠が即時に取り調べることができるものに限られているため借用書が存在する等、金銭債

権の存在を立証することが容易である場合が望ましく、立証において人証が複数必要となるような事案には適していない。

また、被告側が争ってくる可能性が高い場合には通常訴訟に移行する可能性が高いため、はじめから通常訴訟を提起しておいた方が良い場合がある。そのほか、不服申立ての選択肢が限られているため、争点が難解であり、敗訴した際に控訴をしたい場合にも適していない。

上記のようなメリット・デメリットを勘案した上で、迅速な手続で債務名義を得たい場合に選択すべきである。

(オ) 民事調停を選択すべき場面

民事調停が適した事件としては、相手方を協議のテーブルにつけることが主たる目的である場合、友好関係を失わずに紛争解決をしたい場合、スキャンダルや社会的評価の下落を回避・防止したい場合、承認機関の承認を得るなど一定の組織内での協議をしたい場合の他、証拠が不十分で訴訟に持ち込みたくない場合、直接の当事者でなく具体的事情を知りつつ紛争を解決したい場合、請求内容を訴訟上の請求として構成し難い場合、専門家を手続に関与させたい場合等が挙げられる。他方で、民事調停が適さない事件として、相手方が所在不明な場合、相手方が適正な判断ができない（認知症や精神疾患等）場合、相手方との対立が強く、合意による解決が見込めない場合が挙げられる。

(3) 債務名義取得後の手続

債務名義の取得後の手続としては、各種強制執行が挙げられる。これらの強制執行は、債務名義の種類や、執行対象となる財産によって異なることになるが、これらのうち複数が選択できる場面において、いかなる順序で手続を行うか、あるいはこれらを並列的に用いるかを選択することとなる。

これらの判断基準について、以下詳述する。

債務者の財産状況が不明である場合には、調査手段の1つとして、まずは第三者からの情報取得手続を行うことを検討することになるであろう。同手続を行っても財産状況が明らかにならなかった場合には、財産開示手続を行うことを検討することになる。

第1章　一般民事

　債務者の財産状況が判明している場合には、その財産の種類及び債権の内容や担保権の有無等に応じて、強制執行、担保権の実行、形式的競売から手続を選択することになる。

3　手続選択に当たって調査確認すべき事項

　上記の手続選択の注意点を前提に、事件受任後、手続を選択するまでの間に調査・確認が必要となる事項や、これらの調査方法について、以下詳述する。

(1)　訴訟提起前

　紛争解決のために最も簡易迅速な手段は任意交渉であるので、任意交渉の可否を検討することになる。上述した任意交渉をすべきでない場合に当たらないか、依頼者からよく事情を聴取して検討しておく必要がある。

　その上で、任意交渉をせずに、あるいは任意交渉に先んじて、他の手続を取る必要があるかを検討することになる。具体的には、証拠となるべき物が相手方又は第三者の下にあり将来的に証拠が散逸するおそれがある場合には証拠保全を、責任財産の毀滅等のおそれがある場合には仮差押えを、将来の強制執行に備えて現状を維持すべき事情があれば係争物に関する仮処分を、現状のままでは依頼者に著しい損害や、急迫の危険が生ずる場合には仮の地位を定める仮処分をそれぞれあるいは併用して利用することとなる。

(2)　債務名義取得手続

　債務名義取得のための手続選択のポイントは、まず相手方に対する請求の内容と、予想される相手方の対応によって分かれることとなる。

　請求の内容が訴訟物として構成することが難しかったり、紛争自体が第三者の一定の判断によって強制的に結論を出すことにそぐわなかったりするようなものなのであれば、民事調停やADRの利用が検討されるべきである。

　次に、依頼者の請求が訴訟物として構成できるものであることを前提にした場合であって、相手方がその請求を争っておらず、任意交渉によって何らかの合意が形成可

能な場合には即決和解を用いるのが簡易迅速であるといえる。他方、相手方がその請求を争わない（あるいは争わないことが予想される）が、合意形成が難しい場合には支払督促を利用することを検討すべきである。

相手方が請求を争う場合には、訴額や争点の難易、想定される立証（人証が必要となるか否か等）に応じ、少額訴訟か、通常訴訟の利用が検討されるべきである。他方、当事者間の関係を荒立てたくない場合や、審理を非公開にしたい場合、争点に専門的な知見が要求される場合等の事情がある際には、民事調停やADRの利用が検討されるべきであろう。なお、仲裁合意がある場合は、そもそも訴訟提起ができないことは前述したとおりである。

（3）　債務名義取得後

各種強制執行手続のうち、どの手続を使用すべきかを検討するために、相手方の財産状況を調査する必要がある。資産状況の調査手段としては、財産開示手続を利用する方法や、登記その他公的資料による確認の他、弁護士会照会による調査、興信所の利用による調査等が考えられるが、それぞれ相応の費用がかかるので、費用対効果が見合うのかについては常に検討する必要がある。

財産状況が判明した場合には、上述の通りに財産に応じた強制執行を選択することとなる。

---

column　弁護士会照会を利用した資産調査

受任事件について事実の調査や証拠の収集等のために弁護士法23条の2に基づく照会（以下、「弁護士会照会」という）が用いられることがよくあるが、弁護士会照会は相手方の資産調査の場面で有効な手段として機能することも多い。とりわけ、債務名義取得後は、金融機関に対していわゆる全店照会をすることで預金口座の情報や当該預金口座の残高を調査することなどが可能である。

全店照会は、各単位会と個々の金融機関との協定に基づいて行われており、金融機関によって書式、添付書類、手数料・送料などが大きく異なるため、全店照会を行う場合には、各弁護士会が公開している情報をよく読んだ上で照会申出を行うことが重要である。

その他、全店照会の場合以外にも、弁護士会照会を利用して資産調査を行える場合もあるため佐藤三郎ほか編著「弁護士会照会ハンドブック」（きんざい、平成30年）や第

第1章　一般民事

> 一東京弁護士会業務改革委員会第8部会編「弁護士法第23条の2　照会の手引（七訂版）」（第一東京弁護士会、令和5年）等の弁護士会照会に関する書籍を参照されたい。

第2章

労働

第1 はじめに

　労働関係紛争には、大きく分けて①個別的労働関係紛争と、②集団的労働関係紛争がある。

　個別的労働関係紛争とは、募集・採用から労働条件その他の労働関係に関する事項についての個別の労働者と使用者との間の紛争を指す。具体的には、解雇の有効性やいわゆる残業代の有無などをめぐる紛争である。一方集団的労働関係紛争とは、労働組合と使用者との間の紛争を指す。具体的には、団体交渉拒否や支配介入などの不当労働行為を中心とした労働組合活動をめぐる紛争である。

　これら二つの紛争類型は選択できる手続も大きく異なる。個別的労働関係紛争は、労働関係法令という諸法令によって民法とは異なる規律を受けるものの、雇用契約という契約に基づく私人間の紛争であるため、手続の選択などについて他の一般民事紛争と大きな違いはない。一方集団的労働関係紛争は、労働組合法に定められた手続となり、主に労働組合が主体となって手続を選択していくことになる。そこで、本章では、個別的労働関係紛争について、典型的な紛争類型の概要を説明したうえで、各手続の中身と選択のポイントを説明する。

第2 個別的労働関係紛争の類型と特徴

1 個別的労働関係紛争の類型

　個別的労働関係紛争は様々な類型分けをすることができる。

　まず、雇用契約の成立から終了という時系列に沿って、①雇用契約の成立に関する紛争、②雇用契約の継続中の事象に関する紛争、③雇用契約の終了に関する紛争に分けることができる。①の雇用契約の成立に関する紛争としては、採用内定取消しに伴う地位確認請求事件がある。②の雇用契約の継続中の事象に関する紛争としては、ⅰ残業代請求事件、ⅱ賃金減額の効力を争う差額賃金請求事件、ⅲ新部署等における就業義務不存在確認請求事件、ⅳ安全配慮義務違反に基づく損害賠償請求事件などがある。③の雇用契約の終了に関する紛争としては、ⅰ解雇の効力を争う地位確認請求事件、ⅱ雇止めの効力を争う地位確認請求事件、ⅲ休職期間満了に伴う地位確認請求事件、ⅳ合意退職の効力を争う地位確認請求事件、ⅴ解雇予告手当請求事件、ⅵ退職金請求事件などがある。

　一方、請求の内容に着目すると、①地位確認請求事件（解雇や配転、雇止めの効力を争うものなど）、②賃金請求事件（残業代や減額に伴う差額賃金など）、③損害賠償請求事件（安全配慮義務違反など）に分けることができる。

　本章では、およそ個別的労働関係紛争の類型全てを紹介することはできないので、大きく①地位確認請求事件、②賃金請求事件、③損害賠償請求事件に分け、それぞれの類型の代表的な紛争である、解雇無効による地位確認請求事件、残業代請求事件、安全配慮義務違反に基づく損害賠償請求事件について、それぞれの事件の概要を解説する。

2 解雇無効などによる地位確認請求事件について

(1) 解雇訴訟の概要

　解雇訴訟は、未払賃金請求訴訟と並び、労働事件で多く見られる類型の一つである。使用者が労働契約を一方的に終了させた場合、労働者が使用者に対し、労働契約が継続していることを前提に、自身が会社の労働者である地位を確認することを求めるとともに、解雇から復職までの賃金を請求する（いわゆるバックペイ）というのが一般的な内容である。また、解雇訴訟においては、これに加え、在職時に受けたパワーハラスメントに関する損害賠償請求や、未払残業代請求が併せてなされることも多い。

　解雇訴訟においては、使用者が労働者の職務遂行能力や業務態度に大きな不満を有し、解雇に至るまでにPIP（Performance Improvement Program）や退職勧奨が実施されたものの、功を奏しなかったケースが多く見受けられる。また、労働者としても、使用者から業務指示や退職勧奨を受ける過程において、使用者に不信感を抱くこととなる。そのため、解雇訴訟における和解の内容は、退職を前提とした金銭解決がほとんどであり、実際に復職に至るケースは多くはない。

　労働契約の一方的終了を争う紛争としては、解雇のほか、有期雇用契約の雇止めや合意退職（辞職）、自然退職（休職期間満了に伴う退職など）といった類型も存在する。

(2) 解雇訴訟の特徴

　解雇を大別すると、①債務不履行（能力不足、勤怠不良、協調性不足・日常的な業務命令違反、精神・身体の障害による労働不能など）など労働者に帰責事由がある場合の労働契約の解消である普通解雇、②専ら使用者の経営上の理由（企業規模の縮小に伴う人員削減など）によってなされる整理解雇、そして③企業秩序違反（営業機密の漏洩や横領など）に対する罰としての懲戒解雇の3つが挙げられる。

　いずれにおいても、解雇権濫用法理が適用され、解雇にあたっての客観的合理性及び社会通念上相当性の有無が審査されることとなり（労働契約法16条）、これらが認められるハードルは極めて高い。もっとも、解雇権濫用法理が適用されるといっても、

普通解雇であれば新卒採用か中途採用か、ゼネラリストかスペシャリストか、勤務地や職務が限定されているか、大企業か中小企業か、他のポジションへの配転可能性の有無、過去の注意指導の有無や労働者の反省の態度などによって、解雇に求められる合理的理由の程度は異なる。

なお、現代においては、経営上の理由で人員削減を行う場合、希望退職募集を募り、合意退職により雇用関係を終了させるケースが圧倒的に多く、整理解雇（上記②のケース）の事案は多くない。

解雇訴訟の審理期間は、通常1～2年程度であるが、残業代請求やハラスメントによる損害賠償請求も併せてなされた場合、審理期間が延びる傾向にある。後述する労働審判が先行し、その後訴訟に移行した場合は、労働審判の中で争点がある程度絞られるため、結果として審理期間が短縮される傾向にある。

退職を前提とした解決金の相場は、概ね賃金の3か月～8か月分の範囲が多く、使用者に有利な心証の場合は1か月～5か月程度、労働者に有利な心証の場合は6か月～12か月程度となることもある。もっとも、解決金の金額は、単に心証の有利・不利のみで決定されるのではなく、当事者の早期解決への希望の強さや、他の請求（未払賃金、損害賠償金等）の有無等にも左右される。

(3) その他労働契約の終了を争う紛争類型の特徴

ア 期間満了による雇止め

雇止めとは、有期労働契約において、契約期間満了時に労働者が更新を望んでいるにもかかわらず、使用者が一方的に更新しないとして、期間満了により当該有期労働契約を終了させることをいう。有期労働契約は、期間満了により終了するのが原則であるが、常用業務に従事し、更新を繰り返し、1年を超える就労が継続するなどの事情があると、その更新拒絶には解雇権濫用法理が類推適用される場合がある（労働契約法19条）。もっとも、雇止めに求められる合理的理由の程度は、正社員の解雇に求められるそれと比して異なる。

イ 合意退職（辞職）

合意退職とは、使用者と労働者が、労働契約を合意によって将来に向けて解消するものである。辞職とは、労働者からの労働契約の一方的解約である。いずれも、労働

者の自由意思に基づく労働契約解消（解約）の意思表示であるため、その後、当該意思表示が労働者の真に自由な意思に基づきなされたものであるか（錯誤や強要に基づくものでないか）や、労働者が撤回をした場合にその撤回の有効性が争われることがある。

ウ　自然退職（私傷病休職期間満了に伴う退職など）

　自然退職とは、一定の事由が発生したとき、自動的（自然）に退職という効果が発生するものをいい、実務上紛争となるケースが多いのは、私傷病休職期間満了による退職である。すなわち、私傷病休職期間中に、労働者から傷病が治癒し休職事由が消滅したとして、復職の申出がなされたものの、使用者が、実際には傷病が治癒しておらず、復職は認めないと判断したため、休職期間満了により退職となる場合である。この場合、訴訟では、「治癒したかどうか」、すなわち債務の本旨に従った（労働）契約内容の履行が可能かどうかが、争われることとなる。

3　残業代請求事件について

　労働契約関係に関する紛争で、特に件数の多い類型の一つとして、残業代に関する紛争が挙げられる。企業によっては、労働基準法を誤って理解するなどして、適切に残業代を支払っていないケースが未だ散見され、労働者も自身に残業代の未払が発生していることを把握していないケースがしばしば見られる。したがって、労働契約関係の紛争について相談を受けた際には、労働者側で受けた場合でも使用者側で受けた場合でも、残業代の未払が発生していないかという点も、念のため確認することが望ましい。

(1)　労働者側の代理人として調査、検討する点

　まず、労働者側の代理人として、企業に対し未払の残業代請求を行うにあたって、調査、検討すべき点の概要を紹介する。

ア　労働時間の把握

（ア）　労働時間性の検討

　未払の残業代の有無を確認するにあたっては、当該労働者の具体的な労働時間を確認する必要がある。

　労働基準法32条の労働時間とは「労働者が使用者の指揮命令下に置かれている時間」をいう（三菱重工業長崎造船所事件（最判平成12・3・9民集54巻3号801頁〔28050535〕））。これは依頼者が就業していた時間が労働時間であるのかを判断するにあたっての指標となる。労働時間か否かが争点となる典型的な例は、仮眠時間（大星ビル管理事件（最判平成14・2・28民集56巻2号361頁〔28070468〕）等）や手待時間（すし処「杉」事件（大阪地判昭和56・3・24労経速報1091号3頁〔27613044〕）等）などの不活動時間、準備時間や朝礼（前掲三菱重工業長崎造船所事件等）、移動時間（総設事件（東京地判平成20・2・22労判966号51頁〔28142165〕）等）、研修やサークル活動の時間（八尾自動車興産事件（大阪地判昭和58・2・14労判405号64頁〔28223625〕）等）、持ち帰り残業時間（医療法人社団明芳会（R病院）事件（東京地判平成26・3・26労判1095号5頁〔28223854〕）等）などがある。これらの典型的な例については複数の裁判例の蓄積があるため、裁判所の判断を踏まえて労働時間性を検討することになる。

（イ）　労働時間を確認する資料

　労働時間を確認する資料としては、タイムカード、事業所の出入り口に設置されている入退室機器のログ、出勤簿、シフト表、営業時間、当該労働者のメールやSNS上の履歴、当該労働者本人が作成したメモなどが考えられる。

（ウ）　労働時間の主張立証責任

　なお、労働時間の主張立証責任は労働者側に課せられているため、基本的には、請求期間における労働時間を特定する必要がある。もっとも、裁判例の中には、労働者側の立証責任を緩和して、一定期間における労働時間について立証することができれば、それに基づいて他の期間の労働時間を推計するなどして、合理的な労働時間を割り出し、残業代を計算したというケースもある（高知県観光事件（最判平成6・6・13裁判集民172号673頁〔27825623〕）など）。

イ　請求額の確定

残業代は、時間単価×割増率×労働時間数で算出する。

（ア）　時間単価

時間単価は、基礎賃金を基にして、労働基準法施行規則19条に定められている計算方法に従い算出する。

基礎賃金については、給与明細書などから算出することになる。なお、基礎賃金＝基本給というわけではなく、基礎賃金には基本給の他に職能給や役職手当といった労働の対価として支払われる趣旨の手当も含まれることに注意を要する。一方で、基礎賃金から除外される手当については労働基準法施行規則21条に限定列挙されているので参照されたい。

（イ）　割増率

労働基準法では、以下のとおり割増率が定められている。

① 法定外残業のうち月60時間までの部分

　法定労働時間（週40時間、1日8時間　労働基準法32条）を超えた労働時間は、"法定外残業"などと呼ばれ、割増率は25％以上とされている（労働基準法37条1項本文）。

② 法定外残業のうち月60時間を超える部分

　1か月あたりの法定外残業の合計時間数が60時間を超えた場合、超えた時間の労働の割増率は50％以上とされている（労働基準法37条1項ただし書）。

③ 法定休日労働

　法定休日労働（原則週1日）の割増率は35％以上とされている（労働基準法37条1項本文、労働基準法第三十七条第一項の時間外及び休日の割増賃金に係る率の最低限度を定める政令）。

④ 深夜労働

　夜10時から翌5時までの間の労働時間の割増率は25％以上とされている（労働基準法37条4項）。

なお、法定外残業かつ深夜労働にあたる場合、月60時間までの部分の割増率は50%、月60時間を超える部分の割増率は75%となる（労働基準法施行規則20条1項）。また、法定休日労働かつ深夜労働にあたる部分の割増率は60%となる（労働基準法施行規則20条2項）。

ウ　残業代計算ソフト

　残業代を計算するにあたっては残業代計算ソフトを利用することもできる。日弁連ホームページの会員専用サイトで公表されている「きょうとソフト」（著作権者：京都地方裁判所裁判官）や、京都第一法律事務所の渡辺輝人弁護士が開発し公表している「給与第一」などが一般的である。これらのソフトは、基礎賃金や労働時間などの必要な情報を入力すれば自動的に残業代を計算することができるExcelファイルであり、残業代請求事件においては必須といってよい。

エ　消滅時効

　残業代を請求するにあたっては、消滅時効についても留意する必要がある。時効の起算点は給与支払日の翌日となる。2020年4月1日の労働基準法改正により、残業代請求の消滅時効は5年となったが（労働基準法115条）、労働基準法附則143条より当面の間は3年とされている（2024年12月の時点ではまだ3年である）。

　労働者側の代理人として受任する場合、受任初期の段階では、手元に残業代を具体的に計算するための資料が揃っていないことの方が多い。そのような場合は、ひとまず時効完成を阻止するために、使用者に「●年●月以降の残業代について支払いを求める」などと通知し、催告することになる（この際、具体的な未払残業代の額を特定する必要はない）。

オ　付加金

　裁判所は、残業代不払の場合、未払金と同一額の付加金の支払を使用者に命じることができる（労働基準法114条）。したがって、残業代請求訴訟等を提起する場合には、付加金も忘れずに請求する必要がある。

　なお、事実審の口頭弁論終結時までに、使用者が労働基準法37条違反の状態を解消すると、裁判所は使用者に対し付加金の支払を命じることができない。したがって、控

訴審の口頭弁論終結時までに使用者が未払の残業代を支払うと、付加金の支払命令はなされないことになる（甲野堂薬局事件（最判平成26・3・6判時2219号136頁〔28222703〕））。

付加金の請求は違反のあった時から3年以内に行わなければならず（労働基準法114条ただし書、143条2項）、これは除斥期間と解されている。

(2) 使用者側の代理人として調査、検討する点

残業代請求権の主張立証責任は労働者側にあることから、使用者側としては、否認又は抗弁として残業代請求権が認められないことを主張していくことになる。紙面の関係で本稿では特に重要と思われる点についてのみ言及する。

ア 労働時間に該当するといえるか

使用者側としては、労働者が労働時間だと主張している時間が、労働基準法32条における労働時間にはあたらないのではないか、という点を類似の裁判例と比較しながらよく検討する必要がある（例えば、朝礼や更衣時間等の準備時間の労働時間性が争点となった上述の三菱重工業長崎造船所事件判決や、オリエンタルモーター（割増賃金）事件判決（東京高判平成25・11・21労判1086号52頁〔28220813〕）、または警備員やマンションの管理人の夜間の待機時間の労働時間性が争点となった大星ビル管理事件判決（最判平成14・2・28民集56巻2号361頁〔28070468〕）など）。この点について、57ページで述べたような典型的な類型については、裁判例を基に労働時間性を否定する反論をすることになる。いずれにしても、使用者の指揮命令下に置かれている時間帯であったと評価されるのか否かがポイントとなる。

イ 管理監督者に該当するといえるか

労働基準法41条2号の「監督若しくは管理の地位にある者」（管理監督者）については、労働時間、休憩及び休日に関する規定を適用しないとされている。したがって、当該労働者が管理監督者に該当する場合には、深夜労働以外の割増賃金を支払う必要はない（深夜労働の規制は除外されていないため、深夜労働に対する25％の割増賃金は発生する）。

なお、実社会においていわゆる一般的に使用されている"管理職"と労働基準法上の管理監督者との間にはズレがあるため、社内においては"管理職"であったとして

も、労働基準法上の管理監督者には該当しないというケースが多い。「管理職であるため残業代は支払っていなかった」というような相談を受けたとしても、よく事情を確認すると労働基準法上の管理監督者には該当せず、3年分の残業代を全て支払わなければならないといった場合もあり得るため、使用者側として受任する場合には注意を要する。管理監督者の反論は、残業代を一切支払っていないような事件でよく見られるが、裁判所は管理監督者該当性を厳しく判断しており、過去の裁判例からしても管理監督者であると認められるケースは少ないといえる。

ウ　固定残業代について

「固定残業代を支払っているので個別の残業代は支払っていない」というケースも見られるが、これにも落とし穴がある。固定残業代とは、割増率に従って残業代を計算する代わりに固定の金額を残業代としてあらかじめ支払うというものである。当然ながら、当月分の労働時間に基づき計算した残業代の方が、固定額よりも上回る場合、使用者は固定残業代に合わせて不足分を支払わなければならない。また、固定残業代は基本給などと区別されなければならず、給与明細書を一目見てわかるような形で支給されなければならない。

4　安全配慮義務違反に基づく損害賠償請求事件について

(1) 安全配慮義務違反に基づく損害賠償請求事件とは

安全配慮義務違反に基づく損害賠償事件は、使用者が労働者に対して負っている安全配慮義務を怠った結果、労働者が怪我をしたり疾病に罹患したりした場合に、その損害の賠償を使用者に求める事件である。典型的には使用者が管理している設備に不備があった結果労働者が怪我を負ったような場合のほか、過重労働に起因する精神障害の発症、各種ハラスメントに起因する精神障害の発症などが挙げられる。特にハラスメントや職場環境に起因するメンタルヘルスの不調を訴える事例は近年増加している。

そこで、この事件類型について、主に労働者側の代理人として調査、検討する点を説明する形で本事件類型の概要を解説する。

(2) 安全配慮義務違反に基づく損害賠償請求の特徴と準備

ア 安全配慮義務違反の存在

(ア) 安全配慮義務とは

　本請求にあたっては、そもそも使用者が安全配慮義務を負っていることを要する。労働関係における安全配慮義務とは、抽象的には、労働者の生命、身体等の安全を確保しつつ労働ができるようにする必要な配慮とされている（労働契約法5条）。この安全配慮義務は、陸上自衛隊八戸車両整備工場事件（最判昭和50・2・25民集29巻2号143頁〔27000387〕）において確立した法理であり、その後労働契約法が制定された際に、労働関係における義務として明文で規定された。

　安全配慮義務の抽象的な内容は上述のとおりであるが、実際に使用者に対して損害賠償請求をするに際しては、使用者が負う安全配慮義務の内容を具体的に特定して主張・立証する必要がある。例えば、航空自衛隊芦屋分遣隊事件（最判昭和56・2・16民集35巻1号56頁〔27000152〕）は、「国が国家公務員に対して負担する安全配慮義務に違反し、右公務員の生命、健康等を侵害し、同人に損害を与えたことを理由として損害賠償を請求する訴訟において、右義務の内容を特定し、かつ、義務違反に該当する事実を主張・立証する責任は、国の義務違反を主張する原告にある、と解するのが相当である」と判示している。この事件自体は、公務員の遺族が国に対して行った請求であるが、通常の労働関係でも異ならない。

　そのため、安全配慮義務違反を主張する場合、使用者がいかなる安全配慮義務を負っているのかをまずは特定する必要がある。もっとも、この特定が十分ではないことから、訴訟における主張・反論が抽象的になってしまうケースが見られる。そのような場合、裁判所から原告に対して、安全配慮義務を具体的に特定するよう釈明されることになる。そこで、請求をする段階において、可能な限り安全配慮義務の内容を具体的に特定するための調査、検討が不可欠である。

(イ) 安全配慮義務の具体的内容

　安全配慮義務の具体的内容は、「労働者の職種、労務内容、労務提供場所等安全配慮

義務が問題となる当該具体的状況等によつて異なるべき」とされている（川義事件（最判昭和59・4・10民集38巻6号557頁〔27000021〕））。そのため、安全配慮義務の具体的内容は、個別具体的な事件ごとに検討されるものであるから、一概に具体的な内容を挙げることは困難である。

　もっとも、具体的な内容を類型化することは可能であり、また事件の類型によって参考となるべき基準も存在する。

　まず、安全配慮義務の類型化としては、①物的環境の整備・管理と②人的環境の整備・管理に分けることができる。

　物的環境の整備・管理とは、労働者が使用する施設、設備、機械、道具などを適切に選定し整備することなどが義務の内容となる。例えば、前掲航空自衛隊芦屋分遣隊事件においては、「ヘリコプターの各部部品の性能を保持し機体の整備を完全にする義務」が具体的内容となった。また、前掲川義事件では「宿直勤務の場所である本件社屋内に、宿直勤務中に盗賊等が容易に侵入できないような物的設備を施し、かつ、万一盗賊が侵入した場合は盗賊から加えられるかも知れない危害を免れることができるような物的施設を設けるとともに、これら物的施設等を十分に整備することが困難であるときは、宿直員を増員するとか宿直員に対する安全教育を十分に行うなどし、もつて右物的施設等と相まつて労働者たるＡの生命、身体等に危険が及ばないように配慮する義務」が具体的な内容となった。なお、川義事件において判示された内容からも分かるとおり、安全配慮義務の具体的内容は必ずしも１つに限られない。

　人的環境の整備・管理については、安全教育の徹底や適切な配転、適切な人員配置などを行うことが義務の内容となる。近年は、メンタルヘルスに不調を来し、結果としてうつ病などの精神疾患を発症してしまう例が少なくない。使用者としてメンタルヘルスに不調が認められる従業員がいることを把握した場合や、容易に把握できるような場合には、適切な配置転換や休職命令などを検討する必要がある。

　次に、安全配慮義務の具体的内容を特定するに際しては、労働安全衛生法のほか、厚生労働省などが定める各種通達やガイドラインを参考にすることが考えられる。例えば、運送などの場合の「交通労働災害防止のためのガイドライン」、建設現場における「建設業労働安全衛生マネジメントシステムガイドライン」、パワーハラスメントに関するいわゆる「パワハラ指針」や「パワハラ運用通達」などがある。これらのガイドラインは当該分野において使用者が講ずるべき措置を具体的に示しているため、安

第2章　労働

全配慮義務の具体的内容を特定するにあたってはとても有用である。

　そして、具体的に特定された安全配慮義務を事業主が十分に履行していなかったことを主張、立証することになる。

イ　損害の額と因果関係

　安全配慮義務違反に基づく損害賠償請求をする事案では、通常、生命・身体を害されているから、交通事故と同様に個別の損害項目を積算することになる。具体的には、治療費、通院交通費、休業損害、入通院慰謝料、後遺障害による逸失利益、後遺障害慰謝料などが挙げられる。なお、物的損害も観念できるものの、請求することは多くない。

　また、使用者側から過失相殺及び素因減額並びに損益相殺の主張がされることがある。過失相殺の内容としては、特に事故型の事案において、使用者が、労働者に過失があるとして過失相殺の主張をする事例が多く見られる。そのほか、長時間労働やハラスメントなどによって疾病を発症した事案においては、労働者の身体的な素因や基礎疾患、精神的な素因や性格が疾病の発症に影響したとして、いわゆる素因減額の主張がされることも多く見られる。

ウ　証拠収集

　本請求にあたっては、上述のとおり安全配慮義務の存在とその義務違反、損害、義務違反と損害の因果関係を立証する必要がある。これらに関する証拠としては、労働時間に関するもの（本章3（1）ア　**労働時間の把握**参照）、労働の内容・実態に関するもの（日報、職務の分担表、労働者作成の成果物など）のほか、いわゆる労災保険に関する資料などが挙げられる。

　労災保険は、労働者災害補償保険法に基づき、業務上災害又は通勤災害によって労働者が負傷し又は死亡した場合などに、一定の保険給付を行う制度である。労災の一件記録には、補償実施調査復命書や事業場が提出した資料、事故報告書、医師の意見書などが含まれており、労働者の労働の状況や治療の状況などを立証する上で有用である。労災の一件記録の収集は、個人情報保護に関する法律に基づき労災認定を行った労働基準監督署を管轄する都道府県労働局に対して保有個人情報の開示請求をするほか、訴訟によって損害賠償請求をしている場合には文書送付嘱託をすることで開示

を受けることができる（民事訴訟法226条）。ただし、労災一件記録のうち行政庁内部の意思形成過程に関する部分については、不開示又は一部開示に留まる場合もある（田中敦・上村海「大阪地裁における労災事件の審理」判タ1328号（平成22年）36頁）。

　そのほか、訴訟提起前の証拠収集の方法として、証拠保全も挙げられる。証拠保全は訴訟における証拠調べを待っていたのでは当該証拠を使用することが困難となる場合に、あらかじめ証拠調べをする手続である（民事訴訟法234条）。特に、安全配慮義務違反を使用者が争っていたり、事前の交渉に際して使用者に対して資料の開示を求めたものの拒まれたりした場合には、証拠保全手続を採ることも検討するべきである。

　以上のほか、カルテなどの医療記録や、刑事事件として立件されている場合の刑事記録なども証拠となり得るため、訴訟係属中に文書送付嘱託を申し立てて送付を受けることも検討するべきである。

第3 個別的労働紛争に関する手続の種類と選択のポイント

1 労働紛争に関する手続

　労働紛争に関する手続は訴訟以外にも様々なものが用意されている。大別すると、裁判所における手続と裁判所以外の機関における手続がある。前者は、通常の訴訟のほか、労働審判、仮処分手続がある。後者は、個別労働関係紛争のあっせん手続や調停、弁護士会の紛争解決センターなどのADR機関による手続などがある。
　そこで、まずはそれぞれの手続の特徴を説明し、次に弁護士として手続を選択する際のポイントを解説する。

2 訴訟

　労働関係紛争を解決する最終的な手段が訴訟となることは、ほかの紛争類型と異なるものではない。民事訴訟の特徴については、本書**第1章 一般民事**の解説を参照していただき、本章では、労働紛争における特徴に絞って説明を行う。
　まず、労働関係訴訟は、通常の民事訴訟に比べ審理が長期化する傾向にある。民事訴訟全体の一審の平均審理期間が10.5か月であるのに対し、労働関係訴訟は17.2か月を要している（最高裁判所事務総局『裁判の迅速化に係る検証に関する報告書（第10回）』（令和5年7月）126頁）。また、審理期間が2年を超える事件が20.4％もあり（前掲報告書127頁）、5件に1件は2年間審理が係属することを覚悟する必要がある。さらに、上訴率は64.2％となっている（前掲報告書131頁）。民事控訴審のうち、労働関係訴訟の平均審理期間は約6.7か月であるから（前掲報告書230頁）、控訴審の期間も考慮すると終結まで平均で約2年間を要すると考える必要がある。このような傾向は、当事者が早期解決を志向している場合、後述する労働審判を選択することが多く、訴訟を選択

する事件は事案の内容が複雑であったり、複数の請求がなされている（例えば、解雇無効による地位確認と残業代請求が合わせて請求されることも少なくない）ことが多いことに起因していると考えられる。

　一方で、労働関係訴訟は和解によって終結する割合は通常の民事事件全体の中では高い傾向にある。民事訴訟全体の和解による終結の割合が32.8%であるのに対し、労働関係訴訟は52.8%と実に半数以上が和解によって解決している（前掲報告書127頁）。労働関係紛争では、原告・被告双方に訴訟代理人が就いていることが多く（87.0%の事件で双方に訴訟代理人が就いている（前掲報告書128頁））、当事者の感情的な対立が代理人を通じることである程度緩和されることや、相応の期間社会生活をともにしていた当事者同士であることから、最終的には円満な解決を求めるということもその要因であると考えられる。特に、訴訟など無縁であると考えていた企業が初めて当事者となる法的紛争が労働紛争であるということも少なくないことから、取引先への影響などを踏まえ、使用者側が和解を希望するということも散見される。

　次に審理方法の特徴であるが、後述する労働審判制度があることや訴訟代理人が就いていることが多いことから、審理初期から争点を意識した審理がなされることが多い。すなわち、労働審判の申立書及び答弁書には、予想される争点及び争点に関する重要な事実並びに予想される争点ごとの証拠を記載する必要がある（労働審判規則9条、16条）。このような労働審判における審理の方法から、訴訟においても同様の主張立証がなされることが少なくない。そのため、労働関係紛争の解決のために訴訟を選択した場合であっても、予想される争点について重要な事実を中心に主張及び証拠を整理することが求められる。

　最後に証拠調べの観点から若干の説明を行う。労働関係紛争においては、訴訟提起など手続選択をする段階で、労働者が証拠を十分に保有していないことは少なくない。例えば、労働時間に関するタイムカードや、労働契約の内容となるべき就業規則、そのほか労働の実態を示す報告書や日報といった資料は、いずれも使用者側が保有していることが多い。交渉の段階で使用者側に代理人が就いている場合、労働者側が資料の開示を求めれば少なくとも必要な範囲は開示されることが多いものの、使用者側に代理人が就いていない場合など、開示が十分になされないことは少なくない。そのような場合、訴訟手続の中で文書送付嘱託や文書提出命令といった証拠調べの方法を検討する必要が生じる。後述の労働審判は、手続を迅速に進めることになっており、原

則として期日は3回のみである（労働審判法15条）。そのような要請もあって、労働審判手続において文書送付嘱託が採用されることはほとんどないといってよいと思われる。

そのため、文書送付嘱託などを含め、充実した証拠調べを必要とする場合は、訴訟を選択する必要がある。

3 労働審判

労働審判とは、解雇や賃金未払などの個別労働関係民事紛争を、訴訟よりも短期間に、事案の実情に即した柔軟な解決をする仕組みとして、平成18（2006）年に開始された手続である。

手続の概要としては、労働審判官（裁判官）と労働審判員2人の計3人で構成される労働審判委員会が、3回以内の期日で、紛争に至る事実経緯や権利関係について審理しながら、適宜話合いによる解決である調停を試みるものである。調停が成立しなければ、労働審判委員会が、当事者間の権利関係を踏まえつつ、事案の実情に即した解決をするために必要な審判を行う。調停が成立したり、審判が確定したりすると、それをもとに強制執行も可能である。ただし、当事者が審判の内容に納得できず異議申立てをした場合には、通常の訴訟手続に移行し、訴訟で審理を行うこととなる。また、労働審判委員会は、事案が複雑であるなど、労働審判手続で行うことがふさわしくないと判断した場合には、労働審判手続を終了させ訴訟に移行させることもできる（労働審判法24条1項）。

4 労働事件における仮処分手続

仮処分手続は、暫定的な救済措置を求める手続であり、通常訴訟と比較して簡易・迅速に進むことから、労働事件においても活用されている。

仮処分には、係争物に関する仮処分と仮の地位を定める仮処分がある。労働事件においては、主に仮の地位を定める仮処分が利用されている。仮の地位を定める仮処分

は、暫定的ではあれども権利の実現を認めるものであるから、「争いがある権利関係について債権者に生ずる著しい損害又は急迫の危険を避けるためこれを必要とするとき」といえる必要がある（民事保全法23条2項）。

この仮処分手続はあまり馴染みがないと思われるので、詳しく説明を行う。

(1) 総論

ア 申立て

仮処分申立ての管轄は、基本的に、本案の管轄裁判所となる（民事保全法12条）。

申立書には申立ての趣旨と申立ての理由を記載する。申立ての趣旨は本案でいうところの請求の趣旨に対応するものである。申立ての理由は、本案でいうところの請求の原因に対応するものであり、債権者（労働者）に被保全権利が存在すること、及び保全の必要性を記載することになる。

仮処分は、一般的には、本案訴訟提起に先立って申し立てることが多いが、本案訴訟と同時に申し立てたり、本案訴訟の審理中に申し立てたりすることも可能である。また、本案訴訟の審理が長期化することが見込まれたり、現に長期化していたりするようなときで、労働者が生活に困窮するような場合には、仮処分申立てを検討することもある。

イ 審理から終結まで

仮の地位を定める仮処分手続においては、口頭弁論又は債務者が立ち会うことのできる審尋期日を経なければ、命令を発することができない（民事保全法23条4項）。ただし、裁判所が口頭弁論期日を指定することはほとんどなく、基本的には審尋期日が指定される。

仮処分手続においても、通常訴訟と同様に、答弁書、準備書面といった主張書面のやり取りが行われる。また、審理の経過次第では和解協議が行われることもある。ただし、仮処分手続において証人尋問は行われない。

仮処分手続は、その性質上、本案訴訟と比較して早期に終結する傾向にあり、東京地裁では申立てから終結までが概ね3か月程度であるといわれている。

仮処分命令は、執行力をもち、民事保全法43条に従い執行することができる。ただし、仮処分命令には既判力が認められない。

ウ　不服申立て等

仮処分命令に対して、債務者（使用者）は、再度の審査を求める保全異議を出すことができる。また、裁判所に申し立てることによって、債権者（労働者）に対して相当と認める一定の期間内に本案の訴えを提起することなどを命じるよう求めることができる（民事保全法37条1項）。債権者（労働者）がこれを怠った場合、仮処分命令は取り消される（民事保全法37条3項）。なお、労働審判の申立ても本案の訴えとみなされるのが原則である（民事保全法37条5項）。

他方で、仮処分命令申立てを却下する裁判に対して、債権者（労働者）は、その告知を受けた日から2週間以内に即時抗告することができる（民事保全法19条1項）。

(2)　労働事件における各仮処分手続

ア　賃金仮払仮処分

賃金仮払仮処分は、解雇事案などにおいて労働者の生活費を確保するために暫定的に賃金の支払を求めたい時などに利用される。

被保全権利は賃金請求権となる。

保全の必要性は、労働者の生計を維持するにあたって必要であるか否かという観点から判断される。具体的には労働者が他から収入を得ているか否か、同居の家族の収入の有無・程度、預貯金の額、労働者（及びその家族）の毎月の家計の状況、当該労働者に暫定的とはいえ賃金を支払うことで使用者側が負う経済的負担の程度などを比較して検討される。

仮払額は、必ずしも当該労働者の毎月の賃金額となるわけではない。上述の保全の必要性を検討するにあたって考慮した点を踏まえた金額が言い渡されることになる。支払の開始時期は、基本的に仮処分命令が言い渡された月からとなる。ただし、労働者に借金があり至急返済しなければならない等、特別の事情がある場合には、過去の分の賃金の支払も命じられることもある。支払の終了時期は、最近の東京地裁においては、仮処分命令が言い渡された月から数えて1年間、または第一審判決の言渡しのいずれか早い時期までと限定されることが多い。そのため、本案訴訟が1年以内に終結しない場合は、再度、賃金仮払仮処分の申立てを検討せざるを得ないこともある（ただし、上述のとおり、仮処分命令には既判力が認められないため、1回目の仮処分命令と2回目の仮処分命令とで判断が異なることもあり得る）。

イ　地位保全仮処分

　被保全権利は、労働契約上の権利を有する地位となる。

　地位保全仮処分は、解雇事案などで検討される。地位保全仮処分を申し立てる際には同時に賃金仮払仮処分も申し立てることが多い。その場合、賃金仮払仮処分命令を言い渡すことで労働者の当面の生活を保障することができることから、地位保全仮処分については保全の必要性が認められないと判断されるケースが多い。保全の必要性が認められる例外的なケースとしては、社会保険の被保険者資格の継続の必要性がある場合や、外国人の在留期間の更新との関係で労働契約上の権利を継続させる必要性がある場合などがある。

5　裁判所以外の機関における手続

　裁判所以外の機関における手続は、労働者と使用者との間の個別労働関係紛争を話合いによって解決することを目指す手続である。

　代表的なものとして、都道府県労働局や都道府県労働委員会における個別労働関係紛争のあっせん手続がある。個別労働関係紛争を抱える当事者は、都道府県労働局長に対して、あっせんを申請することができ、都道府県労働局長は、紛争解決のために必要があると認めるときは、紛争調整委員会にあっせんを行わせることができるとされている（個別労働関係紛争の解決の促進に関する法律5条1項）。

　なお、地方公共団体は、労働者、求職者又は事業主に対する情報の提供、相談、あっせんその他の必要な施策を推進するように努めるものとされており（個別労働関係紛争の解決の促進に関する法律20条1項）、地方公共団体は、この業務を、都道府県労働委員会に委託している。そこで、都道府県労働委員会に対し、情報の提供、相談、あっせん等を申請することも可能である。

　このあっせん手続は、原則として1回限りの手続であり、あっせん委員が当事者双方から言い分を聴き取り、あっせん案という解決案を提示する制度である。証拠による事実認定は予定されておらず、双方の言い分から円満と思われる解決案が示されることが多い。あくまで話合いによる解決の手続であるから、そもそも使用者側が出席

しない場合もあるほか、主張の隔たりが大きく、解決に至らない場合も少なくない。

そのほか、弁護士会の紛争解決センターなど法務大臣の認証を受けた民間紛争解決の機関が和解の仲介を行う裁判外紛争解決手続（ADR）も存在する。ADRには、あっせん、調停、仲裁があり、仲裁合意がある場合には、仲裁を行うこともできることに特徴がある。ただし、この制度も話合いによる解決であることには変わりなく、主張の隔たりが大きい場合や条件面で折り合うことができない場合には、解決には至らない。

6　手続選択のポイント

民事訴訟は、民事紛争の終局的な解決手段であるから、交渉やほかの手続によって解決しなかった場合に選択することになるのは当然である。そこで、まずは裁判所以外の機関における手続を選択すべき場合を説明した上で、次に裁判所における手続として訴訟と労働審判いずれを選択するべきかのポイントを説明し、最後に仮処分手続を選択すべき場合を説明する。

（1）　裁判所以外の機関における手続を選択すべき場合

裁判所以外の機関における手続を選択すべき場合とは、話合いによる解決が可能であると見込まれることを前提に、事案が複雑でなく、解決方針を柔軟に考えることができる場合である。そもそも話合いによる解決を望むことができないほど主張が対立している場合や感情的な対立が激しい場合には、いかに第三者が関与して話合いをしても解決に至ることは少ない。また、話合いによる解決が望める場合であっても、双方の希望する条件があまりにも乖離している場合には、結局はその背景となっている事実関係の認識に大きな齟齬があることが多く、話合いによる解決を志向する手続には馴染まないといえる。

また、事案が複雑である場合、短期間の手続であっせん委員などの第三者に事案を理解してもらうことが困難であるため、適切な解決案を導くことが難しい。

そして、短期かつ話合いによる解決であるという特徴から、当事者が柔軟に解決方針を考えることができるかは重要である。例えば、解雇の事案において、当事者が復

職に強いこだわりを有している場合、あっせんなどによる解決は極めて困難である。原則として金銭的な解決であることを前提に、その金額や支払方法などを柔軟に考えることができる場合には、あっせんなどの手続も選択肢に入ってくると考えられる。特に、手続選択時点において求める金銭の額が多額でないなど、使用者側としても早期解決によるメリットが大きい場合には十分選択の余地がある。

(2) 訴訟と労働審判いずれを選択するべきかのポイント

訴訟と労働審判の選択にあたっては、主に①事案の複雑さ、②手続選択時の証拠の充実度、③話合いによる解決の可能性などから判断することになろう。

まず、①の事案の複雑さの視点であるが、労働審判は、3回以内の期日で紛争に至る事実経緯や権利関係について審理する手続であるものの、実際は、第1回期日で審理が終了し、第2回及び第3回期日は調停のための話合いとなることが多い。そうした実情に鑑みれば、申立てを行う側としては、事実関係が比較的複雑でない場合に選択するべきであるといえる。逆に、事実関係が複雑で、幾度もの主張立証が予定される事案や何人もの審尋が必要となる事案、膨大な資料を伴う事案（人事評価の適否を争う事案や、複雑なハラスメント事案など）については、3回の期日間に十分な審理を行うことは実際上不可能であり、労働審判にはなじまないため、最初から民事訴訟を選択した方がよいであろう。こうした複雑な事案については、当事者が労働審判を選択したとしても、労働審判法24条1項により、訴訟移行される可能性がある（いわゆる24条終了）。

このように事案が複雑で、複数回の争点整理が予想される場合には最初から訴訟を選択すべき場合がある。例えば解雇無効と残業代請求という2つの請求がなされている場合、事案が複雑で複数回の争点整理が予想されると考えることもできる。また、解雇事件であっても、使用者が主張する解雇事由が複数である場合も、争点整理は複数回要する。もっともこのような場合に必ず訴訟を選択しなければならないというわけではない。なぜならば解雇や残業代事件は、事件がある程度類型化されており、最終的な争点整理には時間を要するとしても重要な争点に関する主張立証は労働審判においても十分に可能であるからである。このように、事案の複雑さには濃淡があるため、一見複雑に見えたとしても、事案が複雑で労働審判を選択することが実際上不可能である事件は多くはない。そもそも労働審判が馴染まないほどの複雑な事件とは、

第2章 労働

争点及び重要な事実すら申立段階で十分に整理することが困難なものを指し、それ以外の事件については、②及び③の視点を踏まえて最終的に判断することになろう。

次に、②の手続選択時の証拠の充実度の視点であるが、上述のとおり、労働審判は原則として第1回期日で審理が終了することから、申立段階で申立て側が有している証拠しか取り調べられないのが原則である。そのため、申立段階で自身の請求を根拠づけるだけの証拠が十分に揃っておらず、文書送付嘱託や文書提出命令などの手続によって証拠調べを行うことが想定される場合には、労働審判を選択することはできない。特に労災やハラスメント事案などにおいては、使用者側が保有する証拠関係（関係者の供述を含む）を想定することが困難であり、いざ答弁書を見てみたところ、思わぬ反論や関係者の陳述書が提出されることもあり得る。

そのため、労働審判を選択する場合は、手続選択の段階において少なくとも請求原因事実に関する証拠が充実していることが必要になろう。

最後に、③の話合いによる解決の可能性の視点であるが、これは申し立てる側における早期解決の志向度合い及び金銭的解決の志向度合いと、使用者側における話合いによる解決のメリット・デメリットの検討が必要になる。

まず、上述のとおり、労働審判は、第1回期日で審理が終了し、第2回及び第3回期日は調停のための話合いとなることが多い。そのため、申立て側がそもそも話合いによる解決を考えられない場合には、労働審判を選択することは難しい。条件によっては話合いによって解決することも考えられる程度の可能性がないと、労働審判による解決は難しい。

次に、労働審判が原則として3回の期日で終結する制度であることから、申立て側が早期解決を重視している場合には、労働審判が適しているといえる。訴訟の場合も和解勧奨がされることが多いものの、一定の主張立証を経てから和解の話合いがなされることが一般的である。そのため、同じ話合いによる解決であっても、労働審判の方が早期に解決することが可能である。

そして、申立て側が金銭的な解決で納得することができるかという視点も重要である。労働審判は、使用者が労働者に解決金を支払うことで解決するという方法が多い。例えば、解雇事件で労働者が復職に強いこだわりがある場合には、結局は労働審判における話合いで解決することは困難といえる。

最後に、使用者側における話合いによる解決のメリット・デメリットの検討も重要

である。上述のとおり、金銭的な解決であることを前提に、当該事件を解決することに対する使用者側のメリットを検討する必要がある。例えば、他の労働者への波及が大きく、使用者として話合いでの解決が見込まれない事案（会社の賃金制度自体の有効性を争う事案など）は、労働審判による解決の可能性は乏しく、当初から訴訟を選択することになろう。

なお、申立てを受けた側は、労働審判では第1回期日で審理が概ね終了し、心証を取られてしまう実情に鑑みれば、第1回期日までに充実した反論書面を準備すると共に、第1回期日には事案の実情を知る関係者らに出席してもらい、充実した審尋がなされるよう手配すべきである。併せて、第1回期日までに、およその和解方針を検討しておくべきである。

（3） 仮処分手続を選択すべき場合

労働審判制度の創設前は、労働紛争の迅速な解決のために仮処分手続が選択されていたことがあったものの、現在は早期解決志向の場合、労働審判を選択することが一般的である。

そのため、仮処分手続を選択すべき場合とは、現時点で権利実現を図る必要性が高い場合である。特に、仮処分においては保全の必要性が求められることから、仮に権利実現を図る必要が高いことを疎明する必要があり、そのような事情がある場合に選択されるべきであろう。具体的には、賃金が支払われないことにより、労働者が生活に困窮する場合が挙げられる。保全の必要性は、主に、資産の有無、他からの固定収入の有無、同居家族の収入等を考慮されることから、申立て時点で転職している又は容易に転職が可能な場合には認められ難い。保全の必要性が認められる場合とは、労働者が高齢であって、解雇された結果転職が困難になっている場合や、新卒一括採用の学生が、高校や大学の卒業直前に内定を取り消された場合、扶養する家族がいるものの、ほかに収入を得ている家族がいない場合などが典型である。

以上のように、労働関係紛争の終局的解決を志向する場合、仮処分を選択することはなく、収入を得る手段が絶たれ、そのことによって労働者が困窮している場合に選択されるべきである。

第3章

交通事故

第1 総論

　本章では、交通事故に関する民事事件の対応において用いられる手続の概説と、手続選択のポイントについて述べる。

　交通事故の民事事件は、後遺障害の認定手続や交通事故専門のADR等といった一般民事事件とは異なった制度等も存在しており、事件対応においては、これらの制度を適切に利用することが求められる。また、交通事故については保険制度や賠償基準等、同分野に携わる上で必要となる特有の知識が多数存在する。本章では、これらについても簡単な解説を行うが、紙幅の都合から全てに詳細な解説をすることは困難である。そのため参考となる書籍を併せて紹介するので、必要に応じてそれらの書籍も参照されたい。

第2 交通事故事件の対応に必要な知識

1 保険

(1) 自動車保険の分類

　交通事故の法律相談を受ける際には、自動車保険の契約内容を確認するべきである。弁護士特約の有無はもちろんのこと、車両保険の有無や人身傷害特約・代車特約等、保険契約内容が受任後の方針に大きく関わってくるからである。また、相談者は、自動車保険に関して詳しいという方が少なく、多くの相談者は保険の知識も少ないことから、保険に関する質問がなされることも多く、交通事故事件の対応においては、まず保険に関する知識が求められる。

　自動車保険は様々な分類が存在する。まず、保険加入が強制されている自動車賠償責任保険（以下「自賠責」という）があり、それ以外の保険は任意保険と呼ばれる。自賠責と任意保険は、引き受けている保険会社がそれぞれ別である場合もあるので留意したい。

　また、賠償の対象となる損害の種類に応じた区別があり、人の身体に傷害等が発生した場合に適用がある対人賠償保険と、相手の物を壊してしまった場合の対物賠償保険がある。強制保険である自賠責は、人身損害にしか適用されず、物的損害は対象とならないため注意する必要がある。

　任意保険には、自身が加害者となった場合に、被害者に対する支払として使うことのできる対人賠償保険と、自身や同乗者が怪我をした際に使うことのできる人身傷害保険等がある。自賠責の範囲を超える人身損害については、対人賠償保険の適用があるかもしれないので、相談者加入の保険契約内容については注意深く確認すべきである。

　各交通事故保険の詳細については、大塚英明・古笛恵子編著『交通事故事件対応のための保険の基本と実務』（学陽書房、平成30年）が詳しい。

(2) 自賠責に関する手続選択について

　加害者に対して賠償請求する場合、自賠責のほかに任意保険の加入もある場合では、一般的にはまず、任意保険会社への請求を行う。任意保険会社が治療費の一括対応をする場合、既払分を自賠責に請求する（自動車損害賠償保障法（以下「自賠法」という）15条請求）ことになるので、この場合は自賠責に被害者請求（同法16条請求）する必要はない。

　被害者請求が必要な場合としては、加害者が任意保険に加入しているにもかかわらず、任意保険会社が支払に応じないときである。例えば、加害者が事故の存在を争ったり、被害者の受傷と事故との因果関係を争う場合である。このような場合、任意保険会社に支払を求めず、自賠責に被害者請求をすることに加え、加害者に対して直接損害賠償請求を行うことも可能である。

　また、治療費自体は争わないものの治療期間に争いがある場合や休業損害が個別で争点となる場合も、被害者請求を先行することがある。

(3) 社会保険

　交通事故事件が生じた場合の社会保険の利用については、中込一洋『職業・年齢別ケースでわかる！ 交通事故事件社会保険の実務』（学陽書房、令和2年）が詳しい。

column　弁護士費用特約について

　弁護士費用特約は、費用賠償保険金であり、相手方に損害賠償請求をする場合の弁護士費用や法律相談費用等を補填する保険金を支払うことを内容とする特約である。依頼者の費用負担や受任後の方針にかかわるため、相談を受けた際には、弁護士特約の有無を確認する必要がある。弁護士特約を付けているかどうかは、依頼者に、保険会社の保険証書を確認してもらうか、契約保険会社に問い合わせてもらうことで確認できる。弁護士特約は自動車保険のほか、地震保険や個人賠償保険に付帯していることもある。

　弁護士特約での費用基準は、約款で定められている。日弁連リーガル・アクセス・センター（通称「LAC」）と協定している保険会社であれば似たような基準となっていることが多いが、会社ごとに約款で細かい規約が定められており、異なる点もあるため、しっかり確認を行う必要がある。厳密には、契約保険の始期日約款を確認して、当該約款に従うべきであるが、費用請求時点の約款を用いるケースもある。注意点としては、

第2　交通事故事件の対応に必要な知識

> 弁護士費用特約に基づく保険金は、限度額以内であれば、弁護士費用の全額が支払われる、というわけではない点である。約款の基準が不明確であり、解釈に委ねられる部分もあることから（LACの基準も同様である）、請求額すべてが支払われないこともあり得る。日当など追加費用がかかる場合には、事前に保険会社側に断りを入れておくことが望ましい。なお、約款の基準があるからといって、それらを超える部分の報酬を依頼者と別途合意することは、妨げられない。

2　賠償基準

(1)　賠償の基準

交通事故における損害額の算定基準については、一般に①自賠責基準、②任意保険基準、③弁護士基準（裁判基準、「赤い本」基準）の3つがあるとされる。

① 自賠責基準は、自動車損害賠償保障法上の保険金額の支払基準である。
② 任意保険基準は、各任意保険会社が独自に設けている基準であり、賠償額が自賠責傷害部分の上限である120万円を超える場合に用いられることが多い。
③ 弁護士基準は、過去の裁判例などを踏まえて定型化された基準である。同基準は『民事交通事故訴訟　損害賠償額算定基準』（日弁連交通事故センター東京支部編）（俗に「赤い本」と呼ばれている。以下、本書でも「赤い本」という）に掲載されているため、「赤い本」基準と呼ばれることも多い。東京地方裁判所では基本的に赤い本に記載された基準が用いられている。

通常、賠償額は、③弁護士基準が最も高額であり、次に②任意保険基準、最後に①自賠責基準の順に低額となる。

なお、③弁護士基準は、赤い本に掲載された金額を参照することになるが、同金額はあくまでも一つの目安である。任意交渉の場面では、裁判基準の80％〜95％で示談に至ることが多いが、訴訟では個別具体的な事情により、赤い本に記載された賠償額よりも増額あるいは減額される可能性もあることに留意されたい。また、自賠責基準

第3章　交通事故

は最低限どの賠償基準としても遵守されなければならない基準であり、被害者に過失がある場合であっても、70％に満たない過失では過失相殺による減額はない。過失相殺がある場合、裁判基準が自賠責基準を下回ることがあるので、慰謝料計算では注意が必要である。

(2)　賠償額算定に当たり参考となる書籍

　交通事故の賠償額算定において、弁護士としては裁判になった場合に得られる賠償額を検討する必要がある。そこでまず参考とするのは上述した赤い本である。同書籍では、上述した裁判基準について掲載されているのみならず、休業損害や後遺障害など、賠償に関する基準や考え方などがまとめられている。赤い本は上下巻が毎年発行され、下巻には裁判官の講演録がまとめられている。この下巻も交通事故事案を扱う場合には非常に重要となる。この下巻だけをまとめた合本版も、出版されている。赤本や『交通事故損害額算定基準』（以下、「青本」という）と同様、日弁連交通事故相談センター本部窓口で購入することができる。

　青本は、赤い本よりも詳しく説明がなされている箇所が多いため、赤い本で調べて記載が不十分であったり、よくわからない箇所があったりした場合には、個別の書籍にあたる前に、まず、青本を参照することが勧められる。

　その他、賠償基準に関する書籍としては、大阪の大阪民事交通訴訟研究会編著『大阪地裁における交通損害賠償の算定基準〔第4版〕』（判例タイムズ社、令和4年）（通称「緑本」）や、名古屋の日弁連交通事故相談センター愛知県支部『交通事故損害賠償基準〔16訂版〕』（日弁連交通事故相談センター愛知県支部、令和3年）（通称「黄色本」）等もあるので、それぞれ地域に応じて参照する必要がある。

　また、後遺障害については一般財団法人労災サポートセンター『労災補償障害認定必携〔第17版〕』（一般財団法人労災サポートセンター、令和2年）が参考になる。

　物損事故については、一例として髙畠希之編著『第2版　現場・損傷写真でわかる物損事故事件における立証から解決まで』（第一法規、令和6年）等を参照することができる。この本は、修理の工法や評価損、買い替え諸費用など物損に関する一通りの知識が学べるほか、書籍後部に付録している評価損の発生する内反骨格部位のメーカー別名称がまとめられており、有用である。

　事故の内容として双方の過失割合が問題となっている場合、東京地裁民事交通訴訟

研究会編『民事交通訴訟における過失相殺率の認定基準〔全訂5版〕』（判例タイムズ社、平成26年）（以下「別冊判タ38」という）を参照する。この本は、基本過失割合が書かれており、典型事例の事故態様は保険会社・裁判所・弁護士が必ず参照する必携本である。別冊判タ38に記載がない事故は、問題となる事故態様と似た形を同書籍から探して類推適用できないかを検討する。加えて、その他書籍としては伊豆隆義・九石拓也共著『事例にみる新類型・非典型事故の過失相殺』（新日本法規、令和5年）が参考になる。

第3 手続の概説とポイント

1 総論

　交通事故事件の解決に向けた活動としては、一般的な民事事件と同様にまず示談交渉から始まると考えてよい。

　示談交渉の相手方は、加害者が加入している任意保険会社になる場合が一般的であるが、任意保険に加入していない場合は、加害者本人との交渉となる。また、依頼者が治療中で損害額が確定していない場合には、依頼者に治療状況の確認をしつつ、治療期間や加害者側任意保険会社からの一括対応打ち切りに対する交渉を行う場合もある。治療終了後も、後遺障害申請をするのか、するならば被害者請求で行うのかなども検討し、賠償の基礎事情が確定した段階で、示談交渉を開始することになる。

　状況に応じて示談交渉の時期・相手方、後遺障害等級認定・被害者請求の要否について考慮した上で、方針を定めなければならない。

2 示談交渉

(1) 示談交渉のタイミング

　依頼者が傷害を負い、治療中である場合、人身損害の全体は未確定ということになり、損害額も確定できないこととなる。そこで、依頼者が治療中の場合は、損害額が確定している物損部分について先行して相手方と示談交渉を開始することもある。

　依頼者に症状固定（治療を続けても、それ以上症状が良くも悪くも変化することがない状態）時点において残存する後遺障害がない場合、治療が終了した段階で、人身損害が確定することになる。他方、依頼者が後遺障害の残存を訴えている場合や、診断書上から後遺障害認定項目となる症状が見受けられる場合には、症状固定の時点で後遺

障害の認定手続を行うこととなる。後遺障害が自賠責保険により認定された場合は後遺障害認定後に人身損害が確定することになり、後遺障害に関する損害を含めて相手方と交渉を行うこととなる。

なお、依頼者が治療中の場合でも、治療期間が長期に及ぶ場合には、相手方が加入している任意保険会社から、症状固定時期にあると告げられ、同保険会社が医療機関に対して治療費を支払うことを止めること（いわゆる「打ち切り」）について提示がなされる場合も多い。その場合、被害者側の代理人としては、医師の意見などを踏まえつつ、相手方の任意保険会社と通院継続（治療費の支払の継続）について交渉することもある。

> **column　治療費一括対応期間の打ち切りへの対応**
>
> 　治療費一括対応期間を伸長する交渉は、症状固定前に受任した場合における重要な業務の1つである。当該交渉を行っても加害者側保険会社の考えが変わらない場合、被害者が自費による通院を継続することも考えられる。この場合、加害者が加入している自賠責保険の保険会社に対して、後遺障害等級申請を被害者請求する際に、人身損害賠償金も合わせて請求することが考えられる。自賠責が被害者自費通院部分の治療費を相当なものであるとした上で、後遺障害認定がなされると、自賠責との関係では自費通院部分の最終通院日が症状固定日とされ、加害者側保険会社も、この症状固定日を前提として、その後の示談金交渉に応じる場合があるからである。加害者側保険会社との間で症状固定日が争点となった場合は、紛争処理センターか訴訟による解決を検討することになる。
>
> 　一方で、後遺障害等級申請に対し、自賠責保険における後遺障害に該当しないと判断された場合には、異議申立てを検討することになる。異議申立てをしても認められない場合、訴訟により主張立証することが考えられる。なぜなら、裁判所は自賠責の判断に拘束されないで判断することができるため、自賠責が認定しなかった後遺障害について改めて裁判所に判断を求めても、何ら問題がないからである。もっとも、裁判所でも専門機関である自賠責の判断は尊重する傾向にあるため、自賠責で認定されなかった後遺障害を訴訟で認定させるハードルは低くない。なお、一括対応を打ち切られた後に自費で通院を継続していたという事情は、症状が残存していることの一つの証拠になり得るため、異議申立ての際の考慮要素となる。そのため、保険会社による一括対応打ち切り後、症状固定時期は争わない場合であっても、依頼者自身が症状の残存を主張している場合には、依頼者に対し、定期的な通院の継続を促すことが望ましい。

第3章　交通事故

(2) 交渉の相手方

示談交渉の相手は、相手方が加入する任意保険会社の担当者（保険会社従業員）か、任意保険会社の委嘱により相手方の代理人となった弁護士が一般的であるが、相手方が任意保険に加入していない場合は相手方本人となる。加害者が会社に勤めており、業務中の事故である場合には、使用者責任や運行共用者責任として、加害者の所属する会社側に請求する場合もある。タクシー会社などでは、社内の事故処理部門が交渉相手になるケースもある。

(3) 交渉の方法

相手方が加入している任意保険会社の担当者が示談交渉の相手である場合、相手方の任意保険会社宛に委任状及び受任通知を送付するとともに、任意保険会社が保有している資料（交通事故証明書、自動車検査証、事故車両の写真、事故時のドライブレコーダーの動画、現場写真等）の交付を要請する。

依頼者の損害額が確定している場合、一般的には、依頼者が被った損害を物的損害と人身損害に分けて計算し、損害賠償額計算書にまとめ、示談交渉の相手に送付し、賠償額について交渉することになる。なお、任意保険会社では、物損担当者と怪我の賠償についての担当者が分かれていることが多い。

3　後遺障害等級認定手続

依頼者が事故により受傷した症状について症状固定の状態となった場合、医師の助言を踏まえて、後遺障害診断を受けるかを検討することになる。後遺障害等級認定については、2つの方法があり、1つは、相手方が加入する自賠責保険会社に対して、後遺障害診断書を添えて自賠法16条に基づく請求（一般的に「被害者請求」と呼ばれる）をし、後遺障害に関する損害賠償請求をする方法、もう1つは、相手方が加入する任意保険会社の事前認定手続を利用する方法である。

いずれの方法によっても、自賠責保険会社または任意保険会社から書類を受領した

損害保険料率算出機構[1]の自賠責損害調査事務所が調査を開始し、後遺障害等級認定をすることになる。被害者請求の場合、申請から認定まで数か月（3～6か月）を要する。

　後遺障害等級は症状の重さによって1～14級まであり（別表Ⅰと別表Ⅱがある）、また、非該当という認定になることもある。後遺障害等級認定の結果に納得できなければ、不服申立ての手続を検討することになる。一般的によく利用されるのが、異議申立ての制度であり、被害者請求の場合は自賠責保険会社に対して、任意保険会社の事前認定手続を利用した場合は当該任意保険会社に対して、異議申立てをすることになる。なお、異議申立ては申立人に不利益に変更されることがなく、申立て回数の制限もない。

　異議申立ての他に、自賠責保険・共済紛争処理機構に対して紛争処理申請をするという方法もあるが、こちらは1回しか認められず、そこでの判断結果が自賠責保険における最終的な判断となる。

4　裁判外紛争解決手続（ADR）等

　示談交渉によって紛争を解決することができない場合、被害者としては何らかの紛争解決手続を使うこととなる。この点、交通事故事件については、件数が多いこと、賠償基準がある程度明確であること、被害者救済の迅速性の観点などから、紛争解決のために、裁判外紛争解決手続（ADR）が用いられることも多い。

　以下、代表的な手続を概説する。

(1)　公益財団法人交通事故紛争処理センター

ア　手続概説

　紛争処理センターは、交通事故の関係者の利益の公正な保護を図るため、交通事故に関する紛争の適正な処理に資する活動を行い、もって公共の福祉の増進に寄与することを目的としており、これら目的を達成するため自動車事故に伴う損害賠償の紛争

---

1)　https://www.giroj.or.jp/cali_survey/survey_system.htmlを参照されたい。

第3章　交通事故

に関する法律相談、和解あっせん及び審査を無料で行う機関である。

　いわゆる、裁判外紛争解決手続（ADR）の一種であり、無料で申立てが可能であることから、弁護士が介入していない交通事故被害者に広く利用されている。しかし、弁護士が交通事故被害者の代理人に就任している場合でも、その利用は妨げられるものではない。むしろ、訴訟提起との比較において、紛争処理センターに申立てをすることが適切な場合もある。

　紛争処理センターでは、機関によって選定された弁護士（嘱託弁護士）が、被害者、加害者双方の主張を聞き、中立の立場で和解のあっせんを行って数回の期日で和解の成立を目指す。また、仮にあっせんが不成立となった場合でも、当事者が望めば、弁護士、法律学者、裁判官経験者等の審査員3名以上で構成される審査会によって審査・裁定を受けることができる。

　なお、同手続は加害者側が保険会社と契約している場合しか申立てができないことに注意する必要がある。なお、加害者側の保険が共済である場合に関しては、加害者が契約している任意自動車保険（共済）の約款に被害者の直接請求権の規定がない場合や、加害者が契約している任意自動車共済が、JA共済連、こくみん共済 coop（全労済）、交協連、全自共又は日火連以外である場合には申立てができない。

　また、申立てに関する書式は、紛争処理センターごとに異なるため、本手続の利用をする場合には、どのような書式を用いるか確認する必要がある。例えば、新宿紛争処理センターは書式自由であるため、訴状のような形式の申立書を用いることもできる。

イ　手続のメリットとデメリット

　本手続のメリットとしては、まず、利用料が無料であることが挙げられる。裁判の場合には印紙代や郵券が必要になることから、紛争処理センターを利用することで、被害者の金銭負担を低減できるメリットがある。もっとも、弁護士特約に加入している被害者であれば、これらの費用は弁護士特約保険会社に実費として請求できるため、弁護士特約を利用する場合にはこのメリットは限定的なものである。

　紛争処理センターを利用する最大のメリットは、柔軟な解決や迅速な解決が期待できる点にある。まず、紛争処理センターへの申立ては、保険会社との交渉がなされていることが前提であるため、訴訟のように前提事実をゼロから主張・立証する必要は

なく、交渉の中で顕在化した争点を明示して申し立てるため、あっせんをする嘱託弁護士が裁判上の落とし所を踏まえつつ初回から解決に向けた協議をすることができる。嘱託弁護士は、交通事故実務に精通していることから、裁判所の考え方では認められる費目（例えば、休業損害や後遺障害に関する費目など）に関しては、それが排斥される積極的な理由がない限りあっせん案に反映する傾向にあるため、何回も書面の往復をしなければならない訴訟よりも解決の柔軟性が高い。また、初回から実質的な争点の解決に向けてあっせんが進行していくので、1～2回の期日で嘱託弁護士からあっせん案が出され、3回～5回程度の期日で和解になることが多いので、訴訟と比べても短期に解決がなされることが期待できる。

加えて、あっせんが不調となった場合でも、直ちに訴訟移行ではなく、審査会による審査の申立てをすることができる。審査では、争点や事故の状況について当事者双方から改めて説明を受けた上で、審査員の合議により裁定（結論）を出すことになるが、保険会社等は審査会の裁定を尊重することになっており、被害者が裁定に同意した場合は、和解が成立する。すなわち、保険会社との関係では審査結果が拘束力を有するので、早期紛争解決が見込めるのである。この場合、保険会社側に訴訟移行したいとの意向があると、保険会社は、訴訟移行の申立てをすることができる。訴訟移行の申立ても審査対象であり、訴訟移行すべきかどうかが判断され、その結果にも保険会社は拘束されるので、これに反して訴訟提起されることはない。

他方で、デメリットとしては、出頭義務がある点が挙げられる。2023年4月までは、コロナ禍対応が社会的にも要請されていたことから、紛争処理センターにおいても、電話会議の方法が採用されており、出頭義務が緩和されていた。しかし2023年5月からは、原則出頭の運用となった。もっとも、2回目以降の期日では電話会議での対応にも応じてくれる場合がある。紛争処理センターは、高等裁判所所在地8都道府県（他3か所）に所在する。地裁支部だと交通の便が悪く、移動時間が負担になってしまうことがあるが、紛争処理センターであれば、出張を伴うとしてもその心配は比較的少ない（コロナ前、裁判所への出頭が必要であった時期では、この点がメリットでもあった）。

(2) 公益財団法人日弁連交通事故相談センター

公益財団法人日弁連交通事故相談センターは、昭和42年、高度経済成長に伴い自動車が急速に普及したことなどを背景として、交通事故の発生件数が激増の一途をたど

第3章　交通事故

っていたため、その被害者救済を目的として、当時の運輸大臣の認可を得て設立された。平成24年には、内閣府から公益認定を受け、従来の財団法人から公益財団法人に移行し、国土交通省や民間関係団体からの補助金や関係者の皆様方の寄付金を受けて、無料の法律相談や示談あっせんの事業を行っている[2]。

示談あっせんの手続については、被害者から相談を受けた弁護士が直接その事件を受任してあっせんを担当する点や、審査委員会が弁護士3名で構成されている点等が紛争処理センターとは異なるが、大まかな流れとしては紛争処理センターの手続と似た面もある。

同センターによる示談あっせんの特徴としては、示談あっせんができる相談所が多いことが挙げられる。紛争処理センターは、高等裁判所所在地8都道府県（他3か所）に所在しているが、日弁連交通事故相談センターは全国46か所で示談あっせんに対応している。特に、全国各弁護士会内に設置されている相談所では、多くの相談所で示談あっせんの申出をすることができる（函館、旭川、釧路、青森、秋田、福島、金沢、鳥取、島根、徳島、長崎、宮崎は除く[3]）。

また、示談あっせんの申出をすることができる範囲も広く、自動車による人身損害事案では対象に制限はない（示談あっせんに適しており、かつ、拒絶事由がない場合）。物損のみであっても、加害者が保険会社の対物示談代行付き保険に加入している場合だけでなく、全労済、教職員共済、ＪＡ共済連、自治協会・町村生協関係、市有物共済会、自治労共済関係、交協連関係、全自共・日火連関係の各示談あっせんが可能である。加えて、被害者から被害者加入保険会社への保険金請求や被害者加入保険会社から加害者への請求トラブルについても示談あっせんが可能である。示談あっせんの平均開催期日は1.5回程度であるから[4]、訴訟に比べると少ない期日での解決が見込める。

示談あっせんは無料であり、費用はかからない。

なお、紛争処理センターとの大きな違いとして、示談のあっせんが不調になった場合であっても審査手続が用意されていないことに留意する必要がある。

---

2) https://n-tacc.or.jp/about#st-toc-h-2
3) https://n-tacc.or.jp/jidan#jidan_place
4) https://n-tacc.or.jp/jidan

(3) 弁護士会の民事紛争解決センター

　各弁護士会（単位会）の民事紛争解決センターは、各弁護士会が設置・運営している機関である。手続は有料であるが、紛争処理センターや、日弁連交通事故相談センターと異なり、取り扱う事件の種類に制限がないため、紛争処理センターや日弁連交通事故相談センターを利用することができない事件で、示談あっせんを希望する場合には各弁護士会の民事紛争解決センターの利用も検討する余地がある。

5　民事調停

　交通事故事件の対応においても、他の一般民事事件同様に、民事調停や訴訟といった裁判所を利用した手続を選択することができる。民事調停手続の詳細については、**第1章　一般民事**を参照されたいが、民事調停は、訴訟と比べると手続費用が安く、また訴訟物以外の事柄についても手続の対象となるため、柔軟な解決が図れる場合がある。

　調停の申立てには時効中断効があるが、調停不成立となった場合には、調停事件が終了したときから6か月間時効の完成が猶予されるのみである（改めて訴訟提起が必要）ことに注意が必要である（民法147条1項柱書）。

　調停調書は確定判決と同一の効力を有するため（民事調停法16条、民事訴訟法267条）、債務名義を得たい時には有用だが、当事者間の合意が得られない場合には訴訟を提起せざるを得ないため、二度手間になるおそれがある。

6　訴訟

(1)　総論

　弁護士が用いる紛争解決手続上、もっとも多く用いられるのが訴訟である。交通事故事件においても、他の事件類型同様、示談交渉その他で紛争を解決できない場合に

第3章　交通事故

は、訴訟を選択せざるを得ない場面も多い。手続そのものについては**第１章　一般民事**を参照されたい。

(2)　交通事故事件における留意点

　訴訟を担った場合の進行等は通常訴訟と異ならないが、例えば東京地方裁判所では交通事故を中心に取り扱う集中部が設けられており、専門書式である損害額一覧表を利用した審理方式が採用されている。また、大阪地裁や名古屋地裁等といった他の大規模庁においても交通部が設けられ、それぞれの書式が用いられ、効率的な審理の進行を実施している。このように、交通事故事件は、一般民事事件と比較すると個別特殊な手続進行がなされている面があるため、最新の実務の動向についてはある程度把握しておく必要がある[5]。

　また、交通事故事件において特別に留意しなければならない点もある。

　まず、訴訟では、請求につき主張立証が求められるが、自賠責保険における判断は裁判所を拘束しないことから、自賠責保険で認定されている事柄であっても、訴訟上は、改めて立証を十分に尽くす必要があるということである。十分な立証がなされない場合、自賠責保険での判断が、訴訟において覆されることもある。裁判例上も、自賠責保険において認定された後遺障害等級よりも、判決で認定された等級が下がるというケースがみられる。また、保険の損害認定において、傷害について認定された治療費や休業損害が、訴訟上で否定されることもある。訴訟移行した場合の見通しが不十分なままに訴訟提起を行ったことによって、結果として、被害者が獲得できる賠償金の額が下がってしまう場合もあることに注意する必要がある。そのため、安易に訴訟を選択することなく、訴訟上の見通しをしっかり確認し、相手方保険会社との交渉において獲得しうる結果とを比較考慮の上で、訴訟提起に臨む必要がある。

　なお、被害者側代理人をしている際に、加害者側の代理人から債務不存在確認の訴えを提起されることもある。この場合、訴えの利益が否定されることはほぼ無いため、被害者側代理人としては、反訴提起をし、訴訟対応していくことになる。その際には印紙の計算に注意したい。なお、反訴を提起しないままであっても、事実上、和解を行うことができる場合もある。

---

[5]　「特集　交通事故における損害賠償実務の動向」自由と正義74-8（令和５年）

(3) 交通事故事件の訴訟物

　交通事故訴訟で、被害者が加害者に損害賠償請求訴訟を提起する場合、一般的な訴訟物は、不法行為に基づく損害賠償請求権（民法709条）であるが、加害者（運転者）以外に請求できる場合もあり、代表的なものは自賠法3条を根拠とする運行供用者責任に基づく損害賠償請求である。同条は、運転者ではない車両の所有者（運行供用者）に対し、一定の場合に賠償責任を課すことを定めている。

　加害者が運転者でもあり、運行供用者でもある場合には、民法709条に基づく損害賠償請求のほかに、自賠法3条に基づく損害賠償請求権の選択肢が生じる。両者の最も大きな違いは、過失の立証責任である。民法709条では、被害者が加害者の過失を立証する必要があるが、自賠法3条では、過失の立証責任が転換されている。そのため、加害者の過失を立証することが難しい場合には、民法709条よりも、自賠法3条に基づく請求の方が望ましい場合もある。

　また、加害者と運行供用者が異なる場合で、加害者からの金銭回収の見込みが厳しい場合に、運行供用者責任に基づく請求を行う場合もあるが、同責任に基づく損害賠償請求が可能なのは、人身損害のみであり、物的損害については請求できない。そのため、物損も存在する事案で、人身損害を自賠法3条に基づき請求をする場合には、民法709条に基づく損害賠償請求権も並行して訴訟物とすることを忘れないことが肝要である。

　その他、業務の遂行上生じた交通事故事件等、事故車両の運転手について、雇用主等（使用者）が存在する場合には、使用者責任による損害賠償請求（民法715条）を行うことが有効な場合もある（なお、運転者が会社の代表者である場合には、代表者責任に基づく損害賠償請求（会社法350条）が可能な場合もある）。その他、運転者が責任無能力者である場合に、監督者責任（民法714条）に基づく請求が有効な場合もある。

　いずれにせよ、事案に応じて適切な訴訟物を選択できるように検討する必要がある。

　なお、運行供用者責任や使用者責任による損害賠償請求を選択するか否かの考慮要素の一つとして、相手方の支払能力の問題が挙げられるが、相手方が任意保険に加入している場合には、支払能力については考慮する必要がない場合もある。また、相手方が任意保険に加入している場合に、任意保険会社そのものを被告とする訴訟提起（約款に基づく直接請求）も可能ではあるが、直接請求の必要がある事案は限られる。直接

第3章　交通事故

請求をする場合には必要性を検討の上、訴訟提起であれば裁判官に対して直接請求を行う理由について説明できるようにする必要があるであろう。

第4 手続選択の注意点

1　総論

　被害者側代理人としては、被害者が最大限の賠償金を獲得できる手段を第一に考えるというのはいうまでもないが、相手方（保険会社）との交渉が難航した場合に、訴訟が本当に最適な手段なのかについては、一考してみる余地がある。上述した紛争処理センターや日弁連交通事故相談センターの示談あっせんでは、交通事故案件に習熟した弁護士によるあっせんが行われることから、場合によっては、訴訟と遜色ない水準での解決が見込まれる。また、手続的にも、訴訟を選択した場合には本人尋問で被害者本人が出廷しなければいけないという事実上の不利益も考えられるが、紛争処理センターや日弁連交通事故相談センターの示談あっせんではそのような心配はなく、また、解決までの期間も、訴訟に比べて短いという利点もある。

　示談金額について最善の手段を選ぶのはもちろんであるが、これら手続の利点を被害者に示すことで、手続的な負担の面からも依頼者が望む形での解決を目指すという視点も、手続選択上、重要といえる。

　以下、いくつかの架空の事例を題材とし、手続選択の注意点や、一般的な事件の進行について説明する。なお、便宜上、以下では全て被害者代理人の立場であることが前提となっている。

2　事例別の一般的な手続例

(1)　事例1　過失割合に争いがない事例

ア　事例

　依頼者（被害者）及び加害者の双方が自動車を走行させていた際に生じた事故。事

故の原因が100％加害者の過失であることに争いはない。同事故によって依頼者は全治２か月の傷害を負ったが、幸いにして後遺症は残らなかった。なお、加害者は任意保険に加入していた。

イ　一般的な手続と留意点

　本ケースにおいては、加害者が任意保険に加入しているため、交渉等のやりとりについては、基本的には加害者の任意保険会社と行うことになる。なお、訴訟提起等に至った場合は、任意保険会社の紹介によって加害者に代理人弁護士が就く場合が多い。
　加害者が任意保険に加入している場合、被害者の治療費等については任意保険会社が立替払（いわゆる一括払対応）をしているケースが多く、治療費等そのものについては依頼者が負担していない場合がほとんどであるものの、入通院において発生した費用などについては、念の為、領収書などの資料を残しておくように依頼者に伝えておくべきであろう。また、前述したとおり、依頼者側の保険によって弁護士費用特約が使える場合もあるので、初回相談の時点で、弁護士費用特約の有無を含め、依頼者側の保険についても確認しておく必要がある。
　本事例のような場合、治療終了の時点で損害額が確定することが多いため、依頼を受けた弁護士としては、損害額を確定させた後、損害額算定書を作成し、これを加害者の任意保険会社宛に提出して示談交渉を始めることになる。なお、依頼者から相談を受けた時期によっては、既に加害者の任意保険会社から示談案の提示がなされている場合もあるが、この場合には、同任意保険会社に対して受任を通知した上で、示談案の検討から始めることとなる。
　いずれの場合であっても、弁護士が基準とすべきは裁判基準（赤い本基準）であるが、任意保険会社からの示談案の提示が先行している場合、任意保険基準等による計算がなされていることも多いので当否について検討する必要がある。また、交渉段階においては、任意保険会社は慰謝料について、裁判基準を用いつつも、８割から９割程度に制限して提示してくることが多い。そのため、交渉段階で任意保険会社から提示される賠償額は、裁判において認定される損害額よりも低額であることが多いといえる。被害者側代理人としては、裁判になった場合に得られる利益を予測した上で、早期解決のメリットと、裁判をした場合に得られる賠償額とを比較し、依頼者とも十分に協議を行った上で、交渉段階で解決をするのか、その他の手続を取るのかを選択

することとなる。

　この点、まず交渉段階において解決をするかどうかで注意すべきなのは、任意保険会社の提示は、上記の通り慰謝料などについては裁判基準の8割から9割程度に抑えた金額を提示することが多いが、他の項目などで判決では認められない費目を算定している場合がある。例えば、一般に、整骨院への通院費用については、裁判上は必要性や相当性が認められないことが多いが、任意保険会社の提示する示談案の中にその治療費が含まれている場合がある。その他、傷害慰謝料の別表適用が被害者側に有利である場合や、過失割合の判断が依頼者側に有利になっている場合などがあり得る。このような場合、訴訟に移行した際には、判決で依頼者側が不利になる可能性もあるため、交渉段階で解決をする方が得られる利益も多いという場合もあるから、被害者側の代理人弁護士としては任意保険会社の示談案を慎重に検討しなくてはならず、将来の予測が不十分なままに安易に訴訟移行するようなことは避けなければならない。

　また、交渉段階での解決にメリットがないと判断した場合には、前述した訴訟提起か紛争処理センターへの申立てを検討することとなる。この場合、いずれであっても算定基準は裁判基準での算定となるので、早期解決のメリットや、依頼者の負担（証人尋問等の負担）に鑑みると、紛争処理センターへの申立ての方が良い場合も多い。もっとも、紛争処理センターへ申し立てても、加害者側の任意保険会社から訴訟移行の上申がなされる場合もあるので、必ず早期解決ができるという訳ではないことに留意する必要がある。その他、訴訟を選択すべき事案として、依頼者側の保険に人身傷害保険が付帯されており、これを先行利用しているケースや、本事例とは異なるが加害者側が任意保険に加入しておらず、資力にも乏しいような場合に、自賠責保険会社からの支払を見据えた場合など、例外的に訴訟手続を使った場合に限って得られる利益が増えるという場合もある。これら例外的なケースについては後掲の参考文献を参照されたい。

(2) 事例2　治療期間が長期にわたる事例

ア　事例

　依頼者（被害者）は、交差点において対面信号が赤であったために自身が運転する車両を停車していたところ、後方から、加害者が運転していた車両が居眠り運転により追突してきた。依頼者は、首の痛みを訴えて半年通院し、現在でも痛みが残ってい

ると主張している。加害者は任意保険に加入しているが、加害者の任意保険会社は、症状固定を理由として治療費の立替払を打ち切りたいとの意向を示している。

イ 一般的な手続と留意点

事例1で述べたように、加害者が任意保険に加入している場合、被害者の治療費等については加害者の任意保険会社が立替払をしていることが多いが、治療が長期にわたる場合、加害者の任意保険会社が治癒や症状固定を理由にして立替払を打ち切ってくるケースがある。とりわけ、むち打ちの事案においては、事故から3〜6か月程度が経過すると治療費の支払を打ち切られることが多い。

任意保険会社の立替払いについては、あくまでも保険会社の自主的なサービスの一環であるため、交渉によって打ち切りを撤回させることは難しく、一般的には依頼者において健康保険等の利用による自費通院を継続させることになろう。その上で、主治医に依頼者の症状について確認し、仮に主治医が、症状固定時期が到来していて後遺障害が残っていると判断しているのであれば、後遺障害診断書の作成を依頼した上で、後遺障害の認定手続に移ることとなる。

前述の通り、後遺障害の認定手続には、事前認定と被害者請求があるが、本事例の場合、加害者の任意保険会社は症状固定を主張していることから、今後、治療期間（症状固定時期）が争点になり得る。事前認定の場合、加害者側の任意保険会社がどのような資料を自賠責保険に提出したのかを詳細に把握することは困難であること、加えて意見書や陳述書など認定に有利となる資料の添付が可能となることからも被害者請求を選択することが望ましい。

後遺障害の認定手続の結果、自賠責で後遺障害が認定されればそれを踏まえた上で、**事例1**と同様に示談交渉等を行うこととなる。被害者請求の場合、認定された等級に応じた自賠責保険金が支払われる。この点も、事前認定手続との違いである。後遺障害が認定されない場合には、異議申立てを行うか否かにつき、非該当理由書を検討する必要がある。

なお、本事例のように通院期間が半年以上に及ぶ場合は、加害者側保険会社から、通院が長期にわたると主張してくることがある。通院期間の算定や、裁判基準において用いられる慰謝料の算定表が異なる場合があることに注意し、相手方保険会社側の主張が正当なものかを精査する必要がある。また、本事例のように半年以上の通院を

しても痛みが残るような場合には、依頼者が整骨院や鍼灸院に通院するケースがまま見られる。これらの費用については、裁判上、医師からの指示に基づくものや一定の条件を満たすものを除いて、損害として認められないことがあるため、半年を超える通院のリスクについては、依頼者に十分に説明をしておく必要がある（加害者側保険会社が一括対応を行っていた場合でも、その後の訴訟で一括対応に応じた部分の治療費が認められないこともある）。

(3)　事例3　過失割合や素因減額が問題となる事例

ア　事例

依頼者（被害者）は、自動車を運転し、信号機が設置された交差点に直進して進入したところ、加害者側は前方不注視のまま右方から右折して進入、依頼者車両右側に加害者車両前部が衝突した。依頼者と加害者で対面信号の色についての認識が異なっており、過失割合について争いがある。また、依頼者は本件事故によって腰椎椎間板ヘルニアの診断を受けた。これに対して保険会社側は、依頼者のレントゲン写真を見るに、骨の端に骨棘が見られることや、椎間板が加齢によって変形していることが見られることから、傷害の症状については、元々の素因によって拡大した部分があると主張している。

イ　一般的な手続と留意点

手続については**事例1**や**事例2**と同様であるが、本事例においては過失割合や素因減額について争いになり得るので、これに備えて証拠を集める必要がある。

事故態様について争点になることが予想される場合、まずはドライブレコーダー等による映像記録が無いかを確認する必要がある。なお、ドライブレコーダーは連続して録画する設定になっている場合に、事故時の記録が上書きされて消去されることがあり得る。ドライブレコーダーがある場合には、速やかに記録の保全を行う必要がある。

また、事故現場付近に監視カメラ等がある場合には、これを証拠として収集することが有用な場合もある。依頼者から相談を受けた際に他の立証手段に乏しいと思えば、速やかに現場を確認し、現場付近に監視カメラがある場合には速やかに監視カメラの管理者に記録を保存してもらうよう依頼する必要がある（ドライブレコーダー同様、事

故から時間が経過している場合には上書きされて消去されている可能性が高い）。映像を保存してもらった後は、任意で開示される場合、弁護士会照会等で開示を求める場合、閲覧のみ認められる場合等、管理者との関係で様々なケースが考えられるが、いずれにせよ監視カメラの管理者と速やかに連絡をとる必要があることに変わりは無い。

その他の立証手段として、警察が事故について作成した文書を収集して利用することが考えられる。警察が作成する文書のうち、交通事故事件の立証手段として用いられる文書としては、人身事故の場合に作成される実況見分調書や、人身事故以外の場合に作成される物件事故報告書が挙げられる。前者は事故現場見取図や現場写真等が添付されており事故状況を証明する重要な証拠となる。後者は、事故状況の概略を証明するものであり、前者と比べて証明力は落ちるものの、特にドライブレコーダー等の映像記録がない場合には立証に必要不可欠な書証である。これらは弁護士会照会によって取得することができるので、後掲の参考文献を参照されたい。なお、交通事故の発生を証明する交通事故証明書も存在するが、同文書は事故の発生を証明し、当事者名などを記録するものに過ぎないため、事故原因や過失割合等を証明するための資料ではない。その他、本事例のように対面信号の色が争点になり得る場合であって、何らかの証拠から事故発生日時が正確に特定できる場合には、信号サイクル表を証拠として利用することもできる。これも弁護士会照会によって取得することが可能である。

本事例では、素因減額も問題となっている。被害者側にどのような既往症があって、どの程度の減額がなされるかはケースバイケースといわざるを得ないが、素因減額が問題になるケース（本事例のようなケースの他、死亡事例でも問題になることが多い）では、早期にカルテを入手し、医師の意見等も聞きながら、依頼者の既往症についてよく調査・検討をしておく必要がある。

（4） 事例4　物損のみの事例

ア　事例

依頼者（被害者）が駐車場に車両を駐車していたところ、加害者が同駐車場に進入する際に運転を誤り、自車を依頼者車両右側に強く衝突させた。依頼者は降車していたためにケガは無かったが、依頼者の車両には物損が発生した。加害者は任意保険会社に入っている。

イ　一般的な手続と留意点

　本事例のような物損事故事件の場合、まず、当該車両が修理可能かどうかを把握しておく必要がある。修理が不可能な場合（「全損」と呼ばれる。これに対して修理が可能な場合「分損」と呼ぶ）には、車両が大破して修理に多額の費用が必要なことが一見してわかるような状態にあり見積を作成することなく物理的に全損だと判断できる場合（物理的全損）と、修理可能であるものの、修理費が車両の交換価値を上回るために当該車両の時価額をもって損害額とする場合（経済的全損）の二種類がある。物損の賠償においては、単に修理額で算出するのではなく、修理額と交換価値（車両の時価額と買換諸費用）とを比較して低い額が賠償額になるため、車両の交換価値を把握しておく必要がある。実務上、保険会社では車両の時価額を把握するためには「自動車価格月報」[6]を参考にすることが多いが、同書によると実際の取引価格よりも低額になりがちであるため、インターネットサイトの情報や中古車情報雑誌から車両時価額を算定した方が、実際の交換価値に近くなる。

　加害者側が任意保険に加入している場合の物損事故事件においては、協定制度（アジャスター制度）が重要である。アジャスターとは、一般社団法人日本損害保険協会に加盟する損害保険会社から委嘱を受け、保険事故の損害調査業務を行う者をいう[7]。協定する権利は、相手方当事者の任意保険会社側にあるため、当事者双方が任意保険に加入していれば問題は生じないが、いずれかが加入していない場合は、協定について問題となることがある。双方で納得していれば、契約者側の加入任意保険会社が協定することもできる。本事例のような物損事故事件の場合、加害者側の任意保険会社が委託するアジャスターが、修理工場との間で車両の損傷状況等を確認し、修理が必要な箇所や、修理の方法、修理の費用等について合意し、協定をした後に修理を実施する。協定された修理の内容や修理費については、通常、任意保険会社は争わないため、後に損害額について争いにならないように同制度を利用すべきである。他方、依頼者から相談を受けた時期によっては、アジャスターが入っていない状況のまま、依頼者が修理をしてしまっているという場合もあり、この場合には後に損害額について争いになり得るため、状況をよく確認する必要がある。

---

6) 有限会社オートガイドが発行する中古車価格情報専門誌。表紙の色から「レッドブック」と呼ばれている。自動車の実勢価格よりも低い価格であることが多いが、保険会社や官公庁では中古車価格の相場を把握するために用いられることが多い。なお、前述の「赤い本」とは全く別の本なので要注意。

7) https://www.sonpo.or.jp/exam/adjuster/index.html

その他、物損事故事件特有の論点として、修理中の代車費用の議論がある。原則として、代車費用は実際に負担した後でなければ損害として認められず、また現実に修理や買換えに要した期間のうち相当な期間（概ね、修理で２週間程度、買い換えで１か月程度）に限って認められるものであるので、依頼者に十分に説明しておく必要がある。なお、被害者側に過失が認められ得る事故では加害者側保険会社が代車の手配を拒絶する場合がある。そのような場合は、被害者側保険で代車特約がないかを確認したり、自ら代車を調達して責任割合に従って加害者側保険会社に請求するという手法を取ることもできる。この場合、代車車両の相当性に留意したい。その他、物損事故事件特有の論点の詳細については後掲の参考文献を参照されたい。

損害額が確定した後は、**事例1**の場合等と同様に、示談交渉によって解決をするか、紛争処理センターや訴訟手続を利用して解決をするか選択をすることとなるが、紛争処理センターでは１回しか申立てができないので物損のみで申し立てると怪我の賠償の際には使えなくなってしまうので注意が必要である。なお、本事例とは離れるが、一般に任意保険会社は、物的損害の担当と人身損害の担当が別であることが多いので、人損と物損が混在する事件においては混同しないように留意する必要がある。

(5) 事例5　自転車事故の事例

ア　事例

依頼者（被害者）は自転車で左車線を走行していたところ、交差点に直進した際、左方向から右車線を逆走する加害者の自転車が急速で交差点に進入し、そのまま被害者の自転車左側に衝突し、被害者は転倒して骨折した。また、被害者の自転車その他携行品も大きく損傷を受けていた。加害者は自転車に関する保険等に入っていなかった。

イ　一般的な手続と留意点

昨今の自転車事故の増加や高額賠償が認められる事例等を受け、自転車事故に関する保険加入を義務づけている自治体は多く、例えば東京都では「東京都自転車の安全で適正な利用の促進に関する条例」によって、自転車の利用によって生じた他人の生命又は身体の損害を賠償することができるように「自転車損害賠償保険等」へ加入することが義務づけられている（同条例27条１項）。しかしながら、加入率は年々増加傾

第4　手続選択の注意点

向にあるものの、概ね6割前後であり[8]、自動車事故の場合の任意保険の加入率と比較すれば低いものといわざるを得ない。実際の自転車事故については、本事例のように相手方が無保険という場合も多い。なお、自転車事故に関する賠償保険は、自動車保険の場合と異なり、自動車保険、火災保険、傷害保険等に特約として付帯されていたり、団体保険の中に含まれていたりすることが多く、加入者自身も気づいていないという場合もあるので、自転車事故に関する相談を受けた場合や、相手方と交渉する際には、自転車事故に関する特約が付帯されていそうな保険を確認してもらう必要がある。

　なお、仮に相手方が自転車事故に関する賠償保険に入っていたとしても、示談交渉サービスが付帯されていない場合もある。示談交渉サービスが付帯されていれば、自動車事故事件同様に保険会社と示談交渉等を行うこととなるが、そうでない場合には相手方本人と示談交渉を行わざるを得ない。

　したがって、保険の有無と内容によってその後の進行が変わりうるが、本事例のように相手方が自転車事故に関する賠償保険に加入していない場合には、一般的な不法行為に基づく損害賠償請求事件と同様の進行となる。

　以下、自転車事故における留意点について述べる。

　まず、自動車事故と大きく異なるのは、自動車事故における過失相殺率については前掲した別冊判タ38を参考にして過失相殺率を定めるが、自転車同士の事故については同書での基準化がなされていない[9]。そのため、自転車事故の過失相殺率認定については、別冊判タ38を参照して行うものの、必ずしもこれによって定められるものではなく、自動車事故事件の場合以上に個別の考慮要素を慎重に検討する必要がある。

　また、自転車の場合、一般的なシティサイクルであれば新品価格でも数万円程度のものが多く、法定耐用年数も2年[10]とされるため、車両については残存価値がない場合も多い。しかしながら、高価なロードバイク等の場合、素材や用途等によっては高額になったり、裁判上、耐用年数が長く見積もられたりするケースもあるため自転車の種類に応じて検討することが必要となる。

　その他、自転車事故の場合、自動車事故と異なって当事者が生身であるため、携行

---

[8]　https://www.metro.tokyo.lg.jp/tosei/hodohappyo/press/2022/05/09/14.html
[9]　「別冊判タ38」45頁参照
[10]　減価償却資産の耐用年数等に関する省令別表第一参照。なお、実務上では、減価償却的な考え方はとるものの、5年程度で計算されることが多い。

品や衣服に損傷が出ている場合もあるため、依頼者から十分に聴取をし、損害賠償請求の際に併せて請求をするように心がけるべきである。なお、眼鏡については物損ではなく怪我の賠償で合わせて請求する。

上述の通り、自転車事故については保険加入率が低いほか、運転者が未成年者であったり、極めて高齢であったりする場合が多く、損害賠償請求をするにしても賠償金の回収が十分に見込めない場合もある。手続選択の際には、将来の回収見込みまで見据え、依頼者にも十分な説明を行った上で手続を選択し、方針を検討することが肝要である。

3　参考文献

- 髙畠希之編著『第2版　現場・損傷写真でわかる　物損事故における立証から解決まで』(第一法規、令和6年)
- 高野真人編著『新版注解交通損害賠償算定基準』(ぎょうせい、令和4年)
- 森冨義明・村主隆行編著『裁判実務シリーズ9　交通関係訴訟の実務』(商事法務、平成28年)
- 大島眞一『〔改訂版〕交通事故事件の実務―裁判官の視点―』(新日本法規、令和5年)
- 加藤新太郎・谷口園恵編著『裁判官が説く民事裁判実務の重要論点〔交通損害賠償編〕』(第一法規、令和3年)
- 佐久間邦夫・八木一洋編『交通損害関係訴訟〔補訂版〕』(青林書院、平成25年)
- 民事弁護実務研究会編『民事弁護の起案技術　7の鉄則と77のオキテによる紛争類型別主張書面』(創耕社、令和3年)
- 永塚良知編著『補訂版　交通事故事件処理マニュアル』(新日本法規、平成29年)
- 東京弁護士会親和全期会編著『こんなところでつまずかない！交通事故事件21のメソッド　改訂版』(第一法規、令和6年)
- 稲葉直樹ほか『7つのケースで分かる！交通事故事件ミスゼロの実務』(学陽書房、令和5年)
- 第一東京弁護士会第一倶楽部編著『実践弁護士業務　事例と経験談から学ぶ資

料・証拠の調査と収集　交通事故編』(第一法規、令和6年)
- 第一東京弁護士会業務改革委員会8部会編『弁護士法第23条の2　照会の手引〔七訂版〕』(第一東京弁護士会、令和5年)
- 佐藤三郎ほか編著『弁護士会照会ハンドブック』(きんざい、平成30年)

第4章

家事（離婚・後見）

第1 総論（本章について）

　本章では、弁護士として活動する上で必ず接するであろう「家事」分野の手続について述べる。具体的には、本章では、まず夫婦関係及び親子関係といった、現在の家庭に関する紛争について言及し、その後、本人の判断能力に衰えが生じた（または生じる可能性がある）場合に検討すべき成年後見制度について言及する。

1　手続選択の概要

　一般的に家庭内紛争を法的に解決するには、まず任意交渉を行い、当該交渉がこう着又は決裂した場合は家庭裁判所での調停という流れを経る。調停の趣旨は当事者双方が譲歩し合い、合意による解決を目指すことにある。

　調停不成立後は通常、審判へ移行し、当該審判結果に不服の場合は、即時抗告、許可抗告・特別抗告という手続を経る。なお、最初から調停ではなく、審判を申し立てることもある。

　弁護士としては、現在直面している紛争や派生して起こり得る紛争を念頭に、自ら手続を主体的に選択していく必要がある。例えば、離婚を望む場合、日本は調停前置主義を採用していることから、最初から離婚訴訟を提起することはできず、まずは家庭裁判所へ離婚調停を申し立てる必要がある。そして当該調停で合意ができず、不成立だった場合に、改めて家庭裁判所へ離婚訴訟を提起することができる。そして、離婚調停においては親権や財産分与といった付随的紛争も一つの「離婚調停」内で協議できるのに対し、離婚訴訟においては、附帯処分として別途、請求の趣旨に明記し、印紙代もそれに応じて支払う必要があるなど、扱いが異なるので注意する必要がある。

2　登場人物の概要

　家庭裁判所においては、様々な人物が事件に関与することも特徴の一つである。例えば、調停委員2名と担当裁判官から成る調停委員会や、子が絡む場合は家庭裁判所調査官などが登場する。
　特に家庭裁判所調査官は調停時と離婚訴訟時において関与の仕方が異なる。すなわち、調停時、親権に争いがあり18歳未満の子がいる場合は調査官の調停同席は必須となり、子の意向確認の点からも調査官が主体的にこれまでの監護状況等を調査していくが、離婚訴訟においては、あまり調査官は出てこない。

3　家事調停の進行の仕方

　家事調停の進行の仕方も通常の民事訴訟とは異なる。
　例えば当事者は、「申立人」待合室と「相手方」待合室で各々待機し、調停委員らから呼ばれた時に調停委員らが待機する部屋に入る。この時、DV事案等で相手との同席を望まないのであれば、あらかじめ裁判所に伝えて配慮を求めるべきである。
　一般的には、調停委員らが交互にお互いの主張を聞き、相手に伝えて、調停を進めていく。調停の途中で裁判官と調停委員らの協議である「評議」が入ることも多い。
　裁判官は基本的に調停の場に現れることはなく、調停委員らからメモや口頭で進行状況を聞き、裏で指揮をすることが多い（そのため、どうしても裁判官に伝えたいことがあれば書面にした方が良い）。裁判官が当事者の前に現れるときは、当事者が調停委員らの説得に応じない場合や裁判官が心証を開示して期日調書にその内容を残そうとしている場合が多い。

第4章　家事（離婚・後見）

4　家事調停終了の仕方

　終了の仕方としては、取下げ（通常の民事訴訟と異なり、相手の同意は不要）、合意成立による調停成立、合意不成立による調停不成立（調停不成立を決めるのは調停委員会であって当事者ではない）、調停に代わる審判（合意ができず、調停が成立しないが、裁判所が相当と認めるときに職権で審判をくだすこと。家事事件手続法284条）がある。

　ただし、家事調停の種類によっても進行は異なり、例えば財産分与調停は、当該調停不成立の場合、自動的に審判に移行するが、離婚調停は自動的に審判や訴訟に移行しない。そのため、離婚調停が不成立であってもなお離婚をしたい当事者は、別途、家庭裁判所に対して離婚訴訟を提起する必要がある。そのため、弁護士としては次に続く手続を誤らないよう注意する必要がある。

　そして、審判に移行したが、当該審判結果に不服がある場合、高等裁判所に対して即時抗告を提起することが可能であり、当該抗告審の結果に不服な場合は更に特別抗告や許可抗告をすることができる。しかし、特別抗告は憲法解釈に誤り等がある場合にしかできず、許可抗告は最高裁判所の判例違反等がある場合にしかできない等、法定の要件を満たす必要がある。そのため、実務上は即時抗告までを念頭に置いておけば足りる。

第2 離婚事件

1 離婚

(1) 法律相談

　離婚事件は、夫婦間の離婚のみならず、親権や養育費、面会交流、財産分与、慰謝料、年金分割等、離婚に伴い取り決める事項は多岐に渡る。

　したがって、離婚に関する法律相談を受ける際は、各争点に対する見通し、交渉の方針、調停等の裁判手続を選択すべきか等を検討する上で、基本的には幅広く事情を聞く必要がある。

　例えば、以下のような事情を聴取することが考えられる。

- 離婚を希望している当事者はどちらか、紛争に至る経緯、これまでの当事者間の協議の有無、内容
- （場合によっては）国籍
- 婚姻期間
- 子供の有無、人数、年齢、就学状況（前妻（又は前夫）の子の有無、養育費支払の有無）
- 別居の有無、期間、子はいずれのもとにいるのか
- 双方の職業、収入
- 財産の内容、数額
- 慰謝料請求の有無、慰謝料請求に係る証拠の有無及び内容
- 面会交流の条件に関する希望
- 相手方に弁護士が就いているかどうか
- 調停（又は訴訟）係属の有無

（2） 離婚調停及び円満調停の概要

　夫婦関係調整調停には、離婚調停と円満調停の2種類があり、離婚調停とは、一方当事者が配偶者に対して離婚を求める調停を指し、円満調停とは、配偶者に対して当事者が円満にやり直すことを求める調停を指す。円満調停は制度として存在するものの、円満調停を申し立てても、相手方から逆に離婚調停を申し立てられたり、相手方が離婚調停と勘違いをし、夫婦関係がさらに悪化する可能性もあるため、代理人が就任しているケースで選択されることは少ないと考えられる。

（3） 手続選択のポイント

　以下では、実務上よく利用される離婚調停にフォーカスして、離婚調停を選択する際の積極的事情と消極的事情とに分けて手続選択のポイントについて解説する。

ア　離婚調停を選択すべき積極的事情

・法定の離婚事由を満たすと考えられるような事案

　上記のような事案では、例えば、一方当事者が不貞行為を行ったことが客観的な証拠上明らかな事案（民法770条1項1号）、長期間の別居がなされている事案（同項5号）が想定される。必ずしも、離婚事由が認められる＝離婚調停を申し立てるべきという関係性にあるわけではないが、離婚事由が認められるような事案であれば、少なくとも、何らかの理由により離婚しないことに固執している相手方に対する調停委員や裁判官を介した説得や、調停に代わる審判（家事事件手続法284条1項）がなされることもあるため、離婚調停を選択すべき積極的事情の一つになるものと考えられる。

・何らかの理由により当事者間での離婚協議が困難な事案

　上記のような事案では、例えば、相手方が離婚協議に一切応じない、相手方が依頼者や子供に対して暴力等を行うおそれがあり、代理人を介しても建設的な話合いが見込めないような事案が想定される。調停前置主義との関係から、そもそも、話合いによる解決が見込めないからといって、離婚調停を省略して、離婚訴訟を提起することはできない。そのため、当事者間での協議を継続することが困難な事案では、無理に任意交渉を継続するよりも、離婚調停を申し立てた方が、最終的な事案の解決に一歩近づくことが多いものと考えられる。

イ　離婚調停を選択すべきでない消極的事情
・早期解決が見込める事案

　上記のような事案は、多種多様であるが、金銭的解決による早期解決が見込める事案や当事者が互いに譲歩の姿勢を見せているような事案は、早期解決が見込める事案といえよう。離婚調停は、基本的には長期化しやすい傾向にあり、調停移行に伴う弁護士費用の負担が依頼者にかかるため、早期解決が見込める事案においては離婚調停を選択すべきではない。早期解決が見込めるとして任意交渉を進めた結果、交渉が決裂した場合に至った時点で離婚調停を選択すべきである。そのため、早期解決が見込めることは、離婚調停を選択すべきでない消極的事情となる。

(4)　離婚調停の手続の流れ

　まず、第1回調停期日においては、調停委員から、当事者本人に対し、離婚調停の概要（話合いで解決を目指す手続であること）及び調停委員会の概要（調停委員2名と調停官である裁判官から構成されること）等に関する手続の説明がある。その後、調停委員から当事者本人（又は手続代理人）に対し、離婚、離婚条件に関する希望、一方当事者に伝えてほしいこと等についての聴取が行われ、争点の確認がなされることが多い。その後、一方当事者と入れ替わりで退席し、これを何度か繰り返した後、次回期日が設定される。

　第2回調停期日以後においては、当該調停において設定された争点に関する主張について当事者双方の主張立証が展開され、それぞれ折り合える条件を模索することになる。

　調停が不成立となる場合は、調停に代わる審判（家事事件手続法284条1項）がされる場合は別として、手続は終了し、離婚訴訟において争うこととなる。なお、調停に代わる審判について適法な異議申立て（同法286条1項、2項、279条2項、287条）がなされた場合、審判は当然にその効力を失い、家庭裁判所は当事者に対し、その旨を通知する（同法286条5項）。当事者が当該通知を受けた日から2週間以内に、訴訟提起をすると、離婚調停の申立時に、その訴えを提起したものとみなされる（同法286条6項）。

第4章　家事（離婚・後見）

2　婚姻費用・養育費

(1)　法律相談

　婚姻費用や養育費の請求をする場合や請求を受けている場合で、交渉の方針、調停等の裁判手続を選択すべきか等を検討する上では、**1　離婚**と重複する部分があるが、以下のような事情を聴取することが考えられる。なお、「住宅ローンの有無、住宅ローンの負担割合」については、主に財産分与の点で問題となるが、婚姻費用及び養育費の算定でも考慮される場合があるので聴取事項としている。考慮される場合や詳細な理由については割愛するが、本書で挙げる参考書籍等にてご確認いただきたい。

- 双方の職業、収入
- 源泉徴収票や確定申告書の有無
- 子の有無、人数、年齢、就学状況
- 別居の有無、期間、（別居しており、かつ子がいる場合には）子は相談者又は相手方のいずれのもとで生活をしているのか、別居期間中の婚姻費用の支払の有無、額
- 離婚後の養育費の支払の有無、支払額の決定方法、支払期間
- 相談者又は相手方と前妻（又は前夫）の間の子の有無、養育費支払の有無、養育費の額、養育費の決定方法
- 相談者又は相手方と前妻（又は前夫）との間に子がおり、相談者又は相手方が当該子の養育費を支払っている場合には、当該前妻（又は前夫）の収入
- 住宅ローンの有無、住宅ローンの負担割合

(2)　婚姻費用・養育費分担調停

ア　概要

　婚姻費用分担調停は、別居中の夫婦間で、婚姻費用の分担について話合いができない場合に活用されるものである。養育費分担調停は、婚姻費用分担調停と同様に、離婚後の元夫婦間で、養育費の分担について話合いができない場合に活用されるもので

ある。

イ 手続選択のポイント

　婚姻費用分担調停や養育費分担調停では、基本的に、婚姻費用等の支払を求める側が申し立てる場合が圧倒的に多いため、特に断りのない限り、婚姻費用等の支払を求める側が婚姻費用分担調停等を選択する際の積極的事情と消極的事情とに分けて手続選択のポイントについて解説する。

(ア) 婚姻費用分担調停等を選択すべき積極的事情
・婚姻費用等の算定において、法律上の争点が対立している場合

　上記のような事案では、例えば、義務者が株式を保有しており、当該株式の配当収入を義務者の収入に加えるか否かで争っている事案や義務者が転職をした結果、収入が前職よりも減少し、当該減少した収入で婚姻費用等を算定すべきと争っている事案等が想定される。このような事案では、各当事者に代理人が就いたとしても、一方当事者が譲歩しない限り、議論が平行線を辿ることが多い。また、婚姻費用等は、権利者の生活の基盤となるものであり、特に、養育費については、支払期間が長期であることや子の将来に大きくかかわるため、法律上の争点が対立している場合、義務者・権利者ともに譲歩することができない側面がある。そのため、調停を申し立て、双方の主張の正当性について裁判所の判断を仰ぐ方が最終的な早期解決に資すると考えられる。したがって、婚姻費用等の算定において、法律上の争点が対立している場合は、婚姻費用分担調停等を選択すべき積極的事情の一つになるものと考えられる。

・離婚調停を申し立てる際、婚姻費用が支払われていない場合

　上記のような事案では、例えば、離婚協議と合わせて、婚姻費用についても協議が行われているが、当事者間において離婚協議が決裂したような事案が想定される。このような事案では、離婚調停とともに、婚姻費用分担調停を申し立てておけば、同一期日で各調停が実施されるため、離婚を含めた全体的な解決に資するという側面がある。そのため、離婚調停を申し立てる際、婚姻費用が支払われていない場合は、婚姻費用分担調停を選択すべき積極的事情の一つになるものと考えられる。

（イ） 婚姻費用分担調停等を選択すべきでない消極的事情

・調停手続に進んだ場合、権利者が主張している婚姻費用等の額が認容される可能性が高い又は当該婚姻費用等の額よりも高い金額が認定される可能性がある事案（義務者側の視点）

以下では、義務者側の視点に立って、解説する。

上記のような事案は、例えば、前者においては、権利者が主張している婚姻費用等の額が、算定表どおりの金額であり、義務者側に当該額を下げるための材料がないような事案である。義務者としては、これまでの別居又は離婚に至る経緯等から、婚姻費用等を支払いたくないと感情的になり、支払を一切拒否していることもある。しかしながら、このような場合、相談又は依頼を受けた弁護士としては、当該義務者に対し、当該義務者の気持ちへ配慮しつつも、婚姻費用等の支払を拒否することのリスク（調停等の見通し、給与債権等に対する仮差押えの申立てや訴訟提起等のリスクも伝えつつ、これらに対応するための弁護士費用がかさんでしまうこと等）を説明しつつ、例えば、金額は妥協せざるを得ないとしても、支払終期については交渉すること等の対案を示し、可能な限り、婚姻費用等の額の支払はやむを得ないことについて義務者の理解を得るべきである。法的にみて、権利者が主張している婚姻費用等の額が認容される可能性が高いのであれば、支払始期や支払終期、その他の諸条件に関する法的問題や義務者側の事情はあるものの、交渉の場において、「他の諸条件（又は特定の条件）について当方の要求が認められないのであれば、婚姻費用等は支払わない。」等といった硬直的な姿勢を見せて、あえて調停に誘導することを行うメリットはほとんどの場合存在しないからである。そのため、前者の事案においては、婚姻費用分担調停等を申し立てられるメリットは少ないことが多い。

後者においては、権利者に代理人が就任していないような場合や権利者が一定の譲歩を見せている場合、調停等に手続が進んだ際に義務者の特別収入等が加算されること等により、権利者が義務者に要求している婚姻費用等の額よりも高い金額が認定される可能性がある場合が想定される。権利者に代理人が就任していないような場合では、当事者間の収入認定に関し、誤解があること等によって、算定表よりも低い金額を提示してくることがある。また、権利者が早期解決を求めて、算定表よりも低い金額を提示してくることがある。このような事案では、義務者側にさらに多くの減額を求めるべき経済的事情がある場合やこれを主張することができる法的根拠がある場合

は格別、早期解決のメリットの方が大きいことが多い。さらに、義務者によっては、例えば、本来の収入以外に、株式の配当収入や密かに行っていた副業収入を婚姻生活に充てていたという事情があり、権利者が当該事情を知らないといったこともある。このような場合には、当該特別収入を加えたことによる義務者への影響がどれだけ大きいかにもよるが、権利者が婚姻費用分担調停等を申し立てる前に、早期に話をまとめることが義務者のメリットになることもある。そのため、後者の事案においては、義務者の意向や権利者が主張している金額、支払終期等の諸条件の内容にも左右されることはあるが、婚姻費用分担調停等を申し立てられるメリットは少ないことがある。

ウ 婚姻費用分担調停等の手続の流れ

婚姻費用分担調停では、基本的には、双方の収入や支出、子の有無・年齢・就学状況等、婚姻期間中の生活状況、婚姻費用分担調停の申立てまでの経緯、婚姻費用の分担希望額や支払方法等について、確認され、協議が行われる。

養育費分担調停では、婚姻費用分担調停とほぼ同様であるが、上記に加え、離婚及び養育費分担調停に至った経緯、別居期間中の婚姻費用の分担の有無や額等についても、確認され、協議が行われる。

いずれの調停においても、原則的には、当事者双方が、それぞれの収入を示す源泉徴収票や確定申告書を提出し、「養育費・婚姻費用算定表」(改定標準算定表)を用いた上で、協議が進められる。

各調停においては、申立人及び相手方との間で金額等について合意ができない場合、調停不成立となり、審判に移行することとなる。

(3) 増額又は減額調停

ア 増額又は減額調停の概要

当事者間において、協議、和解、調停、審判又は判決で婚姻費用等の額が定まったとしても、①協議等の前提となっていた客観的事情が変更され、②当該事情変更が、当事者が予見し、もしくは予見することができるものではなく、③当事者の責めに帰することのできない事情に基づいて生じ、④当該協議等で定められた婚姻費用等の履行を強制することが著しく公平に反する場合には、協議等の変更又は取消しをすることができる(養育費について民法880条、婚姻費用について民法880条類推適用)。これを実

第4章　家事（離婚・後見）

現させるための法的手続が、婚姻費用や養育費の増額又は減額調停である。なお、養育費については、増額又は減額調停において、支払終期の変更を求めることもできる。

イ　手続選択のポイント

　以下では、婚姻費用等の増額・減額調停を選択する際の積極的事情と消極的事情とに分けて手続選択のポイントについて解説するが、増額・減額調停では、当事者に予見できなかった事情変更が生じたかどうかという点がポイントになるため、この観点から解説する。

（ア）　婚姻費用等の増額・減額調停を選択すべき積極的事情
・協議等の成立後に権利者又は義務者の収入が大幅に増減した事案
　上記のような事案は、例えば、権利者が協議等の成立段階で無職だったものの、協議等の成立後に就職したことによって大幅に収入が増えた場合や、義務者の勤務先が倒産したことにより収入が大幅に減額した場合が想定される。権利者が協議等の成立後に就職すること自体は、予見し得る事情ではあるが、就職等により大幅な収入増加が生じる場合、義務者に当該婚姻費用等を支払わせることが公平に反する場合がある。そのため、このような場合には、義務者の視点からすると、婚姻費用等減額調停等を申し立てる積極的事情になり得る。また、義務者の勤務先が倒産するといった事情は、通常、勤務先が従業員に対して、破産手続等に入る前に破産することを事前に周知する可能性はほとんどないため、倒産の事情を予見することが難しい場合はある。そのため、義務者の視点からすると、婚姻費用等減額調停等を申し立てる積極的事情になり得る。

・義務者が協議等の成立から一定年数の経過後に、再婚する等して扶養家族が増加した事案
　上記のような事案では、婚姻費用等に係る協議等の成立前から、再婚すること等が予測できず、かつ再婚等に基づく減額請求が信義則に違反しないような場合が想定される。例えば、合意書等の作成当時から、義務者に交際相手がいなかった事案である。このような場合、義務者にとっても、再婚等を予測することはできなかったのだから、婚姻費用等減額調停を選択すべき積極的事情になり得る。

・権利者が再婚して、未成年者が当該再婚相手と養子縁組をした事案
　上記のような事案では、例えば、当事者間が既に離婚している状態であり、養育費の対象とされた子供が、権利者（母）の再婚に伴い、再婚相手と養子縁組をしたような場合が想定される。このような場合、第一次的な扶養義務は再婚相手である養父が負うこととなると考えられるため、実母と養父の収入を合わせても最低生活費を賄えないような例外的な場合を除き、実父の養育費支払義務は消滅すると考えられている。そのため、このような事情は、養育費減額調停を選択すべき積極的事情になり得る。

(イ)　婚姻費用等の増額・減額調停を選択すべき消極的事情
・協議等の成立後に権利者又は義務者について、単なる昇降給等が生じた事案
　上記のような事案では、例えば、管理職への昇進に伴う時間外手当が支給されなくなり、協議等の成立時点よりも総収入が減額されてしまう場合や、協議等の成立時点で無職だった権利者がアルバイトを始めたことにより収入を得られるようになった場合等であり、こういった事例では、予見し得ない事情変更に該当し難いと判断されたり、子供をかかえた権利者がアルバイトを行うことにより、養育費に加えて生活費を得ようとすることは予見し得ない事情変更にはあたらないと判断される可能性が高い。そのため、このような事情は、婚姻費用等増額又は減額調停を選択すべき消極的事情となる。

・権利者又は義務者の日常生活において、新たな債務の負担や支出の増加がある事案
　上記のような事案では、例えば、権利者又は義務者が日常生活で使用する自動車や住宅のローンを組んだといった場合等である。そもそも、婚姻費用等の算定において、債務の存在や支出は基本的に考慮されない（別居期間中又は離婚後、権利者側が居住する住宅ローンや家賃について、義務者がこれを負担している場合等は除く）ため、新たな債務の負担や支出があったとしても、予見し得ない事情変更があったと判断されない可能性は高い。そのため、このような事情は、婚姻費用等増額又は減額調停を選択すべき消極的事情となる。

第4章　家事（離婚・後見）

3　財産分与

(1)　法律相談

　財産分与は、離婚事件の中で、大きく問題となる事項であり、また、共有財産ごとに争点が増加し、争いが激化しやすいという側面がある。法律相談においては、財産分与の意義、具体的内容、清算割合、対象財産の評価等の基本的理解を踏まえた上で、具体的事情を聴取すべきである。財産分与請求調停等の裁判手続を選択すべきか等を検討する上では、概ね、以下の事項を聴取することが考えられる。

- 離婚の有無、離婚した日時、財産分与に関する協議の内容、財産分与に関する合意の有無
- 離婚調停の係属の有無
- 相手方が対象財産に係る情報を開示することに応じているか否か

(2)　財産分与請求調停の概要

　財産分与の請求は、原則、「協議上の離婚をした」場合に行うことができる（民法768条1項）。ただ、離婚前であっても、離婚調停において付随申立てが可能である。したがって、財産分与請求調停が申し立てられる場面は、離婚後に限定される。また、財産分与請求調停は、離婚から2年以内に請求しなければならず（民法768条2項ただし書）、当該期間は、除斥期間と解釈されている。したがって、財産分与請求調停を申し立てるに当たっては、任意交渉で請求を行っていたとしても、時効の更新や時効の完成猶予という法的効果は発生しないため、注意が必要である。

(3)　手続選択のポイント

　上記のとおり、離婚前であれば、通常、離婚調停の申立ての際、財産分与についても付随申立てを行った上で協議することとなるため、本項においては、協議離婚後に財産分与請求調停を選択する際のポイントとして、積極的事情及び消極的事情に分けて解説する。なお、離婚調停や離婚訴訟を通じて離婚に至った場合は、財産分与につ

いて協議又は審理されていないといった事態は想定し難いため、以下の解説では、離婚調停等を通じて離婚に至った場合については除外する。

ア　財産分与請求調停を選択すべき積極的事情
・相手方が対象財産の存在を隠匿したり、対象財産に係る裏付け資料を提示しない場合

　上記のような事案は、財産一覧表の作成にあたり、当事者間の協議において、対象財産の隠匿や対象財産に係る裏付け資料を正当な理由なく提示しない場合が想定される。このような事案では、弁護士会照会を利用することが考えられるが、弁護士会照会に応じなくとも、これに対する罰則はないため、個人情報保護を理由に開示しないことの方が多い。また、弁護士会照会を利用するにあたって、一定の費用が生じる。一方、財産分与請求調停においては、裁判所に調査嘱託の権限が付与されているため（家事事件手続法258条1項、62条）、裁判所に対し、財産隠匿の事実や正当な理由なく対象財産に係る裏付け資料を提出しないことを上申し、これを促すこともできる。また、調査嘱託による方法でも、銀行等が対象財産に係る裏付け資料を提出しない場合には、文書提出命令の申立てをすることも可能である（家事事件手続法258条1項、同法64条1項、民事訴訟法223条1項）。そのため、上記のような事案においては、当事者による説得にも限界があるため、対象財産に係る裏付け資料を開示させるための手続が整備された財産分与請求調停を選択する積極的事情の一つとなる。

・対象財産の特有財産性や、価額、清算割合等について争いがある場合

　上記のような事案は、例えば、当該財産が、夫婦の一方が名実ともに単独で有する財産（＝特有財産）か否か、不動産の時価を固定資産税評価証明書又は査定書に記載された金額のいずれで判断するのか、清算割合は原則2分の1となるが、これを修正すべき事情があるか否か等といった点で争いが生じている場合である。このような事案では、金額に大きく影響するため、当事者間で折り合いをつけられないことが多く、任意交渉を継続して行うよりも、調停を申し立て、裁判所に一定の判断（心証開示を含む）を示してもらう方が、当事者としても納得しやすいという側面がある。そのため、上記のような事情は、財産分与請求調停を選択すべき積極的事情となる。

イ 財産分与請求調停を選択すべき消極的事情

・オーバーローン不動産以外の対象財産が存在しない場合

　上記のような事案では、唯一の対象財産が不動産であり、当該対象財産がいわゆるオーバーローン状態（不動産の価額よりも、別居時におけるローン残高が多いこと）の場合である。このような場合、夫婦が形成した財産は皆無であるとみなされ、金員の支払を求める財産分与請求調停を申し立てることはできない。ただし、当該オーバーローン不動産の名義変更を求める場合は、必ずしも不適法となるものではないので、相談者の要望が単に財産の清算にあるのか、それとも、オーバーローン不動産に居住し続けることを目的とするのか聴取しておく必要がある。

(4) 財産分与請求調停の流れ

　財産分与請求調停においては、双方から財産一覧表及び財産に係る資料を提出してもらい、財産の評価、基準時、特有財産の有無等について協議していくこととなる。調停において合意ができない場合には、自動的に審判に移行する。

4　面会交流

(1) 法律相談

　面会交流については、子の健全な成長にとって重要な事項であり、子の福祉のために行われることを念頭に置きつつ、一方で、監護者又は非監護者である相談者の要望や感情も踏まえて方針決定を行う必要がある。面会交流調停を申し立てずとも、離婚調停で付随的に面会交流に関するルールを取り決めることができるが、特に、非監護者側としては、面会交流調停を申し立てないのであれば、面会交流を実施したいという気持ちをどれだけ強く有しているかという点は確認すべき事項である。

　面会交流調停を選択すべきかどうか検討する上では、概ね、以下の事項を聴取することが考えられる。

- 子の人数、年齢、性別
- 非監護者と子とが別居するに至った経緯
- 別居以前の非監護者と子との関わり合いの有無、程度
- 面会交流の頻度、方法等に関する要望の有無、内容
- 別居後、非監護者と子がどの程度関われているのか、関われているとして、その方法
- 父母が把握している子の気持ち
- 監護者が子に対して父母間の紛争や別居等についてどのように説明しているのか

(2) 面会交流調停の概要

　面会交流については、まず、父母の協議が必要であり（民法766条1項）、この協議が調わないとき、又は協議することができないときに、面会交流調停を申し立てることができる（同条2項）。面会交流調停の申立ては、非監護者から申し立てることができるのは当然であるが、監護者から申し立てることも可能である。監護者から申し立てられる例としては、面会交流の条件の変更や面会交流の不実施を求める場合が多く、また、全く面会交流をしない非監護者に対して、子との面会交流を求めることも可能である（さいたま家裁平成19・7・19家裁月報60巻2号149頁〔28140418〕）。

　なお、面会交流事件については、家事事件手続法上、審判手続で処理されることが想定されている（家事事件手続法39条、別表第二第3項）ため、最初から審判を申し立てることもできる。ただ、審判の申立てをしても、家庭裁判所の職権で調停に付される場合があり、このとき、当事者の意見が聴取される（家事事件手続法274条1項）。

(3) 手続選択のポイント

　以下では、面会交流調停を選択する際の積極的事情と消極的事情とに分けて手続選択のポイントについて解説する。なお、以下においては、当事者間での協議が決裂している場合を前提とする。

第4章　家事（離婚・後見）

ア　面会交流調停を選択すべき積極的事情

・監護者が、子が非監護者と「会いたがっていない」等と主張して、面会交流を拒否している場合

　上記のような事案では、例えば、監護者から、「子が非監護者を怖がって会いたがっていない。」等と主張されることがある。面会交流は、子の意向も重要な考慮要素にはなるが、当該発言をしている子の年齢や別居期間の長さ、父母の対立が激しい場合には、監護者の言動が子の当該発言に少なからず影響している場合も否定できない側面もある。その場合、父母の主張については大きく異なることが往々にしてあるため、家庭裁判所調査官による調査が行われることがある。家庭裁判所調査官の立会いのもと、子の心身の状況や心情・意向等について調査が行われることにより、面会交流を認めるべきか、制限すべきか、一定の調査結果が報告される。また、場合によっては、家庭裁判所の児童室を利用しながら、試行的に面会交流を実施する等して、子の当該発言の真意について直接確認できる機会も得られる可能性がある。したがって、監護者が、子が非監護者と「会いたがっていない」等と主張して面会交流を拒否している場合、面会交流調停を申し立てる積極的事情となり得る。

・非監護者が子や監護者に対し、日常的にDVを行っていると見受けられる場合

　上記のような事案では、監護者が、非監護者が子や監護者に対し、日常的にDVを行っているため、子に面会交流を実施させると、子だけでなく、子を送迎する監護者に暴力を振るわれる可能性があるとか、子や監護者の住所を特定される可能性があると主張しているような事案が想定される。このような事案では、離婚調停において、離婚事由の一つとして、非監護者の子や監護者に対する暴力等について主張のやり取りがあるものと思われるが、離婚調停に付随して面会交流について協議しても、時間の都合上、十分に話合いが進まないことが多い。そこで、上記で述べた家庭裁判所調査官の立会いのもと、非監護者のDVの有無や程度、子の意向等を調査してもらい、面会交流の実施の有無や方法等について一定の見解を示してもらうという方法がある。また、監護者が別居後の住所が知られることを懸念しているということであれば、第三者（「FPIC」等のNPO法人や親族等）の協力を得て実施することについても、家庭裁判所調査官の意見を聞くことができる。したがって、上記のような事情は、面会交流調停を申し立てる積極的事情となり得る。

・監護者が離婚等に応じなければ面会交流をさせないと主張しているような場合

　上記のような事案では、例えば、「監護者が離婚に応じなければ面会交流には応じない」「養育費●万円を支払うことに合意しなければ面会交流には応じない」等と主張している事案が想定される。このような事案では、仮に、離婚調停で面会交流について協議が行われているとしても、離婚条件と面会交流に関する条件が渾然一体となることもあり、議論が平行線を辿ることがある。そこで、面会交流については、あえて調停を申し立てることによって、離婚条件と切り離して処理されるよう手続を進めることが手段として考えられる。したがって、上記のような事情は、面会交流調停を申し立てる積極的事情となり得る。

イ　面会交流調停を選択すべき消極的事情

・離婚調停において、付随的に、面会交流の取決めに関して申立てがなされている場合

　離婚調停では、付随的に面会交流に関する取決めを行うことができ、面会交流に関し、紛争が激化していないような状況では、あえて面会交流調停を申し立てずとも、離婚調停内で解決することが往々にしてある。したがって、このような事情は、面会交流調停を申し立てるべき消極的事情となり得る。

・非監護者が子との面会交流を積極的に望んでいない場合

　非監護者と子が長らく面会交流できていないとしても、場合によっては、非監護者が子と面会することを積極的に望んでいない可能性もある。このような事情は、面会交流調停を申し立てるべき消極的事情となり得る。

（4）　面会交流調停の流れ

　面会交流調停においては、調停委員や家庭裁判所調査官から、面会交流の禁止制限事由、阻害要因、これまでの面会交流の経過等が聴取される。そして、その後、裁判所から父母に対し、虐待のおそれ等があるか、親子の生活状況、面会交流をできる環境下にあるか等を陳述書にまとめて提出するよう求められることがある。その上で、家庭裁判所調査官が子や子の主治医、父母との面談を行い、面会交流の実施の可否、方法等について意見書を提出する。この間、試行的面会交流が実施されることもある。面会交流調停が不調となると、自動的に審判に移行する（家事事件手続法272条4項）。

また、子が15歳以上の場合で、監護者指定又は変更の審判がされるときは、当該子の陳述を聴かなければならないとされているため、注意が必要である（家事事件手続法152条２項）。

5　監護者指定・子の引渡し

(1)　法律相談

　監護者指定調停（審判）事件や子の引渡し調停（審判）事件が申し立てられるような場合、別居や監護者が子を連れ去った経緯等で当事者の対立が激化することが予想される。監護者指定調停や子の引渡し調停において、家庭裁判所は、子の利益を優先に、監護者をいずれにするのか、子の引渡しを認めるのか等を考慮して判断している。その際、様々な事情が考慮されるが、大きく、両親の事情と子の事情を考慮している。そこで、法律相談においては、以下のとおり、大きくこの２つの視点から事情を聴取すべきである。

【両親の事情】
- これまでの監護状況
- 現在の監護状況
- 父母の監護能力（健康状態、経済状況、居住環境、教育環境、子に対する愛情の度合、監護補助者の有無や援助の可能性）
- 等

【子の事情】
- 年齢、性別、心身の発達状況、人数
- 従来の環境への適応状況、環境の変化への適応性
- 父母や親族との親和性
- 子の意向
- 等

(2) 監護者指定（変更）調停及び子の引渡調停の概要

ア 監護者指定（変更）調停の概要

　離婚した夫婦の間や別居中の夫婦の間で、どちらが子を監護するかを決めたい場合には、父と母の協議により子の監護者を定めることができる。また、父母間の協議が調わないとき、又は協議することができないときには、子の監護者指定（変更）調停を申し立てることができる。なお、子の監護者の変更については、家事事件手続法上、審判手続で処理されることが想定されている（家事事件手続法39条、別表第二第3項）ため、最初から審判を申し立てることもできる。ただ、審判の申立てをしても、家庭裁判所の職権で調停に付される場合があり、このとき、当事者の意見が聴取される（家事事件手続法274条1項）。

　なお、親権者の指定（変更）の申立てがされた場合には、監護者の指定（変更）の申立てがなくとも、それらの申立ても包含すると解されている（仙台高決平成15・2・27家裁月報55巻10号78頁〔28082796〕）。

イ 手続選択のポイント

　以下では、監護者指定（変更）調停（以下、審判を申し立てる場合を含む）を選択する際の積極的事情と消極的事情とに分けて手続選択のポイントについて解説する。

(ア) 監護者指定（変更）調停を選択すべき積極的事情

・現在の監護者が子にDVを働く等、不適切な監護が行われていると見受けられる場合

　上記のような事案では、子を連れ去った監護者が別居前から、当該子に対してDVを働いていたような場合が想定される。なお、基本的には別居後の住所を特定することはできないことが多いため、監護者がDVを働いていると主張する場合には、多くは、別居前から不適切な監護が行われていたと主張することが多いものと考えられる。そのため、上記のような事情は、監護者指定（変更）調停を選択する積極的事情となり得る。

・監護者の事情又は子の事情で、子が直ちに監護者のもとで生活できず、しばらく非監護者のもとで生活する必要がある場合

　上記のような事案では、監護者が病気で入院したり、監護者が逮捕・勾留・服役する等により、監護者による子の監護が実施できない場合等が想定される。このような事情は、監護者指定（変更）調停を選択すべき積極的事情となり得る。

(イ)　監護者指定（変更）調停を選択すべき消極的事情

・子が乳幼児であり、別居前から現在の監護者である母が当該子の監護養育を継続して行っている場合

　監護者指定（変更）調停においては、乳幼児期における母性的な監護は重要な考慮要素とされている節がある。ただ、子が乳幼児だからという理由のみで母が監護者に指定されるものでもないが、実際上、乳幼児の監護養育を父よりも母が多く担っている現状も存在する。調停では、別居前の主たる監護者が父母のいずれだったのかという点も考慮されるため、監護者指定（変更）調停を申し立てても、監護者が父に変更される可能性はより低い。そのため、上記のような事案では、監護者変更調停を選択すべき消極的事情となり得る。

・現在の監護者のもとに兄弟姉妹がいる場合で、非監護者が兄弟姉妹を分離するような監護者指定（変更）の申立てを希望する場合

　監護者指定（変更）調停では、兄弟姉妹は本来親和性が高く、兄弟姉妹の分離により、子らの間に不公平感や亀裂を招くこともあり、原則的に、兄弟姉妹を分離させることは望ましくないと考えられている。もっとも、兄弟姉妹の関係次第では、分離して監護養育する従前ないし現在の監護環境を維持することが最も子の福祉に合致するとした裁判例（東京高決令和2・2・18判時2473号88頁〔28283078〕）も存在するので、注意が必要である。しかしながら、兄弟姉妹を分離するような監護者指定（変更）調停が認められるハードルは依然として高いため、上記のような事案では、監護者指定（変更）調停を選択すべき消極的事情となり得る。

ウ　監護者指定（変更）調停の流れ

　基本的には、①母性優先、②監護の継続性、③主たる監護者が父母のいずれなのか、④面会交流が許容されているか、⑤子の意向、⑥きょうだい不分離、⑦違法な監護の

第2　離婚事件

開始の有無、⑧婚姻破綻の有責性に関する事情について、それぞれから主張がなされ、家庭裁判所が総合的に考慮して判断する。

また、⑤に関し、子が15歳以上の場合で、監護者指定又は変更の審判がされるときは、当該子の陳述を聴かなければならないとされている（家事事件手続法152条2項）が、実務上、概ね10歳前後の子については、その意思が尊重されることが多い。さらに、⑧については、婚姻破綻の原因が不貞行為である場合、直ちに、当該不貞行為を行った者の監護者としての適格性が否定されるものではないことに注意が必要である。

調停が不調となった場合、自動的に審判に移行する（家事事件手続法272条4項）。

(3)　子の引渡調停

ア　子の引渡調停の概要

非監護者から子の監護者の指定（変更）調停が申し立てられる際、子の引渡し調停（審判）も合わせて申し立てられることが通常である。さらに、子に差し迫った危険がある場合など、今の状態を放置していたのでは調停・審判による紛争の解決を図ることが困難になる場合には、審判の申立てのほかに保全処分の申立てとして、子の仮の引渡しを求めることも可能である。

イ　手続選択のポイント及び子の引渡し調停の流れ

上記で述べたとおり、子の引渡し調停（審判）は、監護者指定（変更）調停と同時に申し立てられることが通常であるため（監護者指定（変更）調停が申し立てられず、子の引渡し調停のみが申し立てられるということは想定し難い）、監護者指定（変更）調停の手続選択のポイント及び調停の流れについては、子の引渡し調停における手続選択のポイントと同義である。

(4)　子の仮の引渡し

子の仮の引渡しを求める審判前の保全処分は、子の福祉が害されているため、早急にその状態を解消する必要がある場合や、本案の審判を待っていては、仮に本案で子の引渡しを命じる審判がされてもその目的を達成することができないような場合に認められる。例えば、子に対する虐待等が現に行われている場合や子が監護者の監護が原因で生育環境が急激に悪化しているような場合、面会交流後に監護者に子を戻すこ

129

となくそのまま自ら監護を続けた場合等が想定される。

したがって、上記のような事案では、監護者指定（変更）調停及び子の引渡し調停を申し立てるのではなく、各審判を申し立てた上で、審判前の保全処分の申立てを行うべきである。

6　親権者変更

(1)　法律相談

親権者の変更の判断基準については、監護者指定等の場合と同様、過去の監護養育状況、現在の監護養育状況、将来の監護養育の計画の三段階を意識しつつ、現在の親権者の監護実績を踏まえ、変更する必要があるかという観点から判断される。そのため、親権者変更に係る法律相談においては、**5(1) 法律相談**の箇所を参照していただきたい。

(2)　親権者変更調停の概要

親権者が父母の一方に決まった後に、その後の事情の変化により子の利益のために必要がある場合は、親権者を他方に変更することができ（民法819条6項）、親権者の指定と異なり、父母の協議で変更することはできず、必ず家庭裁判所に親権者変更の調停又は審判を申し立てる必要がある。

親権者変更は、家事事件手続法別表第二に掲げられた事件であるため、調停又は審判のいずれかの手続を選択することができるが、審判を申し立てても、裁判官の決定により、調停に付されることがある。

なお、親権者の変更の審判をする場合、15歳以上の子については、当該子の陳述を聴く必要がある（家事事件手続法169条2項）。

(3)　手続選択のポイント

手続選択のポイントについても、**5　監護者指定・子の引渡し**で述べたものとほぼ同様であるが、単独親権者が死亡又は行方不明になった場合には、協議を前提とする調

停を行うことはできないため、親権者変更の審判を申し立てなければならない。そのため、単独親権者が死亡又は行方不明となった事案では、親権者変更審判を選択すべき積極的事情と言い得る。しかしながら、単独親権者が死亡又は行方不明になったことをもって直ちに申立人が親権者に変更されるものではないことに留意が必要である。上記でも述べたとおり、親権者の変更は、あくまで「その後の事情の変化により子の利益のために必要がある場合」に認められるものであるからである。

なお、単独親権者が死亡した場合、当該子について後見が開始する（民法838条1号）が、後見人選任の前後にかかわらず、民法819条6項を準用して、親権者を生存している親に変更することができる（佐賀家裁唐津支審平成22・7・16家裁月報63巻6号103頁〔28173399〕）。

(4) 親権者変更調停の流れ

基本的には、①監護実態の優劣、②父母の監護意思、③監護の継続性、④子の意思や年齢、⑤申立ての動機・目的等の考慮要素を中心に、申立人と相手方が「その後の事情の変化」の有無について、それぞれ主張を行い、当該事案で「事情の変化」として重要な事実関係について家庭裁判所調査官の調査が実施され、当該調査報告も含め、家庭裁判所が判断する。

調停が不調となった場合、自動的に審判に移行する。

---

column　共同親権の導入

令和6年5月24日、父母の離婚後の子の養育に関して、民法等の一部を改正する法律（令和6年法律第33号）が公布された。この公布から2年以内に、改正法が施行される予定である。そして、改正法のうち、共同親権が特に話題となっている。

相談者からは、「改正前に離婚し、単独親権者が定められている場合でも、共同親権に変更される可能性があるのか。」といった質問が予想されるが、本改正法の施行によって自動的に共同親権に変更されることはない。ただし、改正法の施行後、子や当該子の親族の申立てに基づいて、子の利益のために必要があると認められる場合は、共同親権に変更される場合があり得る（改正民法819条2項、6項、7項）。

本書出版の時点では、運用や体制の整備について検討が進められている段階であるため、実際の運用等の動向を随時確認されたい。

第4章　家事（離婚・後見）

7　強制執行

(1)　履行勧告等について

　調停等で確定した債権（婚姻費用請求権や養育費請求権等）について、義務者が支払を怠る場合がある。このとき、強制力を伴わない履行勧告や命令違反について10万円の過料の制裁がある履行命令といった制度があるが、いわゆる民事執行法上の強制執行と比べると、強制力に欠けるため、実務上は、任意での支払が見込めない場合に、強制執行を行うことが多いものと考えられる。そこで、以下においては、民事執行法上の強制執行にフォーカスして解説する。

(2)　今後確定期限が到来する将来債権

　金銭債権に対する強制執行は、原則、当該債権の期限が到来した後に開始することができる（民事執行法30条1項）。例外的に、①夫婦間の協力扶助義務（同居義務等）、②婚姻費用負担義務、③養育費負担義務、④扶養義務に係る金銭債権（直系血族、兄弟姉妹、三親等内の親族間における扶養義務）について、確定期限の定めのある定期金債権の一部に不履行があるときは、確定期限が到来していないものについても、債権執行を開始することができる（同法151条の2第1項）。ただ、この場合には、その確定期限の到来後に弁済期が到来する給料その他の継続的給付に係る債権のみが差押えの対象となる（同条2項）。

　差押禁止の範囲は、特例として、所得税、住民税、社会保険料を控除した手取り額の2分の1までとなっている（同法152条3項、同条1項）。

　強制執行のうち、債務を履行しない義務者に対し、一定の期間内に履行しなければその債務とは別に一定額を支払うべきことを命じる手続として、間接強制がある。間接強制は、原則、作為又は不作為を目的とする債務で、代替執行（民事執行法171条1項）ができない場合に認められる。また、金銭債権については、直接強制が可能であるため、間接強制の手続をとることはできない。しかし、上記①から④の金銭債権については、債務者が支払能力を欠くために当該金銭債権に係る債務を弁済することができないとき、又はその債務を弁済することによってその生活が著しく困窮するとき

に該当しない場合、間接強制の方法により強制執行をすることが可能である（民事執行法167条の15第1項）。ただし、上記債権のうち、将来分については、6か月以内に確定期限が到来するものに限られる（同法167条の16）。

(3) 面会交流及び子の引渡しに対する強制執行

ア 面会交流に対する強制執行

非監護者と子との間で面会交流が実施されないからといって、子を強制的に連れてきて非監護者と面会交流を実施させるよう直接強制の手続を行うことはできない。

また、面会交流については、監護者の代わりに、執行官等の第三者が子を連れてきて面会交流させるということもできないため、代替執行の手続を行うこともできない。そのため、調停調書等で定めた面会交流が実施されない場合に対する強制執行は、間接強制の方法によることとなる。

最高裁は、監護親に対し非監護親が子と面会交流をすることを許さなければならないと命ずる審判又は非監護親と監護親との間で非監護親と子が面会交流をすることを定める調停が成立した場合において、面会交流の日時又は頻度、各回の面会交流時間の長さ、子の引渡しの方法等が具体的に定められている等監護親がすべき給付の特定に欠けるところがないといえる場合は、当該審判又は当該調停調書に基づき監護親に対し間接強制決定をすることができると判断した（最決平成25・3・28民集67巻3号864頁〔28211017〕、最決平成25・3・28裁判集民243号261頁〔28211015〕、最決平成25・3・28裁判集民243号271頁〔28211020〕）。

上記最高裁のうち、面会交流の内容が特定されていないと判断された事案（前掲平成25年最決〔28211020〕）では、面会交流の日時及び頻度につき、「半日程度」「2箇月に1回程度」と調停調書で定められていることについては問題視しなかったものの、「『面接交渉の具体的な日時、場所、方法等は、子の福祉に慎重に配慮して、抗告人と相手方間で協議して定める。』としていることにも照らすと、本件調停調書は、抗告人と長男との面会交流の大枠を定め、その具体的な内容は、抗告人と相手方との協議で定めることを予定しているものといえる。そうすると、本件調停調書においては、相手方がすべき給付が十分に特定されているものとはいえないから、本件調停調書に基づき間接強制決定をすることはできない」と判示した。一連の上記最高裁決定について、調査官解説は、「基本的には、『面会交流の日時又は頻度』、『各回の面会交流時間

の長さ』、『子の引渡しの方法』の3つの要素のいずれも特定される必要があるとして、特定を比較的厳格に考えている」と解説している（法曹会編『最高裁判所判例解説　民事篇（平成25年度）』（法曹会、平成28年）142頁）。

　以上を踏まえると、調停調書又は審判において、①面会交流の日時又は頻度、②各回の面会交流の時間の長さ、③子の引渡し方法が特定されているにもかかわらず、合理的な理由なく、当該調停調書等で定められたルールどおりに面会交流が実施されないとき又は拒否されるときは、面会交流の間接強制という手段を選択する積極的事情となり得る。

　一方で、面会交流の不実施がやむを得ない場合で、代替日を定めて面会交流の実施を求めることが過酷な執行に当たる場合は、間接強制の申立ては権利濫用と判断される可能性がある（東京高決令和4・10・31家判46号56頁〔28313025〕）。このような可能性がある場合には、面会交流の間接強制という手段を選択する消極的事情となり得る。

イ　子の引渡しに対する強制執行

　従来、民事執行法上、子の引渡しに対する強制執行について明文がなく、間接強制のほか、民事執行法169条を類推適用する形で直接強制が実施されていた。現在は、子の引渡しの強制執行は民事執行法174条1項1号の方法により、子の引渡しの間接強制は同項2号の方法により実施できることが明文化された。

　子の引渡しに対する強制執行のうち、直接強制については直ちに申し立てることはできず、まずは、間接強制を申し立てる必要があることに注意が必要である（同法174条2項各号、172条1項）。

8　情報秘匿

(1)　情報秘匿の制度概要

　家事事件を申し立てるに当たり、申立書や資料等の提出を行うことになるが、DV事案等のように、一方当事者に知られたくない住所等の情報がある場合には、原則、当該書面を提出する際にマスキングすることや別居前の住所、代理人弁護士の事務所

所在地等を記載する等の対応が可能である。

　一方当事者に知られたくない住所等についてマスキングしたり、当該書面に客観的事実とは異なる記載をすることが許されない場合には、非開示希望申出や住所、氏名等の秘匿制度を利用することとなる。

(2) 非開示希望申出

　家事事件では、事件記録の閲覧等に裁判所の許可が必要（家事事件手続法47条、254条1項）であることから、当事者に対する住所、氏名等の秘匿制度が適用されない事項についても、相手方等から閲覧等の許可の申立てがされた場合に備えて、あらかじめ当事者において非開示を希望する部分を申し出ることのできる取扱いがされている。

(3) 住所、氏名等の秘匿制度

　まず、当事者又はその法定代理人が、相手方等に自らの住所等又は氏名等が知られることによって、社会生活を営むのに著しい支障を生ずるおそれがあると認められるときは、当事者等が住所、氏名等の秘匿決定の申立てにより、家庭裁判所は秘匿決定をすることができる（家事事件手続法38条の2、民事訴訟法133条）。ただし、「住所等」とは、住所、居所、その他その通常所在する場所をいうと解されているため、子が通う学校名や当事者が受診した近隣の医療機関名等については、含まれていない。そのため、これらの名称が記載された資料等から、秘匿決定の対象となった秘匿事項たる住所が推知されてしまう場合、当該名称等について、秘匿事項記載部分の閲覧等制限の申立てを行う必要がある（家事事件手続法38条の2、民事訴訟法133条の2）。

(4) まとめ

　申立書等においては、現住所を記載しなければならないのが原則であるが、上記のとおり、別居前の住所等を記載することでも足りる。また、調停や審判において、給与明細や源泉徴収票、診断書、年金分割の情報通知書等は資料としてよく提出されるが、これらの書面の中に、提出する当事者の住所や勤務先名等が記載されていることは多く、家庭裁判所に対し、事前に相談の上、秘匿したい部分についてマスキングして提出することも許容されることが多い。

　もっとも、マスキングしただけでは、一方当事者が閲覧等の申請をした際に、家庭

裁判所が許可する可能性もあるため、特に慎重を期すべき事案においては、住所、氏名等の秘匿制度を利用することを推奨する。ただし、住所、氏名等の秘匿制度を利用する場合、非開示希望申出の場合と異なり、少額ではあるものの、申立手数料が発生するため、申立手数料の費用をかけてまでやるかどうかについては、事案ごとに検討すべきである。

以上のことから、住所や氏名等の開示を避けるべき必要性が高い場合、住所、氏名等秘匿決定の申立て等を選択する積極的事情となり得る。一方、上記必要性が高いとはいえない場合、非開示希望申出の利用やマスキング等の事実上の対応を選択する積極的事情となり得る。

9　渉外家事事件

渉外家事事件については、手続選択を考える上で、国際裁判管轄及び準拠法が大きく問題となる。事件類型によっては、準拠法が日本法であるとは限らない（法の適用に関する通則法27条）。本書ではページ数との兼ね合いで解説は省くが、手続選択を検討する上で、以下において紹介する参考書籍が役立つと思われる。

10　参考になる書籍

- 秋武憲一『第4版　離婚調停』（日本加除出版、令和3年）
- 松本哲泓『〔改訂版〕婚姻費用・養育費の算定―裁判官の視点にみる算定の実務―』（新日本法規、令和2年）
- 松本哲泓『離婚に伴う財産分与―裁判官の視点にみる算定の実務―』（新日本法規、令和元年）
- 松本哲泓『面会交流―裁判官の視点にみるその在り方―』（新日本法規、令和4年）
- 森法律事務所　森公任、森元みのり編『Q&A　養育費・婚姻費用の事後対応―支払確保と事情変更―』（新日本法規、令和3年）

- 森公任、森元みのり編『「子の利益」だけでは解決できない　親権・監護権・面会交流事例集』（新日本法規、平成31年）
- 渉外家事事件研究会編『Q&A　渉外家事事件の実務と書式』（民事法研究会、令和2年）
- 家事事件実務研究会編『Q&A　家事事件の実務と手続』（新日本法規）
- 東京弁護士会法友全期会家族法研究会編『離婚・離縁事件実務マニュアル　第4版』（ぎょうせい、令和2年）
- 森公任・森元みのり監修『すぐに役立つ　入門図解　最新　家事事件手続法のしくみと手続き　実践書式50』（三修社、令和5年）
- 岩井俊『人事訴訟の要件事実と手続―訴訟類型別にみる当事者適格から請求原因・抗弁まで―』（日本加除出版、平成29年）

第3 親子関係事件

1 実親子関係を巡る紛争

(1) 親子関係を作出する手続

ア 母の場合

母子関係は分娩の事実によって当然に発生する（最判昭和37・4・27民集16巻7号1247頁〔27002141〕）。

イ 父の場合

父の場合は嫡出推定[1]又は認知によって成立する。

認知は戸籍窓口に認知届を提出することで効力を生じる（民法781条1項）。

他方で、婚姻関係にない父と母の間に出生した子を父が認知しない場合は、子、子の直系卑属、子又はその直系卑属の法定代理人から当該父に対し、認知を求める調停や訴えを起こすことができる（民法787条）。なお、調停前置主義が採られているため、必ず先に認知調停を経る必要がある（家事事件手続法257条1項）。

当該調停において、当事者双方の間で子が父の子であるという合意ができ、家庭裁判所が事実の調査等により、当該合意の正当性を認めれば、合意に従った審判が下される。合意が成立しなかった場合で引き続き認知を求める場合は、認知を求める訴えを提起することになる。

認知がされると、出生の時に遡及して法律上の親子関係が生じることになる。そのため、この手続は既に生まれた子についてしか行うことができない。認知調停には期間制限はないものの、仮に請求相手が死亡していた場合、当該死亡日から3年以内に調停を申し立てなければならない（民法787条ただし書）。

---

1) 妻が婚姻中に懐胎した子、婚姻成立の日から200日経過した日より後に出生した子又は離婚等により婚姻を解消した日から300日以内に生まれた子を、夫の子と推定する民法制度（民法772条1項及び2項）。

(2) 親子関係を不存在にする手続

ア 前提

　まず婚姻中に生まれた子や、夫婦が離婚したが、離婚後300日以内に子が生まれた場合、原則としてその子は元夫の子と推定される。

　この時、例外として、令和6年4月1日以降に子が出生した場合、母が離婚後、当該子の出生時までに再婚した場合は、当該子は再婚後の夫の子と推定される。

　しかし、母が子の出生時までに再婚できない場合等は、どのようにして元夫と子の間の親子関係を否定できるか。元夫と子の間の親子関係を否定するには、下記のような様々な手続がある。

イ 嫡出否認調停・訴え（民法774条～778条）

　例えば、元夫が嫡出推定の及ぶ子に対し、当該子が自分の子ではないことを確認したい場合、嫡出否認の手続を利用する。

　嫡出否認手続は調停前置主義が採用されており、必ず調停を経る必要がある。当該手続の特色としては、子が既に生まれている必要があり、また、当該子に嫡出推定が及び、元夫がその嫡出性を認めていない場合に使われる手続であるということである。

　具体的には、当事者双方の間で、当該調停内外において、子が元夫の子ではないという合意ができ、調停申立て後に行われる家庭裁判所の事実の調査等により当該合意の正当性が認められれば、合意に従った審判が下される。

　仮に調停が不成立となった場合は、その通知を受けた日から2週間以内に嫡出否認の訴えを提起して争うことになる。

　なお、嫡出否認調停は、元夫のみならず、子や親権を行う母も申し立てることができる。

　当該調停を利用する場合の注意点は、出訴期間は原則として子の出生の時又は元夫が子の出生を知った時から各々3年以内であることである。出訴権者によって出訴期間の主観的起算点は異なるため、注意が必要である。

ウ 親子関係不存在確認調停・訴え

　この手続は、嫡出子と推定されない子（例えば婚姻から200日以内に生まれた子）や推

定の及ばない子（例えば客観的にみて明らかに妻が夫との子を妊娠する可能性がない子）との間の親子関係を否定するものである。

　調停前置主義が採られているため、まずは親子関係不存在確認調停を申し立てる必要がある。

　当該調停において、当事者双方の間で親子関係不存在の合意ができ、家庭裁判所が事実の調査等を経て、当該合意の正当性を認めた場合、合意に従った審判が下される。合意ができなかった場合は親子関係不存在確認の訴えを提起して引き続き争う必要がある。

　嫡出否認調停のような出訴期間の制限はないため、嫡出否認の手続ができなかった場合に使うこともある。

エ　認知無効調停・訴え（民法786条）

　この手続は、父に認知された子について、認知の意思表示に瑕疵がある場合や、認知が事実と異なる場合に使うものである。

　認知無効の手続も調停前置主義が採られているため、まずは家庭裁判所に対して認知無効調停を申し立てる。

　当該調停において、当事者双方の間で無効原因について争いがなく、合意でき、家庭裁判所が事実の調査等を経て、当該合意の正当性を認めた場合、合意に従った審判が下される。

　仮に合意が成立しない場合は、認知無効の訴えを提起することになる。

　認知無効の手続は令和4年の民法改正により、令和6年4月1日以降の認知につき、その申立権者は子又はその法定代理人、認知をした者又は子の母親のみに限定され、その出訴期間も認知を知った時又は認知の時から各々7年となった。

2 養親子関係を巡る紛争（特別養子縁組を除く）

(1) 縁組を行う手続

　相続税対策や、再婚相手の実子と法律的親子関係を築きたい場合などに、養子縁組を行うことが考えられる。

　養子縁組を行うには要件があるため、それらを満たしているか検討する必要がある（例えば養親が20歳以上であること、養子となる者が養親となる者の嫡出子や養子ではないこと、養子となる者が養親となる者の尊属や年長者ではないこと等がある）。

　養子縁組は、養子縁組届書に記入し、必要書類を携えて、養親となる又は養子となる者の本籍地又は所在地の市区町村の役所へ提出する。

　普通養子縁組は養親と養子が親子関係になるのと同時に、養子となった子と実親との間の親子関係も継続する。そのため、養子は養親と実親のどちらについても相続権を有する。

(2) 当事者が生存している場合における養子縁組解消手続

ア　協議離縁（民法811条1項）

　まずは養子が養親と協議し、市区町村窓口へ行って離縁の届出を出すことが考えられる（協議離縁）。しかし、協議では離縁が成立しない場合、離縁を求める者は家庭裁判所に対して離縁調停を申し立てる必要がある（調停前置主義）。

イ　離縁調停・審判

　養子又は養親が申立てを行う。

　調停において調停委員らが裁判官とともに調停委員会を発足させ、調停委員らが当事者の間に立ち、双方の主張を聞いて離縁調停の成立を目指す。

　離縁調停が成立すると調停調書が作成され、当該調書を調停成立の日から10日以内に市区町村窓口に持参して提出する（報告的届出）。

　なお、離縁調停において離縁することに概ね合意はできていても、些末な出来事で合意形成ができない場合等、離縁を認めるのが相当と裁判所が判断する場合、審判に

移行し、審判によって離縁が認められることがある（家事手続法284条）。

ウ　離縁の訴え

　離縁調停が不成立となった場合、それでも離縁を求める場合は別途、家庭裁判所に対して離縁の訴えを提起する。

　離縁の訴えを提起するには、①相手方から悪意で遺棄されたとき、②相手方の生死が３年以上明らかではないとき、又は③その他縁組を継続しがたい重大な事由があるときといった離縁事由が必要となる（民法814条１項）。

　訴えであるため、場合によっては尋問もあり得るし、また、訴えの取下げ、認諾、離縁をするという和解、そして、請求の放棄といった終結方法もある（人事訴訟法46条）。

　仮に判決が下され、離縁が認められた場合、不服がある者は控訴期間（２週間）内に控訴を提起できる。

　離縁が判決によって認められた場合は判決書と確定証明書を、認諾離縁の場合は認諾調書を、和解離縁の場合は和解調書を、確定日から10日以内に市区町村の窓口に提出する。

（3）　養子縁組の当事者の一方が死亡した場合の養子縁組解消手続

　この場合、自動的に離縁するのではなく、家庭裁判所の許可を得ないと離縁することはできない（民法811条６項。死後離縁）。

　生存当事者本人のみが申立権者であり、離縁したい者は家庭裁判所に対し、死後離縁許可を求める申立てを行う。申立て段階で離縁を求める事由の記載は不要である。死後離縁が許可された場合、離縁の許可審判が下される。

　当該家庭裁判所の離縁許可審判が確定した後、確定証明書と審判書謄本を持参して市区町村窓口へ行き提出する。

　なお、死後離縁の許可を得ても、既に生じてしまった相続における相続人の地位は影響を受けることはない。とはいえ、死後離縁が許可されると親族関係が終了するため（民法729条）、亡くなった養親の実子に対して扶養義務を負いたくない場合等にこの手続は活用される。

3 参考にすべき書籍

- 家事事件実務研究会編『Q&A　家事事件の実務と手続』(新日本法規（加除式))
- 東京弁護士会法友全期会家族法研究会編『離婚・離縁事件実務マニュアル　第4版』(ぎょうせい、令和4年)
- 森公任・森元みのり監修『すぐに役立つ　入門図解　最新　家事事件手続法のしくみと手続き　実践書式50』(三修社、令和5年)
- 岩井俊『人事訴訟の要件事実と手続―訴訟類型別にみる当事者適格から請求原因・抗弁まで―』(日本加除出版、平成29年)

第4 後見

1 成年後見制度とは

(1) 成年後見制度

　成年後見制度とは、ある人物（以下「本人」という）の判断能力が、認知症、知的障害、精神障害等の精神上の障害により不十分な場合、家庭裁判所が本人に対して援助する者を選任し、当該援助者が本人のために活動する制度である。
　成年後見制度には、①法定後見制度と②任意後見制度があり、①には本人の判断能力に応じて、成年後見（判断能力が全くない場合。民法7条）、保佐（判断能力が著しく不十分な場合。民法11条）、補助（判断能力が不十分な場合。民法15条）がある（本場面では成年後見を念頭に以下述べる）。
　他方で、②とは、本人が事前に援助者との間で公正証書による任意後見契約を締結し、本人の判断能力が不十分になった時から当該援助者が本人を援助する制度である。法定後見制度と異なり、任意後見人は代理権のみを有し、また、家庭裁判所が任意後見監督人を選任した時に初めて、任意後見契約の効力が生ずる点が特徴的である。

(2) 援助者

　援助者（例えば成年後見における後見人について言及する）は、家庭裁判所から選任されており、公的な立場を有するが、職務の遂行にあたり、第一に考えるべきは本人の心身及び生活への配慮である。したがって、時として親族等と対立することもあるが、家庭裁判所への報告を欠かさず行いながら、本人の推定的意思を尊重しつつ、「本人のためには何が一番利益になるか」という点から職務を遂行する必要がある。
　後見人の職務は身上監護に関するもの（生活や健康、療養等の手続に関する職務。例えば本人の住居確保や入院の手続等）と、財産管理に関するもの（本人の財産と収支を正確に把握し、計画的かつ適正にその管理を行う職務。例えば年金の受領や税金の支払、保険金

の請求や遺産分割協議締結等）である。実際の介護や見舞等は職務の範囲内ではない。

2 後見制度の選択・利用方法

(1) 相談を受けたら

　まず、成年後見制度は、「精神上の障害」により判断能力がない方を保護する制度であるため、身体上の障害を理由とする申立てはできないことに注意を要する。

　また、法定後見制度を利用する際、あらかじめ後見人の候補者を立てて申し立てることができるが、実際に誰を後見人に選任するかは家庭裁判所の裁量の範囲内であり、一度決まった後見人の交代は基本的に認められないことにも注意が必要である（実際に後見人候補者が後見人に選任されず、別の弁護士が後見人に選任されるケースは少なくない）。

　最近では、本人が資産家の場合、後見人に専門職が就いたとしても、家庭裁判所が職権で成年後見監督人を選任することが多い。この場合、通常であれば家庭裁判所に対して報告等していた事柄を、監督人に対して行うことになる。そのため、監督人が就いたケースでは、速やかに初回の挨拶を行い、本人財産の原本確認の方法や（郵送・面接・データ送付等）、今後の報告の仕方等を事前に協議しておく必要がある。

(2) 法定後見制度（特に成年後見の）利用の流れ

ア　はじめに

　実務上、本人が認知症等を患い、自身で財産管理ができなくなったり、同居の親族が本人の財産を散逸させていると思われる場合に利用を検討することが多い。

　弁護士が関与する方法としては、申立代理人として関与する場合と、成年後見人候補者として関与する（後見開始の審判確定後、成年後見人として活動する）場合があり得る。

　そして、家庭裁判所が申立てを受理してから、1～2か月程度で後見開始の審判が出ることが多い。当該審判が確定すると、成年後見人選任の効力が発生し、基本的にはその時から後見人の職務を開始する。

第4章　家事（離婚・後見）

> **column　いつから職務開始!?**
>
> 　成年後見人選任の効力が発生するのは、後見人が裁判所から後見開始の審判書謄本を受領してから2週間経過した日（審判確定日）である。
> 　例えば成年後見申立て日以降、審判確定日より前に本人が死亡した場合、後見人（候補者）は選任の効力が発生していないので何もできず、申立人又は申立代理人が死亡の手続等を行うことになる。もちろん、この場合、後見人（候補者）に報酬は発生しないであろう（場合によっては既に支払ったやむを得ない実費は支払対象になる可能性があるので、裁判所に相談してみよう）。

イ　申し立てる準備

　申立てにおいては様々な書類が要求されるので、必ず裁判管轄を調べ、当該裁判所の後見に関するインターネットサイト（例えば東京家庭裁判所であれば、東京家庭裁判所後見センターの「後見サイト」等）の最新版を確認の上、必要資料を揃えるべきである。

　特に本人の判断能力の有無や程度を客観的に基礎づける診断書は必須であるが、家庭裁判所には既に定型診断書が用意されているので、これを用いることとなる。また、戸籍謄本等の公的書類は、発行から3か月以内のものを要求される場合が多いので、発行日に注意が必要である。

　診断書については、例えば本人が親族等に囲い込まれてしまい、診断書の用意が困難な場合がある。その場合は診断書なしで申立てを行うこともできるが、後日、家庭裁判所の鑑定が実施される。鑑定が実施された場合、費用（約10万円程度）と時間がかかる。

　また、本人の財産に関する書類の提出も求められるが、可能な限り、申立前に調査を行い、把握している財産や収支状況は全て申告すべきである。

　さらに、家庭裁判所は、後見開始に関する親族の同意書の提出がない場合、必要に応じて親族照会を行う。早く審理を進めたい場合は、申立前にあらかじめ、親族から後見申立ての同意を取り付けておくべきである。

　そして、申立費用のうち、申立手数料・後見登記手数料・送達や送付費用及び鑑定費用については、申立書に本人負担を求める旨明記すれば、本人負担とされることが多い。これ以外の費用（例えば診断書作成料や弁護士費用）は基本的に申立人負担となるが、後見人と相談し、必要性や金額の相当性が認められれば、本人の財産からの支

ウ　報酬

　後見人は、行った職務内容に応じて、本人の財産から報酬を受け取ることができる。そのためには、家庭裁判所に対して報酬付与の審判を申し立てる必要がある（申立期限は特にない）。この時、家庭裁判所に対して自己が行った職務内容を詳細に説明する必要があるため、後見人は行った事務内容とかかった時間を細かくメモし、資料とともに説明できるようにすべきである。

　報酬付与の審判後、後見人は本人の財産から直接報酬額を徴収して良い。なお、報酬額の算定根拠は公開されていないが、その目安として、東京家庭裁判所及び東京家庭裁判所立川支部が連名で出している平成25年1月1日付「成年後見人等の報酬額のめやす」が参考になる。

エ　終了事由

　後見人の終了事由は法定されており、代表的なものは、正当事由がある場合の辞任や（家庭裁判所の許可が必要。民法844条）、後見人に不正事由がある場合等の家庭裁判所による解任（民法846条）、本人や後見人の死亡等（民法653条）である。

　なお、後見事件が終了しても、後見人は管理の計算や家庭裁判所への報告等、必要な範囲で死後事務処理を行う（民法870条）。具体的には、入院費の清算を行ったり、義務ではないが葬儀の主催等を行ったりする。また、相続人の引き継ぎや後見終了の登記申請も忘れてはならない。

(3)　任意後見制度利用の流れ

ア　はじめに

　実務上、本人から将来への不安を相談されて利用することが考えられる。任意後見制度を利用するメリットとしては、本人自ら援助者（任意後見人）を選ぶことができ（複数人でも可能）、また、その契約内容（代理権の範囲、任意後見人の報酬を含む）について、自らの意思を反映できることである。

　デメリットとしては、任意後見人には、任意後見契約で定めた職務に対する代理権しか与えられておらず、法定後見と異なり、同意権や取消権がないことである。した

第4章　家事（離婚・後見）

がって、詐欺商法に引っかかった場合の本人保護等を検討すると、包括的な権限のある法定後見制度を利用した方が良い場合もある。

イ　注意点

　任意後見制度の特徴として、①本人に十分な判断能力があるうちに必ず、あらかじめ公正証書で任意後見契約を締結している必要があること（任意後見契約に関する法律3条）、②任意後見の効力を生じさせるには、その登記がなされていること（同法4条本文）、③必ず家庭裁判所への申立てが必要なこと、そして、④任意後見が発動するためには家庭裁判所が任意後見監督人を選任する必要があること（任意後見契約書にも必ずその旨を停止条件として記載する。同法4条）が挙げられる。

　そのため、本人は、任意後見契約で定めた任意後見人の報酬のみならず、任意後見監督人の報酬（家庭裁判所が定める）も発生することを想定しておかなければならない。

　また、任意後見契約は、当該契約締結時ではなく、家庭裁判所が任意後見監督人を選任した時に契約の効力が生じる点も特徴的である。この時、あらかじめ任意後見契約で任意後見監督人候補者を決めておいたとしても、誰を監督人に選任するかは家庭裁判所の専権であるため、異なる人物が任意後見監督人に選任されることもある。

ウ　終了事由

　任意後見契約が終了するのは、①解除（任意後見契約に関する法律9条。任意後見監督人が選任される前であればいつでも公正証書によって、選任後であれば正当事由があり、かつ、家庭裁判所の許可があれば可能）、②任意後見人の解任（同法8条）、③法定後見開始の審判が下された場合（同法10条3項）、そして④本人又は任意後見人の死亡や破産等（民法653条）である。

　したがって、任意後見人が辞任した場合は上記①の手続を利用することになる。

3　参考にすべきサイトや書籍等

　後見制度の利用を検討する際、必ず管轄のある家庭裁判所の最新のホームページ（「後見サイト」）を確認すべきである。また、判断に迷った場合は、必ず家庭裁判所への連絡書（又は報告書）で報告を行うべきである。この時、裁判所への指示を仰ぐのではなく、問題なければ進めるというスタンスで臨むと良い。

　また、下記書籍も参考になる（本稿においても参考にした）。

- 東京家裁後見問題研究会編著『別冊判例タイムズ第36号　後見の実務』（判例タイムズ社、平成25年）
- 片岡武・金井繁昌・草部康司・川畑晃一『家庭裁判所における成年後見・財産管理の実務〔第2版〕』（日本加除出版、平成26年）
- 公益社団法人成年後見センター・リーガルサポート編集『成年後見の実務―フローチャートとポイント―』（新日本法規、令和2年）
- 額田洋一『成年後見実務マスター　後見事務、後見監督人、任意後見、後見登記等』（新日本法規、令和5年）

第5章

家事（相続）

第1 総論

　遺産相続事件は、確認すべき情報が多岐にわたる。法律相談を受けるにあたり、被相続人及び相続人に関する情報、相続財産に関する情報、遺言の有無、遺産分割協議に関する情報、相続人間の経済的利害関係及び感情的対立関係等を確認した上で、相談者の要望を把握する。特に、相続人の範囲（人数）、遺産の範囲等の情報は、相続人からの聴き取りのみに依拠するのではなく、随時、客観的資料に基づき確定する必要があり、そのための資料収集を迅速に行わなければならない。

　また、解決手段として、任意交渉、調停・審判手続、各種訴訟手続等があり、その中から適切な手段を選択することになる。

　なお、家事調停と一般調停の違い、調停に代わる審判と合意に相当する審判についての説明は、基本的に「離婚事件」と同様である。

第2 業務の流れ

1 法律相談

(1) 心構え

　相続の開始時期（死亡時期）を確認の上、相談者の（当初の）希望及び想定される争点を把握する。とはいえ何が争点となるのかは他の相続人の意向等に左右されるため、任意交渉を開始してからでないと明確にならない場合も多い。また、他の相続人の意向によって相談者の希望が大きく変化することもある。そこで、まずは他の相続人等との任意交渉を試み、他の相続人の意向を把握する。その結果、裁判所を介さない協議による解決が可能であれば、裁判所外で遺産分割協議書等を締結するなどの手続を行う。他方、任意交渉では解決が困難な場合には、次の **2 手続の選択** に示された手続等を念頭に、事案に即した適切な手続を選択することになる。

(2) 複数の相続人から依頼を受ける場合

　相続事件は、原則として複数の相続人間で遺産を分割する手続を経ることから、互いの利益が相反する関係にある。そのため、複数の相続人から依頼を受けることは、双方代理（民法108条）に該当することに注意する。

　現実に、複数の相続人間で争いがなく、それら複数の相続人から受任を依頼された場合は、「双方代理承諾書」（同法108条ただし書）[1]を家庭裁判所に提出することにより対応することが考えられる。

　もっとも、当初は複数の相続人間で争いがなくとも、遺産分割協議の途中から、受任した相続人間で具体的な相続分の割合等で争いが生じた場合には、全員の代理人を辞任せざるを得ない。受任の際には、係る場合の対応についても予め説明しておく必

---

1) 最高裁判所のHPに書式が掲載されている（https://www.courts.go.jp/takamatsu/vc-files/takamatsu/file/sonota_7_syoudakusyo.pdf）。

第5章　家事（相続）

要がある。

　他方、当初から複数の相続人間で遺産の分配方法などを巡って争いがある場合には、弁護士職務基本規程28条3号違反となるため、それら複数の相続人から依頼を受けることは避けるべきである。

(3) 確認すべきこと

　一般に、相続人による相談においては以下の事項を確認する。

ア　被相続人に関する事項

① 死亡時期、死亡原因、要介護認定・認知症の発症等の事情、生活の状況（同居の有無、被扶養の有無）などを確認する。
② 被相続人の事情によっては、推定相続人廃除審判申立てがなされているかを確認する[2]。

イ　相続人に関する事項

　まずは、相談者から相続人に関する事項（人数、氏名・住所等）を聴き取るが、正確には戸籍調査により相続人を確定し、相続関係図を作成する。[3]

　なお、相続人の範囲について争いがある場合には後述の2(2)イ(エ)b　相続人の範囲について争いがある場合を参照されたい。

　また、相続人に、未成年者や判断能力に問題のある者がいないかを確認する。

(ア) 相続人の中に所在不明の者がいる場合

　遺産分割調停（協議）では、相続人全員が当事者となる必要がある。相続人の中で所在不明の者がいる場合、当該所在不明者となっている相続人の代理人を調停（協議）に参加させるため、不在者財産管理人の選任申立てを行う。

---

[2] 推定相続人廃除審判申立てとは、被相続人が、遺留分を有する推定相続人（将来相続人となる予定の者）の相続権を否定したい場合に、家庭裁判所の審判によってその者の相続権を消失させる制度である。被相続人本人だけが申し立てることができ、推定相続人や第三者はできない。遺言によって推定相続人を廃除する意思表示がなされている場合には、遺言が効力を生じた後に、遺言執行者が、遅滞なく当該推定相続人の廃除を家庭裁判所に請求することとされている。
[3] 相続人に該当する者であっても、相続持分を他の相続人に譲渡した者は、遺産分割協議の当事者とはならない。

(イ) 相続人の中に未成年者がいる場合

　未成年者が法律行為を行う場合、代理人として親権者が就任するのが原則である。しかし、未成年者と親の両方が相続人である場合、それぞれが遺産を分け合う形となるため利益が相反する可能性がある。そこで、未成年者と親の両方が相続人である場合は、未成年者の利益が不当に害されないように、原則として特別代理人の選任が必要になる。もっとも、遺言書で相続分が指定されている場合、法定相続分に従って遺産を分割する場合、親権者と未成年者が同時に相続放棄する場合などは、一般に未成年者と親の利益が相反しないので、特別代理人の選任は不要とされている。

(ウ) 相続人の中に判断能力に問題のある者がいる場合

　認知症など判断能力に問題のある者が行った法律行為は効力を有しない。そこで、判断能力に問題のある者が相続人である場合には、成年後見人等を付す必要があるため、後見等開始の申立てを行う。[4]

(エ) 戸籍上相続人が一人も存在しない場合

　戸籍上相続人が一人も存在しない場合、相続財産清算人の選任申立てを行う。相続人全員が相続放棄をした場合において、特別縁故者に対する相続財産分与の申立てを行いたい場合や被相続人の債権者が相続財産の清算を希望する場合などに利用される。

ウ　遺産に関する事項

　遺産分割を行うためには、遺産の範囲を確定する必要がある。相続財産の種類としては、不動産、預貯金、現金、有価証券、その他債権等があるが、各財産の調査方法は以下の通りである。なお、遺産の範囲に争いがある場合には、後述の2(2)イ(エ)c　遺産の範囲について争いがある場合を参照されたい。

(ア) 不動産の調査方法

　不動産の調査は、不動産所在地の市区町村役場で固定資産税の名寄帳を取得して把握漏れがないかを確認する。もっとも、非課税不動産は記載されていないため、私道

---

[4] 遺言書が存在する場合は、基本的にその内容に従って遺産を分けることになるため、遺産分割協議は不要である。よって、遺言書に従って相続する場合には成年後見人等をつける必要はない。

第5章　家事（相続）

等の漏れには注意しなければならない。

（イ）　預金の調査方法
　通帳や明細書が残されていて、口座の開設が確実な金融機関については、弁護士法23条に基づいて「全店照会」を行う。口座開設している金融機関が不明な場合には、生前の年金振込口座や公共料金の引落口座の調査、自宅や勤務先の近くにある金融機関の調査を試みる。

（ウ）　生命保険の調査方法
　弁護士法23条に基づいて、各生命保険会社に照会を行う。

（エ）　上場企業株式の調査方法
　証券保管振替機構に登録済加入者情報の開示請求を行う。証券保管振替機構のウェブサイト[5]に、登録済加入者情報の開示請求手続の説明が掲載されている。

（オ）　負債の調査
　下記の機関に照会することで負債を調査できるが、個人からの借入れや、いわゆるヤミ金融からの借入れについては調査が困難である。
《負債の信用情報調査機関》
- 全国銀行個人信用情報センター
  https://www.zenginkyo.or.jp/pcic/open/
- 株式会社シー・アイ・シー（CIC）
  https://www.cic.co.jp/mydata/index.html
- 株式会社日本信用情報機構（JICC）
  https://www.jicc.co.jp/kaiji

---

[5]　https://www.jasdec.com/procedure/shareholders/disclosure/index.html

エ　遺言書の有無の確認
（ア）　自筆証書遺言書

　自筆証書遺言書の保管者又はこれを発見した相続人は、遺言者の死亡を知った後、遅滞なく遺言書を家庭裁判所に提出して、その「検認」を請求する必要がある。

- 検認の申立てがなされると、相続人に対し、裁判所から検認期日（検認を行う日）の通知がなされる。検認期日における申立人以外の相続人の出席は任意であり、相続人全員が揃わなくても検認手続は実施される。
- 検認期日において、申立人から提出された遺言書を、出席した相続人等の立会いのもと、裁判官が、封がされた遺言書については開封の上、遺言書を検認する（封印のある遺言書は、家庭裁判所で相続人等の立会いの上開封しなければならない）。
- 検認の終了後、遺言の執行を行うためには、遺言書に検認済証明書が付いている必要があるため、検認済証明書の申請（遺言書1通につき150円分の収入印紙と申立人の印鑑が必要となる）をする。

（イ）　公正証書遺言書

　公正証書遺言書の有無については、公証役場に問い合わせる。公正証書遺言が作成されると、原本は公証役場で保管し、正本及び謄本が遺言者及び遺言執行者に交付される。日本公証人連合会により、公正証書の内容はデータベース化されており、全国どこの公証役場においても照会請求が可能となっている。

2　手続の選択

(1)　相続を希望しない場合、相続を検討する場合

ア　相続放棄（民法939条）の申述

　相続人が被相続人の権利や義務を一切承継しないことを希望する場合には、相続放棄の申述を行う。

第5章　家事（相続）

- 申述人：相続放棄を希望する相続人が単独で行うことができる。
- 申述先：被相続人の最後の住所地の家庭裁判所に対して行う。
- 申述期間：自己のために相続の開始があったことを知ったときから3か月以内に行う。
- 申述に必要な書類については、各家庭裁判所のHPに掲載されている。
- 相続放棄の効果：相続放棄の手続が完了すると、家庭裁判所から相続放棄申述受理通知書が申述人宛に発行される。
- 相続放棄を行った者は、その相続に関しては初めから相続人とならなかった者とみなされる。
- なお、相続人が相続放棄を行った場合でも、次の相続人が管理を開始するまでは、相続財産を管理する必要があることから、その旨を説明すべきである。

イ　限定承認[6]（民法922条）の申述
（ア）　限定承認の申述手続

　被相続人の債務がどの程度あるか不明であり、財産が残る可能性もあるとき等に、相続人が相続によって得た財産の限度で被相続人の債務の負担を受け継ぐことを希望する場合、限定承認の申述を行う。

- 申述人：相続人全員が共同して行う必要がある。
- 申述先：被相続人の最後の住所地の家庭裁判所に対して行う。
- 申述期間：自己のために相続の開始があったことを知ったときから3か月以内に行う。
- 申述に必要な書類については、各家庭裁判所のHPに掲載されている。財産目録も提出書類のひとつだが、提出した財産目録に故意の記載漏れがある場合には、単純承認とみなされてしまうため、財産目録の正確性には充分注意すべきである。
- 限定承認の申述の効果：限定承認が行われると、相続人は「債務は全て相続」

---

[6]　限定承認は、単純承認や相続放棄と比べて、申述後の手続が煩雑であるため、限定承認の制度自体あまり用いられておらず、実務においては、次の熟慮期間伸長の申立てを行って調査をした結果、相続放棄又は単純承認のいずれかを選択する場合がほとんどである。

することになるが、責任は「相続によって得た財産の限度」に制限される。したがって、相続人が被相続人の債権者から債務弁済の請求訴訟を提起された場合、主文では「相続財産の限度で支払え」との言渡しがなされる。

（イ）　限定承認の申述の受理後の手続

限定承認者（相続人が複数のときは、申述の受理と同時に相続人の中から選任された相続財産管理人）は、次のような相続財産の清算手続を行わなければならない。

① 受理審判後の期間内（限定承認者の場合は5日以内、相続財産管理人の場合は選任後10日以内）に、限定承認をしたこと及び一定の期間内にその債権の請求の申出をすべき旨の公告（民法927条）手続を行う。
　この時点で、既に判明している相続債権者に対しては、別途、請求申出を催告する。
② 請求申出の公告及び催告を行った後、相続財産を管理しつつ、随時、換価処分を行う（民法932条）。換価処分は、競売手続によるのが原則である。
③ 相続人は、相続財産に対する先買権がある。そこで、居住不動産など相続人が取得を希望する相続財産がある場合には、家庭裁判所に対して、鑑定人選任申立てを行い、その相続財産を鑑定評価してもらい、当該金額を相続人が支払うことでその相続財産を取得することができる。
④ 相続人は、請求申出をした相続債権者および受遺者に弁済を行う。

配当の順序は、(i)優先権のある相続債権者、(ii)期間内に申出をし、あるいは「知れている債権者」、(iii)期間内に申出をし、あるいは「知れている受遺者・死因贈与受贈者」、(iv)期間内に申出をせず、相続人に「知れていない債権者等」である。
かかる順序に違反した場合には、限定承認者は賠償責任を負う（民法934条）。弁済資金が不足する場合には、各債権額に応じて按分比例して弁済する。弁済資金に余剰が生じた場合には限定承認者がそれを取得し、共同相続人がいる場合には遺産分割を行う。

ウ　熟慮期間伸長の申立て

　相続人が、自己のために相続の開始があったことを知ったときから3か月以内（熟慮期間）に相続財産の状況を調査してもなお、相続を承認するか放棄するかを判断する資料が得られず決断が困難となる場合には、家庭裁判所に熟慮期間の伸長申立てを行い、熟慮期間を延長した上で継続して調査を行う。

- 申立人：相続人を含む利害関係人、検察官が行うことができる。
- 申立先：被相続人の最後の住所地の家庭裁判所に対して行う。
- 申立期間：自己のために相続の開始があったことを知った時から3か月以内に行う。

(2)　相続を希望する場合

ア　遺言書が存在する場合
(ア)　遺言書の効力に争いがない場合
a　遺言書の内容に争いが無い場合

　遺言書が存在する場合、まず遺言の内容（遺産の分配）を確認する。Excelに遺産ごとの金額（評価額）と相続人を転記すれば、検討漏れを防げる上、遺留分侵害額の有無も同時に調査できる。東京弁護士会が「遺留分計算シート」を公表しているため、これを活用するのが良いだろう（https://www.toben.or.jp/know/iinkai/minjisosyou/xls/soshoyou_distributive_share_ver6_5.xls。法改正前の作成であるため、遺留分「減殺」となっている点は注意されたい）。基礎となる財産一覧表に遺言書どおりの遺産の分配を入力することで、遺留分減殺計算表に遺留分侵害額が自動で表示される。

・遺留分侵害額請求権の行使

　依頼者の遺留分が侵害されている場合、早々に、法定相続人・受遺者の全員に対し、遺留分侵害額請求権を行使する旨も記載した受任通知を内容証明郵便で発送すべきである。遺留分侵害額請求権は、相続の開始及び遺留分を侵害する贈与又は遺贈があったことを知った時から1年間、行使後も金銭債権として5年間の時効期間の制限に服するためである（民法1048条、166条1項1号）。他の相続人に話合いをする意思があっても、話合いがまとまらないまま期間が経過した場合、翻意され、消滅時効を援用される可能性もあるため、弁護過誤にならないように注意したい。

遺言の内容に相続人全員が異論無ければ、遺言執行者を選任するのが良い。選任しなければ、預貯金の解約手続等、都度、相続人全員の署名押印、印鑑登録証明書等の取得を要するからである。

b　遺言書の内容に争いがある場合

　遺言の内容（遺産の分配）に異論がある場合は、相続人間で話し合うことになる。有効な遺言が存在しても、法定相続人全員が合意すれば、遺言と異なる内容の遺産分割は可能である。「相続させる」旨の遺言であっても同様である（さいたま地判平成14・2・7裁判所ウェブサイト掲載判例〔28151426〕）。同判例が判示するとおり、法律上は、遺産分割後に相続人間で贈与・交換の混合契約をしたことになるが、税務上もかかる遺産分割は想定されており、遺産分割に対して相続税が課税されるのみで、贈与税は課税されない。

　依頼者からどの遺産が欲しいか、どの遺産をどれほど譲っても良いか等、希望をよく聞き、話合いを進めていくことになる。

　ただし、遺言が遺産分割を禁じている場合は最長5年間、遺言と異なる内容の遺産分割をすることはできない（民法908条）。法定相続人以外の相続人（受遺者）がいる場合も同様である。受遺者の権利を一方的に奪うことはできないからである。そのため、受遺者がいる場合、他の法定相続人に先立って受遺者と話し合う必要があるだろう。

　話合いで合意にいたらない場合、遺産分割調停又は遺留分侵害額請求調停・訴訟に進むことになる。遺産分割調停は後述に譲ることとし、本項では遺留分侵害額請求調停・訴訟について話を進める。

・遺留分侵害額請求調停

　遺留分は、①遺留分算定の基礎となる相続財産に、②相続人ごとの遺留分の割合を乗じて算出される（民法1042条ないし1046条）。具体的には次のとおりであるが、先述した「遺留分計算シート」を活用されたい。

　①遺留分算定の基礎となる相続財産（民法1043条1項）

　　＝相続開始時の相続財産額

　　　＋被相続人が相続開始前1年間に贈与した財産額（民法1044条1項前段）

　　　　※当事者双方が遺留分権利者に損害を加えると知ってした贈与は期間制限無し（民法1044条1項後段）
　　　　※相続人に対する贈与は相続開始前10年かつ、財産額は婚姻若しくは養子縁組のため又は生計の資本として贈与したものとなる（民法1044条3項）

　　　－相続債務額

第5章　家事（相続）

②相続人ごとの遺留分の割合	子（または孫）	配偶者	直系尊属
相続人が配偶者のみ		2分の1	
相続人が子（又は孫）のみ	全員で2分の1 ※子が複数名の場合は按分		
相続人が直系尊属のみ			全員で3分の1 ※複数名の場合は按分
相続人が配偶者及び子（又は孫）	全員で4分の1 ※子が複数名の場合は按分	4分の1	
相続人が配偶者及び直系尊属		3分の1	全員で6分の1 ※複数名の場合は按分

　遺留分侵害額請求は、調停前置主義が採られているため、訴訟に先立って調停を申し立てるのが原則である（家事事件手続法257条1項、2項）。もっとも、調停成立の見込みがないことが明らかであれば、調停を前置することなく訴訟を提起しても、そのまま訴訟が進行することもある。そのため、相続人間の対立が激しければ、いきなり訴訟を提起することも考えられるだろう。訴状には、訴訟前経緯等として項目を立て、話合いを進めていたが成立の余地がないことを関連事実として記載することとなろう。

（イ）　遺言書の効力に争いがある場合

　遺言書の効力に争いがある場合、遺言無効確認の訴えを提起することになる。遺言書の成立要件（自筆証書遺言であれば遺言者が日付及び氏名を含め自筆していること、公正証書遺言であれば証人2名以上の立会いがあったこと等）は、遺言の有効性を主張する側に主張立証責任があるため抗弁に回るが（最判昭和62・10・8民集41巻7号1471頁〔27800867〕参照）、争いとなることが多いのは、再抗弁の、遺言作成時に遺言能力が無かったことだろう。

　遺言能力とは、単独で有効に遺言を行うことができる能力をいうとされており、遺言の内容及び法律効果を具体的に判断できれば足りる。要求される程度は行為能力より低いが、意思能力よりは高いため、遺言作成の動機、経緯並びに作成時の状況も考慮され得る。また、遺言の内容が、特定人に全て相続させるような単純なものであれば、遺言能力は認められやすくなるといえる。

　遺言者が認知症に罹患していることの一事をもって、（当該遺言との関係で）遺言能

力が否定されると限らない点は留意したい。認知症は日によって症状が変化するため（いわゆるまだらボケ）、作成時には遺言能力を有していた可能性もある。そのため、認知症と判断している診断書があっても遺言が無効だと諦めず、ヘルパーの介護日誌や業務日報、看護録、本人・家族の日記等、遺言能力を判断する証拠として検討すべきである。

遺言無効確認の訴えで、遺言を無効とする判決が確定した場合は、遺産分割協議を行うことになる。ただし、遺言書が成立要件（自筆証書遺言であれば遺言者が日付及び氏名を含め自筆していること、公正証書遺言であれば証人2名以上の立会いがあったこと等）を欠き無効となっても、死因贈与の意思表示の趣旨を含むと解される場合は、受贈者の承諾により死因贈与契約が成立する。

> **column　相続債務は時効や混同で消滅しないのか**
>
> 　遺留分算定の基礎となる相続財産は、相続開始時の相続財産額に、被相続人が相続開始前の1年間に贈与した財産額を加え、相続債務額を差し引いて算出することは前述した。
> 　そのため、遺留分侵害額を請求するにあたり、請求の相手方が相続債務の存在を主張してくることがままある。もし、相続債務の消滅時効の期間が経過していた場合、当該債務の消滅時効の援用を考える読者もいるだろう。あるいは、相続債務の債権者が相手方であった場合、相手方が被相続人を相続した結果、当該債務が混同により消滅したと考える読者もいるだろう。
> 　しかし、かかる主張はいずれもすべきではない。なぜなら、裁判例（さいたま地判平成21・5・15裁判所ウェブサイト掲載判例〔28153409〕）が、大要、次のとおり判示しているからである。
>
> > ① 相続の結果、混同により消滅する債務は、相続債務に含まれる。
> > ② 遺留分侵害額請求者は、相続債務の消滅時効を援用する利益が無い。
> > ③ 被相続人が生前に消滅時効を援用しているのであれば格別、相続債務は、消滅時効の完成や相続人に援用の意思表示があるなどの事情は考慮せず、一律に相続開始時に存在したものとする。
>
> 　すなわち、この裁判例に照らせば、相続債務が時効や混同により消滅したとする主張は認められないと考えられる。それだけでなく、当該主張は相続債務の存在を前提とす

> るものであるから、相続債務が相続開始時に存在したと自白したことになると考えられる。
> たとえ予備的であっても、消滅時効や混同の主張はしない方が無難だろう。

イ 遺言書が存在しない場合
(ア) 遺産分割調停・審判等
　遺産分割調停・審判は、家庭裁判所を利用して遺産分割を行う手続である。
a　遺産分割調停
　遺産分割調停は、現在ある未分割の遺産につき、その分け方を話し合う手続である。遺産分割調停の進め方は、概ね、まず相続人の範囲を確定し、次に遺産の範囲を確定し、最後に確定された遺産を確定した相続人間でどのように分けるかについて話し合っていくことになる。最後の分け方の話し合いの際には、相続人の特別受益や寄与分（寄与分を定める処分調停・審判については下記（イ）にて記載する）などの主張を踏まえて具体的相続分を定め、誰がどの遺産をどのように取得するのか決めていくことになる。事案によっては、遺産の評価額を確定し、各相続人の取得する金額を確定したうえで、具体的な遺産の分配を話し合うこともあり、遺産である不動産、株式、有価証券、自動車、金地金、美術品等の評価額についても話し合う場合がある。この場合、評価額が合意できなければ、鑑定を行うこともある。

　このように、遺産分割調停は、原則として、相続人の範囲及び遺産の範囲が確定できることが前提となる。そのため、相続人の範囲や遺産の範囲に争いがあり調停で確定できない場合は、別の手続を検討する必要がある。例えば、相続人となる身分関係（親子関係、婚姻関係等）に争いがあって話合いが進まず、相続人の範囲が確定できない場合は、調停委員会より別の手続（民事訴訟等）をとるよう求められることがある。また、遺産分割調停の対象となる遺産は、原則として被相続人の「現在ある未分割の遺産」でなければならないところ、ある財産の帰属に争いがある場合や、当該相続に関係するが「現在ある未分割の遺産」にあたらないもの（貸金、立替金、賃料債権、不当利得・不法行為等債権、被相続人の生前に払い戻された預貯金、被相続人の死後に払い戻された預貯金[7]、相続債務、葬儀費用、遺産の維持管理費用等）につき争いがある場合は、

---

7) 民法906条の2第2項の処分をした相続人が確定していれば、その相続人以外の相続人全員の合意で足りる。

原則として共同相続人全員の合意がなければ調停の対象とできず、対象とすることの合意があったとしても、話合いが進まなければ、調停委員会より別の手続（民事訴訟等）をとるよう求められることがある。なお、これら「別の手続」の具体例は、下記（エ）にて詳説する。

遺産分割調停が調停不成立によって終了した場合には、調停申立時に遺産分割審判の申立てがあったものとみなされ（家事事件手続法272条4項）、遺産分割審判に移行する。

b　遺産分割審判

遺産分割審判は、裁判所が、現在ある未分割の遺産の分け方につき判断する手続であり、原則として、相続人の範囲及び遺産の範囲が確定できることが前提となる。審判対象が限定されるため、必ずしも遺産分割調停の際に争点となっていたもの全てについて判断されるわけではなく、注意が必要となる。

前述のように、遺産分割調停が調停不成立によって終了した場合、遺産分割審判に移行するが、遺産分割調停を経ることなく、当初から遺産分割審判を申し立てることも可能である。もっとも、家庭裁判所は、当該遺産分割審判事件を、職権で遺産分割調停に付すことができる（家事事件手続法274条1項「付調停」）。

また、遺産分割調停を経て遺産分割審判へ移行した場合であっても、必要に応じて、再度、遺産分割調停に付されることもある。

c　その他

なお、遺産分割調停の進み方次第では、調停に代わる審判（家事事件手続法284条1項「家庭裁判所は、調停が成立しない場合において相当と認めるときは、当事者双方のために衡平に考慮し、一切の事情を考慮して、職権で、事件の解決のため必要な審判（以下「調停に代わる審判」という。）をすることができる」）等を利用し、柔軟な解決が図られることがある。

また、原則として、遺産分割は共同相続人全員による必要があり、共同相続人の中に不在者や判断能力に問題がある者が存在する場合などは、特別代理人選任審判申立て、不在者財産管理人選任申立て、失踪宣告申立て、成年後見開始審判の申立て等の手続を検討することもあり得る。

第5章　家事（相続）

（イ）　寄与分を定める処分調停・審判

　寄与分を定める処分調停・審判は、寄与分に争いがある場合に、家庭裁判所を利用して行われる手続であり、同調停は、寄与分に関して話し合う手続、同審判は、寄与分に関して裁判所が判断する手続である。寄与分は、遺産分割の場面で問題となるため、遺産分割調停・審判との関係に注意する必要がある。
　寄与分を定める処分調停は、相続開始から遺産分割の終了まで、いつでも申し立てられ、寄与分を定める処分調停のみを申し立てることも可能である。
　寄与分を定める処分審判を申し立てるには、遺産分割審判が係属していなければならない（民法904条の2第4項）。
　寄与分を定める処分調停のみが申し立てられ、同調停が不成立となった場合、審判手続に移行するものの（家事事件手続法272条4項）、遺産分割審判の申立てがなければ不適法却下されることになる。
　寄与分を定める処分調停の申立てが無くとも、遺産分割調停において寄与分を考慮することは可能である。しかし、家庭裁判所が寄与分の審判をくだすためには、遺産分割とは別に、寄与分を定める処分の申立てがなければならない。家庭裁判所により、寄与分を定める処分審判の申立期間が制限されることもあるため（家事事件手続法193条）、寄与分を主張しようと考えている場合には、調停段階から、寄与分を定める処分調停の申立ても考慮しておく必要がある。
　当初から寄与分の主張が検討されている場合には、遺産分割調停と寄与分を定める処分調停の両方を同時に申し立てることも多いと思われる。
　遺産分割調停と寄与分を定める処分調停は併合される（家事事件手続法245条3項、192条）。

（ウ）　遺産に関する紛争調整の調停

　遺産の有無や範囲について争いがある場合に、家庭裁判所を利用して話し合う手続である。
　もっとも、ひとまず遺産分割調停において当該遺産の有無や範囲につき話合いを試みる方が簡便であることが多いと思われる。また、遺産分割調停で合意に至らなかった事項について、改めて遺産に関する紛争調整の調停という調停手続を利用することに実効性が見込まれる場面も多くはないものと思われる。

(エ) 遺産分割調停の対象とならない事項に関する手続
a はじめに
 2(2)イ(ア)a 遺産分割調停に記載したとおり、遺産分割調停の対象とならない事項であっても共同相続人全員の合意があれば遺産分割調停の対象とすることは可能である。このような合意ができなかった場合に検討することとなる手続について、以下に記載する。
b 相続人の範囲について争いがある場合
 被相続人と一定の身分関係（親子関係、婚姻関係等）がある者が相続人となる（民法887条ないし890条）。この身分関係に争いがある場合、当該身分関係の存否確認や形成を目的とする訴訟を提起することが考えられる。例えば、親子関係存否確認の訴え、認知の訴え、認知無効の訴え、嫡出否認の訴え、父を定める訴え、婚姻無効確認の訴え、離婚無効確認の訴え、養子縁組無効確認の訴え、離縁無効確認の訴え等である。
 また、相続欠格事由のある者がいる場合は、相続権（相続人の地位）不存在確認の訴えの提起を検討することも考えられる。
 なお、相続欠格事由とは異なり、被相続人の意思に基づいて特定の推定相続人の相続資格を剥奪する相続人廃除の場合は、被相続人が、生前に、家庭裁判所へ「遺留分を有する推定相続人」に対する推定相続人廃除審判申立てを行うか（民法892条）、「遺言で推定相続人を廃除する意思を表示」（民法893条）しておく必要があり、遺言による場合は、「その遺言が効力を生じた後」「遺言執行者」が「家庭裁判所に請求」することとなる（民法893条）。
c 遺産の範囲について争いがある場合
(a) 遺産分割調停の対象となる財産の帰属について争いがある場合
 ある財産を遺産分割の対象とするには、その財産が被相続人の「現在ある未分割の遺産」であることが必要となる。そのため、当該財産の存否や帰属について争いがある場合は、当該財産が現に被相続人の遺産に帰属し共同相続人間の共有関係にあることの確認を求める遺産確認の訴えを提起することが考えられる。
 遺産確認の訴えは、固有必要的共同訴訟となるため、共同相続人全員が当事者となる必要があり、事案によっては手続が重くなってしまうことがある。また、相続人以外の者（例えば、受遺者、死因贈与の受贈者等）との間で当該財産の帰属を争う場合、遺産確認の訴えが利用できないことも考えられる。そこで、当該財産の所有権（共有

持分権）確認の訴え等を提起することが考えられる。ただし、遺産確認の訴えにおける勝訴判決の既判力が、当該財産が「現在ある未分割の遺産」であることについて生じるのに対し、所有権（共有持分権）確認の訴えにおける勝訴判決の既判力は、原告が当該財産の所有権（共有持分権）を有することにしか生じないため、紛争の解決手段として適しているのか、十分に検討する必要がある。

(b)　「現在ある未分割の遺産」にあたらないものについて争いがある場合

　被相続人の有していた可分債権（貸金債権、立替金返還債権、賃料債権、不当利得・不法行為等債権等）は、原則として法定相続分に従って当然に相続される。そのため、各相続人は、自らが相続した債権につき、債務者等に対して、民事訴訟等で請求していくことになる。

　被相続人の負っていた可分債務も、原則として法定相続分に従って当然に相続されるため、各相続人は、自らが相続した債務につき対応していくことになる。

　被相続人の生前あるいは死後に払い戻された被相続人名義の預貯金については、現在、被相続人名義の預貯金あるいは現金として残っておらず、遺産として存在していないため、払い戻した者等に対する不当利得・不法行為等債権として構成するなどし、民事訴訟等で請求していくこととなる（コラム「使途不明金について」参照）。

　遺産から生じた果実や収益（遺産である不動産を第三者に賃貸したことによる被相続人死亡後に生じた賃料収入等）は、原則として当該遺産を共有する相続人がその持分（相続分）に応じて分割債権として取得するものである。そのため、各相続人は、自らが相続した債権につき、債務者等に対し、民事訴訟等で請求していくことになる。

　共同相続人間で、葬儀費用の負担や遺産の維持管理費用（固定資産税、借地代、駐車場代、貸金庫利用料、倉庫利用料等）の負担について争いがある場合、これらの費用は相続に関係するものの遺産ではないため、例えば立替払をした相続人が、他の相続人に対し、立替金返還請求等として構成し、民事訴訟等で請求していくことになる。

　これらの手続は、遺産分割調停・審判とは別の手続となるため、各手続をどのような順番で行うべきか、依頼者の希望、債権回収の見込み、交渉の経緯、相手方の対応、手続が係属中の場合は当該裁判所の考えなど、様々な事情を考慮して慎重に判断することが必要となる。もちろん、様々な事情を考慮したうえで、多少の譲歩をしたとしても遺産分割調停で解決した方が得策であると判断される場合もあり、共同相続人全員の合意のもと、遺産分割調停のなかで解決されることも多い。

(オ) その他の手続
a 遺産分割調停・審判の結果、不動産等が共有分割となった場合
　不動産等の遺産分割について、遺産分割調停・審判の結果、やむを得ず共有分割となることがある。この場合、共有状態の解消を図るためには、共有物分割訴訟を提起することが考えられる。
b 遺産分割協議の存否・効力に争いがある場合
　他の相続人によって遺産分割協議書が偽造されたなど、遺産分割協議の存否・効力について争いがある場合は、遺産分割協議無効確認訴訟を提起することが考えられる。

3　参考となる書籍

　以下に挙げる書籍はいずれも細かい手続について丁寧に説明されているため、手続や知識に不安を感じる若手弁護士は是非参考にしていただきたい。

- 片岡武・菅野眞一編著『家庭裁判所における遺産分割・遺留分の実務〔第4版〕』(日本加除出版、令和3年)
- 田村洋三・小圷眞史編著『実務相続関係訴訟　遺産分割の前提問題等に係る民事訴訟実務マニュアル〔第3版〕』(日本加除出版、令和2年)
- 小田正二ほか「東京家庭裁判所家事第5部における遺産分割事件の運用‐家事事件手続法の趣旨を踏まえ、法的枠組みの説明をわかりやすく行い、適正な解決に導く手続進行」判タ1418号(平成28年)5頁
- 東京家庭裁判所家事第5部編著『東京家庭裁判所家事第5部(遺産分割部)における相続法改正を踏まえた新たな実務運用(家庭の法と裁判号外)』(日本加除出版、令和元年)
- 森公任・森元みのり『弁護士のための遺産相続実務のポイント』(日本加除出版、令和元年)

第5章　家事（相続）

column　使途不明金について

　被相続人の生前あるいは死後に払い戻された被相続人名義の預貯金について、遺産分割の時点では現金等の形で残っておらず、何に使われたのかも不明である場合に、使途不明金などと呼ぶことがあり、この使途不明金の返還を求める訴訟を、使途不明金訴訟とか使い込み訴訟などと呼ぶことがある。

　例えば、被相続人の生前に、相続人の一人が被相続人名義の預貯金口座を管理していた場合（以下、当該相続人を「口座管理相続人」という）、この口座管理相続人によって預貯金が領得されたとして、他の相続人が、口座管理相続人に対して、領得されたとする金額の内自己の法定相続分にあたる金額の返還を求めるような場合である。法的構成としては、不当利得返還請求、不法行為に基づく損害賠償請求、委任契約に基づく受取物返還請求等が考えられ、具体的な事情に応じ、ひとつあるいは複数の構成を選択して訴訟提起することになる。

　争点となる事実としては、どの口座から、いつ、どのように、いくらを出金したのか、出金者は被告か、被告が出金したとしても、被相続人の承諾があったのか、被相続人の健康状態はどうだったのか、出金したお金をどのように使用したのか（被相続人のために使用したのか）などが考えられる。これらの事実に関する主張の整理のため、表などを用いて、客観的に分かりやすい主張反論が求められ、場合によっては、裁判所から一覧表の書式が示され、それに従って主張反論の整理が図られることもある。

　使途不明金自体は遺産ではないが、その他の遺産がある場合、遺産分割も考慮した紛争解決を検討しなければならないことも多い。例えば、使途不明金返還請求が認められた場合の回収容易性の観点からすれば、遺産分割の前に使途不明金訴訟を行い、この結果を踏まえた遺産分割を行うことも考えられる。また、共同相続人全員の合意があれば遺産分割調停の中で使途不明金の話をすることも可能であり、依頼者の希望やそれまでの交渉の経緯等から、ひとまず遺産分割調停を申し立てて訴訟負担の回避を図ることも考えられる。この場合は、遺産分割調停での使途不明金の解決が困難となった段階で、遺産分割調停の取下げも検討することになるかと思われる。一方、まずは使途不明金訴訟を提起し、その和解の機会に遺産分割の話をすることで、紛争の一回的解決を図ることも考えられる。

　使途不明金は、遺留分侵害額請求においても、検討しなければならないことがある。例えば、使途不明金に関する被相続人の返還請求権が、遺留分算定の基礎となる財産のひとつにあたる場合である。この場合も、使途不明金に関する被相続人の返還請求権の有無・金額が問題となるのであり、当該返還請求権については、基本的に、使途不明金訴訟と同じ主張立証構造となる。

> **column　法定相続情報一覧図の利用**
>
> 　法定相続情報一覧図とは、被相続人と相続人との関係を一覧図で示した書類であり、平成29年5月から運用を開始した「法定相続情報証明制度」で扱われる証明書を指す。
> 　本来、法定相続情報証明制度は、所有者の死亡後も相続登記がなされないまま放置されている不動産が増加していたため、相続登記の促進を目的として運用が開始されたものであるが、相続人の相続手続にかかる負担軽減に寄与している。
> 　たとえば、相続放棄、遺言書検認、遺産分割調停などの相続に関する手続を家庭裁判所に申し立てる際には、原則として被相続人の出生から死亡までの連続した戸籍謄本の束の提出が必要となるが、法定相続情報一覧図を提出すれば、そのような戸籍謄本等の束の提出が不要となる（ただし、審理の必要上、別途、個別の戸籍謄本その他の資料の追完を求められることがある）。
> 　また、被相続人名義の不動産登記や有価証券の名義変更、自動車などの名義変更、預金の払戻し、相続税の申告などの手続においても、必要書類として戸籍謄本等の束の代わりに法定相続情報一覧図の提出が認められている。
> 　法定相続情報一覧図は、相続を証明する戸籍謄本等の束と相続人の一覧図を法務局に提出することにより取得できるが、詳細については法務省・法定相続情報証明制度リーフレット（https://houmukyoku.moj.go.jp/homu/page7_000013.html）を参照されたい。

第6章

発信者情報開示・削除請求

第1 はじめに

1　総論

　インターネット上の情報発信によって権利・利益の侵害を受けた場合（本章では、かかるトラブルを「インターネットトラブル」という）、法的な対応としては、主に次のものが考えられる[1][2]。

① 削除請求
・侵害情報の削除を請求する
・侵害情報が記載されたWEBページが検索エンジンによる検索結果に表示されないよう、検索結果からの削除を請求する
② 民事上の責任追及
・発信者を特定し、発信者に対して損害賠償請求を行う

　これらの対応を進めるに際しては、どのような順序で、誰に何を請求すべきか、戦略を立てる必要がある。そして、一定期間を経過すると、発信者特定の手がかりとなるアクセスログが削除されてしまうことや、侵害情報の発信について適切に証拠化しておかなければ、その後、立証上の問題が生じ得ること等を踏まえれば、初動の迅速さも重要なポイントとなる。
　このように、インターネットトラブルを適切に対処するためには、インターネットにおける情報発信の仕組みを理解し、侵害情報の削除や発信者情報の開示に係る手続を把握しておくことが特に重要である。そこで、本章では、インターネットトラブル

---

[1]　その他に考え得る法的な対応としては、(i) プロバイダに対して損害賠償請求を行うこと、(ii) 発信者に対して、名誉毀損における原状回復請求（民法723条）として謝罪広告を求めること、(iii) 刑事告訴等を行い、刑事事件としての処理を求めることが考えられるが、これらを検討すべきケースは多くないように思われるため、本書では割愛する。
[2]　法的な対応以外のものとして、逆SEO対策（侵害情報が掲載されたWEBページが検索エンジンの検索結果の上位に表示されないよう、技術的な措置を講じること）やプレスリリース等による情報発信を行うことも考えられる。

第1　はじめに

に対して選択し得る手続の内容を概説した上で、その注意点を整理する。

> **column　情報流通プラットフォーム対処法**
>
> 　本文の解説は、本稿執筆時点（令和7年1月）において施行されている特定電気通信役務提供者の損害賠償責任の制限及び発信者情報の開示に関する法律を前提とするものである。もっとも、令和6年5月17日、特定電気通信役務提供者の損害賠償責任の制限及び発信者情報の開示に関する法律の一部を改正する法律が公布され、法律の名称も「特定電気通信による情報の流通によって発生する権利侵害等への対処に関する法律」に変更された。これに伴い、法律の通称も「プロバイダ責任制限法」から「情報流通プラットフォーム対処法」に変更されている。
>
> 　情報流通プラットフォーム対処法（情プラ法）の施行は、公布から1年以内の政令で定める日とされており、本稿執筆時点においても、具体的な施行日は未定である。しかし、その改正内容は、インターネットトラブルへの法的対応を検討する上でも把握しておく必要のあるものであるため、以下、情プラ法の概要を紹介する。
>
> 　情プラ法は、プラットフォーム事業者に対し、削除申出窓口・削除手続の整備・公表、削除申出への対応体制の整備、削除申出に対する一定期間内における判断・通知、削除基準の策定・公表、削除した場合の発信者の通知、といった義務を課すものである（従前のプロ責法の枠組みに変更はない）。
>
> 　ここでいう「プラットフォーム事業者」とは、インターネットによる情報流通の場を提供する事業者のことであり、典型的には、SNS事業者である（それに限られない）。あらゆるプラットフォーム事業者が対象となるものではなく、あくまでも規模の大きい事業者が対象である。対象となる事業者の要件は、別途定められる総務省令で具体化される。本稿執筆時点では省令案のみ公開されている状態であるが、平均月間アクティブユーザ数や平均月間投稿数で測るものとされているため、多くの利用者がいる「X」、「Instagram」や「TikTok」といったサービスを運営する事業者が指定される可能性が高い。
>
> 　施行日が未定ということもあり、どのような運用となるかについて不確定な要素が含まれているものの、前記のような改正内容からすれば、削除請求がより実行しやすくなるといえ、インターネットトラブルに見舞われた被害者にとってはメリットの大きい改正であると考えられる。
>
> 〔参考文献〕
> 　木村美穂子・犬飼貴之「立案担当者解説　特定電気通信役務提供者の損害賠償責任の制限及び発信者情報の開示に関する法律の一部を改正する法律」情報通信政策研究8巻1号（令和6年）

第6章　発信者情報開示・削除請求

2　初動対応

(1)　初期段階で確認すべき事項

ア　どのようなツールによる情報発信か

　まず確認すべきことは、どのようなツールによって情報発信がなされているか、ということである。

　というのも、「特定電気通信役務提供者の損害賠償責任の制限及び発信者情報の開示に関する法律」（以下「プロ責法」という）が対象としているのは、「特定電気通信」による情報発信、すなわち、「不特定の者によって受信されることを目的とする電気通信……の送信」（プロ責法2条1号）である。インターネットトラブルに隣接するものとして、SNSのダイレクトメッセージにより誹謗中傷を受けた、などといったトラブルも想定されるが、このような1対1の通信については、プロ責法に基づく発信者情報開示の手続の対象外である点に留意する必要がある。

イ　問題となるWebページのURL

　また、問題となる情報発信がなされたWebページを特定し、その情報発信の内容を確認するため、URLを確認することも必須である。

　なお、URLを確認することは、当該Webページに係るコンテンツプロバイダを確認することにも繋がるため、対応方針の選択（→後記**第3　対応方針の選択**）の起点とも言えるステップである。

ウ　問題となる情報発信の日時

　加えて、問題となる情報発信がなされた日時を確認することも必須である。

　後述のとおり、発信者を特定するためには、アクセスログを取得することが基本的な手法となるところ（→後記**第3　2　発信者の特定を行う場合の情報の辿り方**）、アクセスログは、（プロバイダによって異なるものの）3か月から6か月程度しか保存されていないことが多い。そこで、アクセスログの保存期間が既に経過してしまっていないか、また、アクセスログの保存期間内であるとして、どの程度の時間的余裕があるか、と

エ　発信された情報の内容に関する事項

　削除請求、発信者情報開示請求、損害賠償請求等を行っていくためには、少なくとも、その情報発信によって、権利又は法律上保護される利益が侵害されていることが必要である。

　そこで、発信された情報の内容に関して、その真偽や背景事情等、事実関係を確認しておくことも必要である。

(2) 情報発信についての証拠化

　インターネット上の情報発信は、いつ削除・変更されるか分からないものであるから、その後の手続に備え、速やかにこれを証拠化する必要がある。

　証拠化すべき事項及びその方法は以下のとおりである。

〈証拠化すべき事項〉
　① 問題となるWebページのURL
　② 問題となる情報発信の日時
　③ 問題となる情報発信の内容（動画や音声を含む場合には、これらを含む[3]）

〈証拠化の方法〉※情報発信の内容・態様に応じて、これらを適宜併用する。
- Webページをプリントアウトして保存する方法
- Webページを表示したPC画面をスクリーンショットにより保存する方法
- WebページのHTMLソースコードを保存する方法[4]
- Webページを表示したPC画面を録画又は撮影し、動画により保存する方法[5]

---

[3]　この場合、当該動画・音声のデータをダウンロードすることが考えられるが、かかるダウンロードデータのみでは、「このWebページにアクセスすると、この動画・音声が再生された」という結びつきまでは確認できないことが通常である。このような結びつきまで、証拠化すべきである点に留意が必要である（→脚注5）。
[4]　HTMLソースコードを保存しておくことで、リンク先の情報なども併せて保存できる。
[5]　動画として保存することにより、Webページの遷移の過程を保存することが可能である。脚注3記載のようなケースでも有効な保存方法である。

第2 選択し得る手続

1 総論

　インターネットトラブルに対する法的な対応として、①侵害情報の削除請求、②民事上の責任追及という2つの選択肢があることは、既に述べたとおりである。以下では、この2つの選択肢について、具体的な手続を概観する。

2 侵害情報の削除請求

(1) 総論

　侵害情報を削除する方法としては、発信者自身に直接削除を請求する方法、侵害情報が掲載されているサイト管理者に削除を請求する方法、サーバーを提供するサーバー管理者に削除を請求する方法がある。これらの方法いずれについても、任意に削除を求める方法と裁判上の手続を利用して削除を求める方法がある。

　なお、侵害情報そのものを削除するのではなく、Google等の検索サイトに表示される検索結果を削除するという方法もある。この方法については、通常の削除請求とはアプローチの仕方が異なるため、別に項目を立てて解説する。

(2) 削除請求の法的根拠

　侵害情報は、特定人の名誉権やプライバシー権を侵害するものであるケースが大半である。そこで、削除請求は、一般的に、「人格権に基づく妨害排除請求としての差止請求」として構成される。

　名誉権については、北方ジャーナル事件（最判昭和61・6・11民集40巻4号872頁〔27100045〕）が「人格権としての名誉権に基づき……侵害行為の差止めを求めること

ができる」と判示している。また、プライバシー権についても同様に、最判令和4・6・24民集76巻5号1170頁〔28301574〕にて「個人のプライバシーに属する事実をみだりに公表されない利益」について、「人格権に基づき、加害者に対し、現に行われている侵害行為を排除し、又は将来生ずべき侵害を予防するため、侵害行為の差止めを求めることができる」と判示し、名誉権、プライバシー権いずれについても、差止請求権の存在を肯定している。

(3) 任意の削除請求

ア 発信者自身に直接削除を請求する場合

侵害情報の発信者が特定できているのであれば、当該発信者自身に対し、口頭、電話、書面の送付その他適宜の方法により削除を請求することができるのは当然である。例えば、侵害情報が掲載されているのがブログであれば、ブログの執筆者に直接連絡が取れるフォーム等を利用して削除を要請することとなる。

イ サイト管理者又はサーバー管理者に削除を請求する場合

(ア) サイト管理者が問い合わせフォーム等の連絡窓口を設置している場合

ブログやまとめサイトの場合、サイト管理者が問い合わせフォーム等の連絡窓口を設置しているケースが多い。そこで、このような場合には、まず連絡窓口の有無を調査し、連絡窓口がある場合には、その連絡窓口を通じて侵害情報の削除を請求する[6]。

(イ) 送信防止措置依頼書の送付

サイト管理者が連絡窓口を設置しておらず、住所しかわからない場合や、住所すらわからない場合もある。このような場合には、サイト管理者やサーバー管理者に対し、送信防止措置依頼書を送付することを検討する。

「送信防止措置依頼」とは、一般社団法人テレコムサービス協会が策定する、プロ責法の運用に係るガイドラインに基づく削除請求をいう。日本国内を拠点とする大手プ

---

[6] なお、問い合わせフォーム等から削除請求を行った場合、侵害情報とともに、その侵害情報が発信された際のアクセスログも削除されてしまう可能性があるため、発信者情報開示請求を検討しているケースの場合にはその旨、及びアクセスログを消去しないでほしい旨の依頼をすることが望ましい(中澤祐一『インターネットにおける誹謗中傷法的対策マニュアル〔第4版〕』(中央経済社、令和4年)130頁)。

ロバイダであれば、当該ガイドラインに沿って削除請求に対応するケースが多い[7]。

送信防止措置手続の概要や、送信防止措置依頼書の書式、必要書類等については、プロ責法関連情報Webサイト（https://www.isplaw.jp/）で公表されている。

(4) 裁判上の手続を利用した削除請求

任意の削除請求が奏功しない場合には、発信者自身やサイト管理者、サーバー管理者に対し、裁判上の手続を利用して削除請求を行うことを検討する。

上記のとおり、削除請求の根拠（訴訟物）は人格権に基づく妨害排除請求権としての差止請求権であるから、この権利を実現するために本案訴訟を提起することができるのは当然である。

しかし、本案訴訟に相当の時間がかかるのは周知のとおりであり、迅速な被害者救済を実現するために、民事保全法に基づく仮処分手続を利用することが一般的である。仮処分が認容された場合には、それだけで削除が実現されるため、本案訴訟を選択するメリットはない（この意味で、削除の仮処分は「満足的仮処分」にあたる）。

削除請求の仮処分手続は、他の一般的な仮処分手続と相違はない。裁判所から命じられる担保は、1件あたり30万円とされるのが一般的である。担保を立て、削除を命じる仮処分決定が送達されると、通常は1週間から2週間程度で削除される。なお、サイト管理者によっては、仮処分を申し立てると、仮処分決定を待つことなく任意の削除請求に応じるケースがある。この場合は、削除されたことを確認した上で、仮処分の申立てを取り下げる。

(5) 検索サイトに対する削除請求

今日、インターネット利用者の多くが検索サイト（Google、Bing等）を利用し、必要な情報を収集している。プライバシー権や名誉権を侵害するような情報も、検索結果に表示されることを契機として広まるケースが多い[8]。この場合、検索結果として表示されるWebページそのもののほか、検索結果そのものの削除を請求することが考えられる。例えば、Webページの管理者が特定できないとか、Webページそのものの削

---

[7] あくまでもガイドラインに基づく請求であり、法律に基づく請求ではない点には留意が必要である。
[8] 典型的には、実名によるニュース報道記事が公開された場合の記事そのもののほか、当該記事を引用したブログ等が想定される。

除を請求すると、かえって侵害が拡大する（「炎上」する）場合は、検索結果の削除請求にとどめておくことも検討すべきである。

　著名な検索サイトの場合は、通常、検索結果の削除を求めるためのオンラインフォームが用意されているので、まずは任意の削除請求を行うこととなる。

　しかし、最終的に削除されるまで相当程度の時間がかかるほか、削除そのものに応じないケースもある。この場合は、検索結果削除の仮処分の申立てや本案訴訟の提起を検討することとなる。

　検索結果の削除が認められるか否かを判断する上での考慮要素を示した最高裁決定として、最決平成29・1・31民集71巻1号63頁〔28250362〕がある。同最決は、個人のプライバシーに属する事実をみだりに公表されない利益は法的保護の対象となるとしつつ、検索サイト運営者の検索結果の提供は、当該運営者による表現行為という側面を有することや、検索サイトを利用することは、現代社会においてインターネット上の情報流通の基盤として大きな役割を果たしていることから、このような双方の利益を踏まえると、検索結果が削除されるべきかどうかは、①事実の性質及び内容、②URL等の情報が提供されることによってその者のプライバシーに属する事実が伝達される範囲とその者が被る具体的被害の程度、③その者の社会的地位や影響力、④記事等の目的や意義、⑤記事等が掲載された時の社会状況とその後の変化、⑥記事等において当該事実を記載する必要性など、事実を公表されない利益とURL等の情報を検索結果として提供する理由に関する諸事情を比較衡量して決すべきであり、その結果、事実を公表されない利益が優越することが明らかな場合には、検索サイト運営者に対し、URL等の情報を検索結果から削除することを求めることができる、とした。検索結果削除の仮処分や本案訴訟においては、このような考慮事情に照らして、当該具体的事案の下で削除請求が認められるべきであることを論ずることになろう。

第6章　発信者情報開示・削除請求

3　発信者情報開示請求

(1)　総論

ア　発信者情報開示請求の法律上の根拠

　侵害情報を発信した者（加害者）に対して民事上の責任追及を行うためには、当該発信者の特定が必須である。しかし、インターネットにおける情報の流通、特にインターネットトラブルに直結する情報流通は、表面上、匿名で行われる場合がほとんどであり、発信者がどこの誰であるかについては、通常、把握することができない。

　しかし、これでは民事上の責任追及を行うことが事実上不可能であり、インターネットトラブルの被害者救済の観点から問題がある。そこで、プロ責法は、侵害情報の発信者を特定するための手続（発信者情報開示請求手続）を規定している。

イ　発信者情報開示請求手続の段階

　発信者情報開示請求を行う目的は、いうまでもなく、侵害情報の発信者に対し民事上の責任追及をするために必要な情報、すなわち、発信者の氏名や住所等を特定する点にある。

　しかし、サイト管理者やサーバー管理者（コンテンツプロバイダ）は、当該発信者のアクセスログ（発信者のIPアドレスやタイムスタンプ）を把握していても、発信者の氏名や住所等については保有していないケースが多い。

　そこで、基本的には、まず、コンテンツプロバイダに対し、当該発信者のアクセスログに係る発信者情報開示請求を行う。次に、コンテンツプロバイダから開示を受けたアクセスログに基づいて、次は、アクセスプロバイダに対し、そのアクセスログと紐付く発信者（アクセスプロバイダの契約者）情報に係る開示請求を行うという二段階のプロセスを経る。

ウ　改正プロ責法について①—発信者情報開示命令手続の新設

　プロ責法は、令和4年10月1日に改正法が施行された。

　令和4年改正プロ責法の柱の1つが、「発信者情報開示命令手続」の創設である。

上記のとおり、これまでは、裁判上の手続を利用して発信者情報の開示を求める場合には、まずコンテンツプロバイダに対して開示請求を行い、アクセスログの開示を受けた後に、続いてアクセスプロバイダに対する開示請求を行う必要があり、最低で2回の裁判上の手続が必要とされていた。

しかし、インターネットトラブルの増加を背景に、より円滑な被害者救済を図る必要があるとの観点から、発信者情報の開示を単独の手続で行うことを可能とする発信者情報開示命令手続が新設された。

発信者情報開示命令手続は、従来の手続に「加えて」行うことができるものである。したがって、従来の手続、すなわち、発信者情報開示請求に係る仮処分手続及び本案訴訟も行うことができることには留意が必要である。

エ　改正プロ責法について②——いわゆる「ログイン型」に係る手続の新設

上述したプロ責法改正のもう一つの柱として、いわゆる「ログイン型」の情報発信ツール[9]（以下「ログイン型ツール」という）に対応した手続の創設がある。

改正前のプロ責法の下では、権利の侵害に係る発信者情報が開示請求の対象とされ、権利を侵害する通信に係る特定電気通信役務提供者が開示請求の相手方とされていた[10]。そこで、侵害情報の発信に係る通信記録を保有していないログイン型ツールのコンテンツプロバイダから、ログインに係る通信記録（以下「ログイン情報」という）の開示を受けたい、などといったケースにおいて、ログイン情報を開示請求の対象とできるのか、また、ログイン情報を経由したアクセスプロバイダを開示請求の相手方とできるのか、という点が論点となっていた。

これを踏まえ、次のとおりプロ責法が改正された。

- 侵害情報の発信に関連する通信に係る発信者情報を指す用語として「特定発信者情報」が規定され、特定発信者情報の開示請求権[11]が創設された。

---

9)　ログインして投稿を行う仕組みの情報発信ツールが一般的にこのように呼称されている。例えば、X（旧Twitter）やInstagramがこれに該当する。
10)　なお、改正前プロ責法4条1項柱書は次のとおり。
　　・特定電気通信による情報の流通によって自己の権利を侵害されたとする者は……当該特定電気通信の用に供される特定電気通信設備を用いる特定電気通信役務提供者……に対し……当該権利の侵害に係る発信者情報……の開示を請求することができる。
11)　プロ責法5条1項1号ないし3号

- 特定発信者情報を経由したアクセスプロバイダに対応する用語として「関連電気通信役務提供者」が規定され、関連電気通信役務提供者に対する発信者情報開示請求権[12]が創設された。

(2) 任意による発信者情報開示請求

まず、コンテンツプロバイダに対し、任意による発信者情報開示を求めることが可能である。任意による発信者情報開示請求を行う場合は、削除請求の場合と同様、プロ責法のガイドラインに基づく手続を行うのが一般的である。書式がプロ責法関連情報Webサイトにおいて公開されているのも削除請求の場合と同様である。

しかし、任意による発信者情報開示請求に応じるプロバイダはほとんど存在しないのが実情[13]である。

なお、弁護士法23条の2に基づく開示を求めることも可能ではあるが、開示に応じない場合の制裁がないため、開示には期待できない。

このようなことから、発信者情報開示請求を行う場合には、当初から裁判上の手続を利用することが一般的である。

(3) 裁判上の手続

発信者情報開示請求に係る裁判上の手続としては、発信者情報開示請求の仮処分及び本案訴訟並びに改正プロ責法で規定された発信者情報開示命令手続がある。上述のとおり、コンテンツプロバイダに対して、IPアドレスの任意の開示を求めることも可能であるが、強制力がなく応じる可能性は高くないため、発信者情報開示請求にあたっては、基本的には裁判上の手続をとることを念頭に置いておくべきである。以下では、発信者情報開示請求が認められるために必要な要件について概観した上で、個別の手続について概説する。

---

12) プロ責法5条2項
13) 強制力がないためであるのは当然であるが、プロバイダが本来は開示すべきでない（プロ責法上の要件を満たさない）場合であるのに判断を誤って開示した場合、電気通信事業法上の通信の秘密侵害罪に該当する可能性があるほか、発信者からも損害賠償請求を受けるおそれがあるところ、裁判所が公的な判断をしない限り、開示には慎重にならざるを得ないと思われる。

ア　発信者情報開示請求が認められるための要件

　プロ責法5条1項は、発信者情報開示請求が認められるための要件を次のとおり規定している[14]。

① 特定電気通信による情報の流通がなされた場合であること

　　「特定電気通信」とは、「不特定の者によって受信されることを目的とする電気通信の送信」をいう（プロ責法2条1号）。インターネット上のWebサイトで行われる情報発信であれば、「特定電気通信」に該当する。また、「不特定の者によって受信されること」という要件があることとの関係で、一対一の関係でやり取りがなされるE-mail、X（旧Twitter）やInstagram等SNSのダイレクトメッセージ（DM）は、発信者情報開示請求の要件を満たさない。

② 当該情報の流通によって自己の権利が侵害されたことが明らかであること（権利侵害の明白性）

　　権利侵害の明白性は、権利侵害の事実及び違法性阻却事由の存在を疑わせるような事情が存在しないことを意味する。東京地判平成15・3・31判時1817号84頁〔28081487〕は、「発信者情報開示請求訴訟においては、原告（被害者）は、この権利侵害要件につき、当該侵害情報によりその社会的評価が低下した等の権利の侵害に係る客観的事実はもとより、その侵害行為の違法性を阻却する事由が存在しないことについても主張、立証する必要がある」としている。

③ 発信者情報の開示を受ける正当な理由が存在すること

　　発信者情報を得て削除請求を行うことや、損害賠償請求を行うこと、刑事告訴を行うことなどの事情があれば、正当な理由があるといえる。正当な理由が認められないケースとしては、専ら私的な制裁を加えるなど、制度の趣旨に照らして不当な目的といえる場合が考えられるが、そのような事情が窺われる場合は、そもそも受任の段階から拒否すべきであり、弁護士が代理人となるような事案では、ほとんど問題になることはないと考えられる。

---

14)　中澤・前掲36頁

④　発信者情報の開示を求める相手が「開示関係役務提供者」であること
　　プロ責法2条3号は、特定電気通信役務（特定電気通信設備を用いて提供する電気通信役務）を提供する者を「特定電気通信役務提供者」と定義し、プロ責法2条7号は、特定電気通信役務提供者を開示関係役務提供者と定義する。定義規定は複雑であるが、要するに、サーバーの提供者やインターネット掲示板の運営者が開示関係役務提供者に該当する。

⑤　開示を求める情報が「発信者情報」に該当すること
　　開示を求めることができる発信者情報は、プロ責法5条1項に基づく総務省令により定められている。具体的には、発信者その他侵害情報の送信に係る者の氏名又は名称、発信者その他侵害情報の送信に係る者の住所、発信者の電話番号、発信者の電子メールアドレス、侵害情報に係るIPアドレス及びポート番号、侵害情報に係る携帯電話端末等からのインターネット接続サービス利用者識別符号、侵害情報に係るSIMカード識別番号、侵害情報が送信された年月日及び時刻である。

⑥　上記発信者情報を開示関係役務提供者が「保有」していること
　　ここでいう「保有」とは、開示役務提供者が開示する権限を有していることをいうものと解されている。

イ　特定発信者情報の開示請求が認められるための要件
（ア）　要件の概要
　プロ責法5条1項は、特定発信者情報の開示請求が認められるための要件を次のとおり規定している。

①～④　上記ア記載の①～④と同じ
⑤　開示を求める情報が「特定発信者情報」に該当すること
⑥　上記ア記載の⑥と同じ
⑦　プロ責法5条1項3号イないしハに規定される要件のいずれかに該当すること
　　（概要は次のとおり）

イ：当該特定電気通信役務提供者が、当該権利の侵害に係る一般発信者情報（特定発信者情報以外の発信者を指し、以下同様とする）を保有していないと認めるとき

ロ：当該特定電気通信役務提供者が、当該権利の侵害に係る発信者情報として、次の情報[15]以外を保有していないと認めるとき
・発信者の住所を保有していない場合における、発信者の氏名又は名称
・発信者の氏名又は名称を保有していない場合における、発信者の住所
・発信者の電話番号
・発信者の電子メールアドレス
・侵害情報の送信に係るタイムスタンプ

ハ：プロ責法5条1項に基づき開示を受けた一般発信者情報によって、発信者を特定することができないと認めるとき

（イ）「特定発信者情報」とは

特定発信者情報とは、次の情報を指す（プロ責法施行規則3条、2条9号ないし13号）。

- 専ら侵害関連通信に係るIPアドレス及び当該IPアドレスと組み合わされたポート番号
- 専ら侵害関連通信に係る移動端末設備からのインターネット接続サービス利用者識別符号
- 専ら侵害関連通信に係るSIM識別番号
- 専ら侵害関連通信に係るSMS電話番号
- 開示関係役務提供者の用いる電気通信設備に侵害関連通信が行われた年月日及び時刻（いわゆるタイムスタンプ）

そして、「侵害関連通信」とは、①侵害情報の送信前のアカウント作成通信、②ログイン通信、③ログアウト通信、又は④侵害情報の送信後のアカウント削除通信であって、侵害情報の送信と「相当の関連性を有するもの」を指す（プロ責法施行規則5条1

---

[15] プロ責法施行規則4条

号ないし4号)。

なお、侵害情報の送信と「相当の関連性を有するもの」とは、基本的には、侵害情報の送信と時間的に最も近接する通信を指すと解されている[16]。

(ウ) プロ責法5条1項3号イないしハのいずれを用いるか

上述のとおり、プロ責法5条1項3号には3つの類型が規定されているが、基本的には、同号ロに基づき特定発信者情報の開示請求をすることになろう。

というのも、同号イは、コンテンツプロバイダが一般発信者情報を保有していない、という状況を想定した規定であるが、ログイン型ツールのコンテンツプロバイダであっても、アカウント登録に必要なメールアドレス等を保有しているケースが多いため、同号イの要件が充足される場面は通常想定されない。

また、同号ハは、開示を受けた一般発信者情報では発信者が特定できずに、改めて特定発信者情報の開示を請求する、という状況を想定した規定であるが、実際にこのような経過を辿った場合、アクセスログの保存期間が経過してしまうケースが多いため、同号ハの要件が充足される場面も通常想定されない。

ウ　関連電気通信役務提供者に対する発信者情報開示請求が認められるための要件

関連電気通信役務提供者に対する発信者情報開示請求が認められるための要件は、プロ責法5条2項に規定されているが、基本的に上記ア記載の①〜⑥と同様であり、請求の相手方が関連電気通信役務提供者であるという点が異なるのみである。

エ　IPアドレス開示の仮処分

コンテンツプロバイダに対するIPアドレス等の任意の開示が功を奏しなかった場合は、IPアドレス開示の仮処分を検討することとなる。IPアドレス等開示の仮処分が認められるのは、コンテンツプロバイダやアクセスプロバイダが保有する当該情報は、

---

16) 総務省総合通信基盤局消費者行政第二課『プロバイダ責任制限法〈第3版〉』(第一法規、令和4年) 330頁。
ただし、侵害情報の送信と時間的に最も近接する通信に係る情報からは発信者を特定できない、というケースもあり得るため、かかる最近接の通信のみを「相当の関連性を有するもの」と取り扱うことは適切ではないとの議論も存する。議論の詳細、及び、「相当の関連性」を広く解する立場をとる場合の申立書の記載例については、中澤佑一『令和3年改正法対応 発信者情報開示命令活用マニュアル』(中央経済社、令和5年) 25〜31頁及び書式2 (133頁〜) が参考になる。

一般的には3か月から6か月程度で消去されてしまい、早期にコンテンツプロバイダから当該情報を得て、その情報を元にアクセスプロバイダに対して契約者情報の開示請求をしなければ、発信者の特定が不可能となる蓋然性が高いという意味で、「保全の必要性」が認められるからである。

IPアドレス開示の仮処分についても、他の一般的な仮処分申立てと手続の流れは異なるところはない。上記の要件との関係では、権利侵害の明白性（要件②）については、「違法性阻却事由をうかがわせる事情の不存在」や「同定可能性」を投稿ごとに記載し、別紙として構成する手法が実務上利用されている[17]。

裁判所から命じられる担保は、1件あたり10万円とされるのが一般的である。担保を立て、開示を命じる仮処分決定が送達されると、通常は1週間から2週間程度でIPアドレスが開示される。

オ　アクセスプロバイダに対する契約者情報の開示請求

コンテンツプロバイダからIPアドレス等の開示を受けられた場合は、次にアクセスプロバイダに対する契約者情報の開示請求を行うこととなる。

IPアドレスそのものは単なる数字の羅列に過ぎないから、当然、それだけではアクセスプロバイダを特定することはできない。そこで、当該IPアドレスのアクセスプロバイダを特定するために、一般的には「WHOIS検索」のウェブサービスを使用して特定する。

WHOIS検索でアクセスプロバイダを特定できれば、アクセスプロバイダに対する契約者情報の開示請求を行う。この点、アクセスプロバイダが保有する契約者情報、すなわち住所、氏名等の情報は、アクセスログと異なり時間の経過によって消去されてしまうというものではないため、仮処分の一般的要件である保全の必要性は認められない。そこで、アクセスプロバイダに対する契約者情報の開示請求は、本案訴訟（通常の訴訟手続）によって行う。なお、アクセスプロバイダのログも通常3か月から6か月程度で消去されてしまうケースが多いことから、本案訴訟提起前に、発信者情報の消去禁止仮処分を申し立てておくのが望ましいとされる[18]。

---

[17]　神田知宏『インターネット削除請求・発信者情報開示請求の実務と書式〔第2版〕』（日本加除出版、令和5年）164頁

[18]　清水陽平『サイト別　ネット中傷・炎上マニュアル〔第4版〕』（弘文堂、令和4年）103頁

第6章　発信者情報開示・削除請求

カ　発信者情報開示命令申立手続

　上述のとおり、発信者情報開示命令申立手続はプロ責法の令和3年改正により創設された新たな手続である。従来の制度と大きく異なっているのは、提供命令である（プロ責法15条）。提供命令を受けたコンテンツプロバイダは、自身でWHOIS等を用いてアクセスプロバイダを提供し（他の開示役務提供者の氏名等の情報の提供）、提供を受けた開示請求者は、そのアクセスプロバイダに対して発信者情報開示命令及び消去禁止命令を申し立て、アクセスプロバイダからの開示を受けることとなる。

4　民事上の損害賠償請求

　発信者情報の開示（例えば特定の侵害情報を投稿した者の情報の開示）を受けることができれば、民事上の損害賠償請求を行うことが現実的に可能となる。この場合における手続は、通常の事件と異なるところはない。

第3 対応方針の選択

1 発信者の特定まで行うか

(1) 発信者の特定の必要性

　上述のとおり、インターネットトラブルに係る法的な対応としては、主に、侵害情報の削除請求、検索結果からの削除請求、及び発信者に対する損害賠償請求が考えられる。

　この点、侵害情報の削除請求については、コンテンツプロバイダをその請求先とすることができるし（→前記**第2　2　侵害情報の削除請求**）、検索結果からの削除請求についても、その請求先は検索エンジンを運営する事業者となるから（→前記**第2　2（5）検索サイトに対する削除請求**）、これら削除請求を行うだけであれば、発信者の特定は必須でない。

　他方で、発信者に対して損害賠償請求を行う場合、発信者を相手方として訴訟を提起し、又は、発信者と交渉等のやり取りを直接行い、その請求を行っていくこととなるため、発信者の特定は必須である。

(2) 個別の事案において、発信者の特定まで行うか

　前述のとおり、発信者の特定が必須となるのは、発信者に対して損害賠償請求を行うケースであるから、個別の事案において、発信者の特定まで行うか否かを検討するに当たっては、（法的に発信者情報の開示を受け得る事案であるか、という観点の他、）発信者に対して損害賠償請求を行うのか、といった観点から検討を行うこととなる。

　この点、発信者に対して損害賠償請求を行うことは、侵害情報の発信による被害について一定の回復を期待できるという意味で、また、当該発信者による更なる侵害情報の発信を事実上抑止し得るという意味で、有効な手段となり得る。

　もっとも、発信者に対して損害賠償請求を行う場合、被害者において、損害の発生

第6章　発信者情報開示・削除請求

及び額、並びに、侵害情報の発信と当該損害の因果関係を主張立証していかなければならず、その立証が難しいケースは少なくない。例えば、名誉毀損、名誉感情の侵害、プライバシーの侵害等、損害額の算出が容易でない権利・利益の侵害が問題となる場合、裁判例を踏まえれば、数十万円から100万円程度の賠償しか受けられないケースが少なくない[19]。また、被害者が企業の場合、侵害情報の発信による売上の低下が問題となるケースがよくあるが、売上の変動には様々な要因があり、侵害情報の発信と売上の低下との間に相当因果関係があることを立証することは極めて難しい。

　加えて、法的に一定の損害賠償請求権が認められるとしても、発信者に資力がなければ、現実的に賠償を受けられない、という問題もある。

　したがって、実際にどの程度の賠償を期待できるかという点も踏まえ、発信者に対する損害賠償請求が有益であるか吟味し、方針決定を行う必要がある。

2　発信者の特定を行う場合の情報の辿り方

　発信者の特定を行おうとする場合の情報の辿り方は、大きく、次の①ないし④のとおり整理される。

　各項目にて詳述するとおり、②ないし④記載のルートについては、情報の存否や情報の正確性という点で確実性に欠けるため、アクセスログの保存期間内であれば、①記載のルートを基本とし、②ないし④記載のルートは予備的に活用を検討すべきである。

① コンテンツプロバイダが保有するアクセスログから辿るルート
　　コンテンツプロバイダからアクセスログを取得し、これに基づいて、アクセスプロバイダに対して、発信者情報の開示を請求する方法

---

[19] 松尾剛行・山田悠一郎『最新判例にみるインターネット上の名誉毀損の理論と実務 第2版』（勁草書房、平成31年）362-365頁において、名誉毀損に係る2008年から2018年頃までの裁判例のうち商用データベースに収録されたものが一覧化されているが、認容された慰謝料額について、「2008～2009年の中央値が60万円、2010年～2011年が50万円、2016～2018年が50万円」と述べられている。
　　近年はインターネットにおける侵害情報の発信に係る賠償額の相場が高額化しつつある、との指摘もあるところであるが、判決における認容額と被害者の望む賠償額に乖離があるという実情に変わりはない。

② コンテンツプロバイダが保有する電話番号等から辿るルート
　　コンテンツプロバイダが、発信者の電話番号やメールアドレスを保有している場合に、コンテンツプロバイダからこれらの情報を取得し、これに基づいて、通信事業者に対して弁護士会照会をかけるなどして、発信者の情報を取得する方法
　〈留意点〉
　　アカウント登録をしなければ投稿できないサイトの場合、コンテンツプロバイダが発信者の電話番号や（キャリアの）メールアドレス[20]を保有している可能性がある。ただし、請求をしてみなければコンテンツプロバイダがこれらの情報を保有しているかは分からないため、上記①との併用が望ましい。

③ コンテンツプロバイダが保有する氏名・住所により特定するルート
　　コンテンツプロバイダが、発信者の氏名や住所を保有している場合に、コンテンツプロバイダからこれらの情報を取得する方法
　〈留意点〉
　　例えばショッピングサイトの場合、コンテンツプロバイダが、注文者情報として、発信者の氏名や住所を保有している可能性がある。ただし、当該発信者が虚偽の氏名や住所を登録している可能性も否定できないため、上記①との併用が望ましい。

④ ホスティングプロバイダが保有する氏名・住所により特定するルート
　　レンタルサーバー会社等のホスティングプロバイダが発信者の氏名や住所を保有している場合に、ホスティングプロバイダからこれらの情報を取得する方法
　〈留意点〉
　　例えばブログの場合、レンタルサーバー会社は、サーバーのレンタルのため、当該ブログの運営者（＝発信者）と契約関係にあり、発信者の氏名や住所を保有している。ただし、当該発信者が虚偽の氏名や住所を登録している可能性も否定できないため、上記①との併用が望ましい。

---

20) フリーメールのアドレスの場合、当該アドレスから発信者を特定することはできない。

第6章　発信者情報開示・削除請求

3　発信者の特定を行う場合の手続の選択

(1)　各手続の比較

　発信者の特定を行おうとする場合の手続は、大きく、①裁判外の発信者情報開示請求、②発信者情報開示の仮処分命令の申立て（民事保全）、③発信者情報開示命令の申立て、及び④発信者情報開示請求訴訟の4つに分けられるところ、それぞれの特徴、及び活用可能なケースは、概ね下表のとおり整理することができる。

	特徴 （○：メリット　×：デメリット）	活用可能なケース
①裁判外の 発信者情報開示請求	○裁判を利用しないという点で手続のハードルが比較的低い ×一般的に開示がなされる可能性が低い ×拒絶の回答を受けてから他の手続に着手したのでは、アクセスログの保存期間が経過してしまう可能性が高い	・裁判外での開示に応じることが確実なケース
②発信者情報開示の 仮処分命令の申立て	○管轄裁判所が同じであれば、削除と併せて申立てができる ○仮処分命令が発された後、直ちに間接強制[21]の申立てが可能 ×保全の必要性を欠く情報[22]の開示を受けられない	・削除と併せて申立てを行いたいケース ・発信者情報開示命令に従わない可能性があり、間接強制を視野に入れるべきケース
③発信者情報開示命令 の申立て	○民事保全では開示を受けられない発信者情報についても開示を受けられる ○提供命令及び消去禁止命令を付随的に申立てできる（→後記(2)参照） ×削除と併せて申立てをすることができない ×発信者情報開示命令の決定が確定[23]しなければ、間接強制の申立てができない	・上記①又は②を活用すべきケース以外 ★発信者情報開示命令の申立てが最もスタンダード
④発信者情報開示請求 訴訟	×判決まで時間を要する	―

---

21)　民事保全法52条1項、民事執行法172条
22)　電話番号等の情報は、期間の経過をもって削除されるものではないため、保存期間が限られているアクセスログと異なり、保全の必要性（民事保全法23条2項）を欠くとされ、民事保全の手続において開示を受けられない。
23)　発信者情報開示命令の決定に不服がある当事者は、決定の告知を受けた日から一月以内に異議の訴えを提起することができ（プロ責法14条1項）、発信者情報開示命令の決定は、異議の訴えが当該期間内に提起されなかったとき、又は却下されたときに、確定判決と同一の効力を有することになる（同条5項）。

第3　対応方針の選択

　上記表を見て分かるとおり、個別の事案においては、コンテンツプロバイダの発信者情報開示に関する対応のスタンスも踏まえ、手続を選択していく必要がある。

　各コンテンツプロバイダとの関係で推奨される具体的な対応や留意事項（資格証明書、管轄、送達に関する対応等）については、これらを整理した書籍などを適宜参照されたい[24]。

　なお、上述のような手続を経ずとも、侵害情報の発信に至る経緯や発信内容等から、発信者を推測可能なケースもある。もっとも、その推測に基づき、発信者と思われる者に対して損害賠償請求を行った場合、当該発信者から「その情報発信を行ったのは自分ではない」といった反論がなされたときに、再反論するだけの十分な証拠がないことになる（そのような反論がなされてから、発信者情報の開示を受けるべく手続に着手するのでは、アクセスログの保存期間を経過してしまい、手遅れになることが想定される）。

　したがって、発信者を推測可能な場合であっても、基本的には、上述のような手続を経て、発信者を確定させるべきである。

(2)　提供命令及び消去禁止命令の活用場面について

　発信者情報開示命令の申立てが最もスタンダードな手続であることは、上記(1)にて示したとおりであるところ、かかる申立てを行う場合、これに付随して、提供命令（プロ責法15条）[25]及び消去禁止命令（同法16条）[26]の申立てを行う必要があるかについても、検討する必要がある。

　これら申立ての特徴、及び活用可能なケースは、概ね下表のとおり整理することができる。

---

[24]　例えば、次の書籍が参考になる。
　　・清水陽平『サイト別 ネット中傷・炎上対応マニュアル〔第4版〕』（光文堂、令和4年）
　　・中澤佑一『令和3年改正法対応 発信者情報開示命令活用マニュアル』（中央経済社、令和5年）
[25]　提供命令とは、コンテンツプロバイダに対する、その保有するアクセスプロバイダの情報を申立人に提供せよ、との命令のこと。
　　提供命令の決定後、申立人は、プロ責法15条1項2号の申立て及び通知を行うことで、コンテンツプロバイダからアクセスプロバイダに対して、発信者情報を提供させることができる。
[26]　消去禁止命令とは、コンテンツプロバイダに対する、その保有する発信者情報を消去してはならない、との命令のこと。

第6章　発信者情報開示・削除請求

※下表においては、コンテンツプロバイダを「CP」、アクセスプロバイダを「AP」と略記する。

	特徴 （〇：メリット　×：デメリット）	活用可能なケース
提供命令の申立て	〇CPに対する手続とAPに対する手続とを一体的に処理可能 ×CPからAPに対する発信者情報の提供に時間を要するケースがあり、提供命令の申立てを行わない場合より迅速性に劣る可能性がある ×CPに対する手続の段階では、CPが保有する発信者情報が申立人に開示されない[27] ×APに対して、発信者情報開示命令以外の申立てを行うことができない[28]	・CPが、APに対する発信者情報の提供に迅速に応じることが確実であり、かつ、CPが保有する発信者情報について、早期に開示を受ける必要性がないケース ★提供命令の申立てを付随させないのがスタンダード
消去禁止命令の申立て	〇発信者情報の消去を阻止できる 但し、発信者情報開示命令の申立てを受けた開示関係役務提供者は、その時点で、開示の対象となる発信者情報を保存するのが通常であり、あえて消去がなされるケースは稀である	・APが非協力的である等、発信者情報の消去を阻止する必要性のあるケース ★消去禁止命令の申立てを付随させないのがスタンダード

---

[27] コンテンツプロバイダが保有する発信者の電話番号に基づいて、発信者の特定を進めようとする場合、提供命令の申立てを付随させていなければ、コンテンツプロバイダから直接その開示を受け、早期に弁護士会照会に着手できる。これに対し、提供命令の申立てを付随させている場合、アクセスプロバイダからその開示を受けることになるため、開示のタイミングが後ろ倒しになり、ひいては、弁護士会照会への着手も後ろ倒しになってしまう。

[28] コンテンツプロバイダから発信者情報の開示を受けた場合、まず、裁判外でアクセスプロバイダに発信者情報の開示請求を行い、アクセスプロバイダにアクセスログが残存しているかの確認を行う、といった対応が実務上の戦略として考えられる。もっとも、提供命令の申立てを付随させた場合、当該対応を選択し得ないことになる。

第7章

倒産・事業再生

第1 総論

　本章においては、経済的苦境に置かれた個人や法人から、その再建や破産について相談を受けた場合における手続選択のポイントを説明する。

　個人であれ、法人であれ、債権者の公平を害してはならないことや、債権者の資産・財産を不当に流出させてはならないことなど、基本となるルールにおいては、共通する点も多い。

　もっとも、従業員や取引先など利害関係を有する者が多い点で、法人においては多方面の調査・検討を要することが多い。他方で、個人については、その生活の再生を図るため、その債務者一人一人に合った方策の検討が必要となる。

　以下においては、それぞれの特性ごとに、詳細な検討ポイントを解説する。

第2 個人

1 概説

(1) 手続選択の前提となる情報収集

　個人から債務整理の相談を受けた場合、手続選択のため、相談者の生活状況、負債、キャッシュ・フロー、その他の事情を把握するための情報を収集する必要がある。

　ただし、相談者がこれらの情報を正確に把握しているとは限らず、また、客観的資料を紛失しているなどして、初動の段階で十分な資料を揃えることが難しいこともある。その場合、まずは、相談者が把握している情報と持参可能な資料を基に、債権者に対して受任通知を行うことで、相談者への督促を停止させつつ、受任通知と同時に行う債権調査を通じて負債額や過払金の有無・金額を把握するとともに、順次資産の裏付けとなる情報・資料を収集することも考えられる。

　必要となる情報・資料の概要は、次のとおりである。

① 相談者の生活状況

　　相談者の職業、雇用形態、収入状況、家族構成、同居家族の収入状況、負債の原因等をヒアリングにより確認する。その際、相談者に対して予め確認すべき事項をまとめた相談カード等を利用することも有用である。

② 相談者の資産

　　現金・預貯金の額、公的扶助の受給の有無及び額、報酬・賃金の額、退職金請求権・退職慰労金の有無及び額、貸付金・売掛金、積立金等（社内積立、財形貯蓄、事業保証金等）、保険（生命保険、傷害保険、火災保険、自動車保険等）、有価証券（手形・小切手、株式、社債）、ゴルフ会員権等、自動車・バイク等、過去5年間における購入価格20万円以上の財産（貴金属、美術品、パソコン、着物等）、過去2年間に換価した評価額又は換価額20万円以上の財産、不動産、相続財産、

事業設備・在庫品・什器備品等、その他回収可能な財産の有無、回収・換価可能性及び額を確認する。

　まずは相談者に対して、これらの資産についてのヒアリングを行い、その後、裏付けとなる資料の提出を依頼することが現実的であると考えられる。特に、預貯金の額の裏付けとなる通帳や取引明細については、手続選択に当たって有用な情報が多数記載されていることも多いため、早めに取得することが望ましい。

③　相談者の負債

　クレジット会社、消費者金融、銀行、勤務先・親戚・知人、その他からの借入、家賃、水道光熱費、通信費等の未払、税金、社会保険料の滞納等の有無及び額を確認する。また、いわゆるヤミ金業者からの借入の有無も確認する。

　相談者に対するヒアリングのほか、相談者に届いた督促状等から金額を把握することが可能であるが、正確な負債額については、受任通知とともに行う債権調査により把握することとなる。

④　キャッシュ・フロー

　毎月の収入額と支出額を確認する。

　相談者に対するヒアリングのほか、裁判所に対して破産手続開始申立てを行う際の必要書類である「家計全体の状況」「家計収支表」等を作成するよう相談者に依頼することも考えられる。

⑤　相談者が法人の代表者であるか

　相談者が法人の代表者の場合であり、当該法人の債務整理をあわせて受任する場合、相談者が当該法人の債務を連帯保証しているケースが多く、法人の代表者でない個人における手続選択とは異なる考慮が必要となる。そのため、まずは、相談者が法人の代表者であるかを確認する。

⑥　その他の事情

　依頼者の意向、援助者の有無、これまでの倒産手続経験の有無、不当な取引・浪費等の破産免責不許可事由（破産法252条1項各号）の有無等を確認する。

　基本的には相談者に対するヒアリングによるが、前記①ないし⑤記載の資料を確認する中で判明する事情もあり得るので、注意を要する。

(2) 倒産手続の類型

　個人の債務整理の手段として広く利用されている手続には、私的整理として任意整理が、法的整理として個人再生手続及び破産手続がある。また、法人の代表者の私的整理の手続として「経営者保証に関するガイドライン」に基づく保証債務の整理がある。

　このほか、民事調停法の特則である、特定債務等の調整の促進のための特定調停に関する法律（以下「特定調停法」という）に基づく特定調停（特定調停法2条3項）や、特定調停を利用した準則型私的整理である「自然災害による被災者の債務整理に関するガイドライン」に基づく債務整理、公益財団法人日本クレジットカウンセリング協会が主宰するクレジットカウンセリングといったADR手続もあるが、本書においては詳細には触れない。

　このうち、任意整理、個人再生手続及び「経営者保証に関するガイドライン」に基づく保証債務整理は、返済額の圧縮や返済のリスケジューリングにより生活の再建を図る再建型手続であり、破産手続は、破産免責を介して負債の清算を図る清算型手続である。

(3) 任意整理の概要

　任意整理の法的な定義は存在しないが、ここでは、消費者において、その経済生活が破綻に瀕したときに、簡易かつ迅速にその再生を図り、破産などの法的整理を避けるために、債権者、特に消費者金融業者との和解成立を目的として、弁護士が債務整理を行うこと[1]を指すものとする。

　任意整理は、一般に、弁護士による受任通知・債権調査、利息制限法による引直し計算による債務額の把握、弁済計画の策定、債権者との交渉・和解成立の流れで進められる。

　任意整理に当たって、債権者である消費者金融業者は、元本全額の返済を求めることが通常であり、和解成立日までの経過利息及び遅延損害金についても免除に応じないことが多い。そのため、利息制限法による引直し計算の結果債務の圧縮や過払金の

---

1) 伊藤眞『破産法・民事訴訟法〔第5版〕』（有斐閣、令和4年）61頁

発生が見込まれる場合を除いて、任意整理による債務の減額効果は限定的であるケースが多いと考えられる。

相談者が相当長期間にわたり一社又は複数社から継続的に借入を行っていた場合、利息制限法による引直し計算の結果、債務の圧縮や過払金の発生が見込まれることがあり、そのようなときは、任意整理は第一選択肢となり得る。

（4） 個人再生手続の概要

個人再生手続は、個人が保有する資産を維持しつつ、債権者のうち一定以上の賛成のもとで認可された計画に従って債務の減額を受け、個人の生活を再建する手続である。手続の終了後は、認可された計画に従い減額を受けた債務を弁済することとなる。

対象者は、個人である債務者のうち、将来において継続的に又は反復して収入を得る見込みがあり、かつ、無担保債務の総額が5000万円を超えないものである（民事再生法221条1項）。

通常の民事再生手続と比較して手続が簡略化されているが、債務者は、以下のとおり、債務総額[2]に応じた弁済額以上の額を弁済する内容の再生計画案を策定する必要がある（民事再生法231条2項1号ないし4号）。

債務総額	弁済額
100万円未満	全額
100万円以上500万円以下	100万円
500万円を超え1500万円以下	債務総額の2割
1500万円を超え3000万円以下	300万円
3000万円を超え5000万円以下	債務総額の1割

債務者が持ち家を手放したくないと希望するときは、再生計画案に住宅資金特別条項（同法196条4号）を定める。同条項は、他の債務と住宅ローンを区別し、債務者が住宅ローンにつき債務免除を受けず元利金全額を支払うことを定めるものである（同法199条1項ないし4項）。同条項には、喪失した住宅ローンの期限の利益を回復する旨

---

[2] 本項において、住宅ローン債務、担保付債務及び再生手続開始後の利息債務等の額を除く債務の総額をいう（民事再生法231条2項3号、4号）。

を定めるパターン（同条1項）、当初の約定どおりに弁済を行う旨を定めるパターン（同項）、リスケジュールを定めるパターン（同条2項）、他の債務の弁済中元本の一部の支払を猶予するパターン（同条3項）、住宅ローン債権者の同意により上記以外の権利変更を行うパターン（同条4項）がある。

なお、個人再生手続の特則として、給与所得者等再生手続（同法239条1項）がある。同手続には、再生計画案について債権者の決議が不要となる（同法240条1項）というメリットが存在するが、弁済総額を可処分所得2年分以上の額とする必要がある（同法241条2項7号）ことから、個人再生手続と比較して弁済総額が高くなる可能性がある。

(5) 破産手続の概要

破産手続は、自由財産（破産法34条3項、4項）を除く破産手続開始の時において有する一切の財産を換価し、債権者に分配する手続である。個人の場合、破産手続を経ても当然に債務が消滅するわけではないが、破産手続開始申立てと同時に行う免責許可申立て（同法248条1項、4項本文）により免責許可決定（同法252条1項）を得たときは、破産債権について免責を受けることができる。

破産債権について免責を受けることができるという強い効果があることから、個人の倒産手続においては、第一選択肢とされることが多いと考えられ、実務上最もよく利用される手続である。

(6) 「経営者保証に関するガイドライン」に基づく保証債務整理

中小企業の代表者である個人が法人とともに債務整理を行う場合に[3]、法人の債権者である金融機関等（以下「対象債権者」という）との合意に基づき、個人が法人の保証人として負う保証債務の一部又は全部を弁済することで、残存する保証債務の免除を受ける手続である。

主債務者である法人と保証人である代表者個人が弁済について誠実であり、それぞれの財産状況等について適時適切に開示していることや、主債務者である法人と保証人である代表者個人が反社会的勢力ではないこと（「経営者保証に関するガイドライン」

---

[3] 法人の債務整理が先行し、又は終結していても利用することができる（「経営者保証に関するガイドライン」7(1)ロ）。

3）のほか、金融機関等の債権者にとって経済的な合理性[4]が期待できること（「経営者保証に関するガイドライン」7（1）ハ）といった要件を充たす場合に利用が可能である。

　「経営者保証に関するガイドライン」に基づく保証債務整理を利用するためには、中小企業活性化協議会等の準則型私的整理手続を行う必要がある。利用者は、まず、対象債権者に対し、保証債務に関する一時停止や返済猶予の要請を行う。続いて、対象債権者と協議の上、残存資産の範囲を決定する。その際、経済的合理性の範囲内で、破産手続における自由財産の範囲を超えて華美でない自宅等の財産（以下「インセンティブ資産」という）を残存資産とすることができる（「経営者保証に関するガイドライン」7（3）③）。その後、残存資産を除いた財産を処分・換価することにより得られる財産を弁済に充てるものとして、保証債務の弁済計画案（原則5年以内）を作成し、全ての対象債権者が弁済計画案に同意すれば弁済計画が成立する。利用者は、弁済計画に従って保証債務を弁済し、その余の保証債務の免除を受ける。

　「経営者保証に関するガイドライン」に基づく保証債務整理には、利用者が破産手続を回避することができるとともに、インセンティブ資産を残すことができる点でメリットがある。

　なお、「経営者保証に関するガイドライン」に基づく保証債務整理の対象債権者は、原則として、法人の債権者である金融機関等であるが、弁済計画の履行に重大な影響を及ぼす恐れのある債権者については、対象債権者に含めることができる（「経営者保証に関するガイドライン」7（3）④ロ）。そのため、法人の代表者である個人に固有の債権者がいる場合であっても、「経営者保証に関するガイドライン」に基づく保証債務整理を利用する余地はある。

---

[4] 「経済的合理性が期待できる」とは、「主たる債務者の資産及び債務並びに保証人の資産及び保証債務の状況を総合的に考慮して、主たる債務及び保証債務の破産手続による配当よりも多くの回収を得られる見込みがあるなど」の場合をいう（「経営者保証に関するガイドライン」7（1）ハ）。

2　手続選択のポイント

【手続選択のフローチャート（法人の代表者以外の個人）】

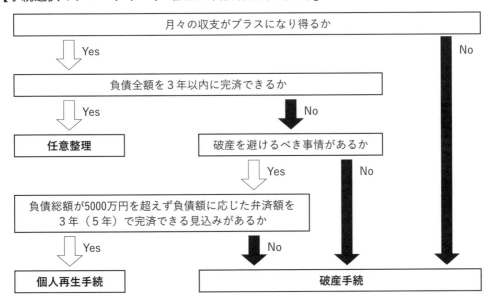

第7章　倒産・事業再生

【手続選択のフローチャート（法人の代表者）】

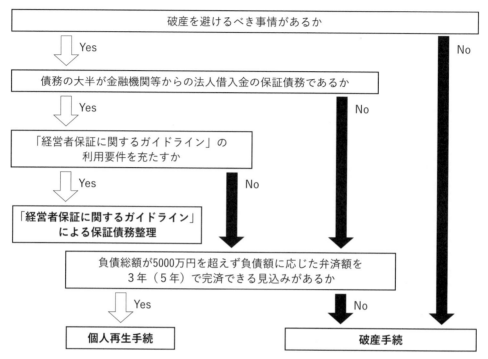

（1）　各手続のメリット・デメリット

個人の各倒産手続のメリット・デメリットの概要は、以下のとおりである。これらのメリット・デメリットを踏まえつつ、実現可能性と依頼者の意向を考慮して、適切な倒産手続を選択する。

	メリット	デメリット
任意整理	・簡易・迅速な債務整理が可能 ・裁判費用がかからない ・利息制限法による引直し計算の結果によっては大幅な債務の圧縮が可能 ・職業の資格制限が問題とならない ・免責不許可事由を考慮する必要がない	・債務を弁済しなければならない ・利息制限法による引直し計算により債務を圧縮できない場合債務の減額が困難 ・消費者金融業者によっては債務者が希望する分割払に応じないことがある ・分割払が滞った場合破産せざるを得ず、時間・費用が無駄になる

	メリット	デメリット
破産手続	・債務の免責を受けられる ・債務者の支払能力を考慮する必要がない	・氏名が官報に掲載される ・職業によっては開始決定により資格制限を受ける ・自由財産を除く資産を処分しなければならない ・免責不許可事由に該当し裁量免責が認められない場合債務が残る
個人再生手続	・大幅な債務の免除が受けられる ・資産の処分が不要 ・住宅資金特別条項により住宅を手放さずに済む ・免責不許可事由を考慮する必要がない	・債務を弁済しなければならない ・氏名が官報に掲載される ・債務者に一定の支払能力が必要 ・負債が大きい場合には利用できない ・手続に時間と労力を要する
「経営者保証に関するガイドライン」に基づく保証債務整理	・大幅な債務の免除が受けられる ・負債が大きいために個人再生手続を利用できない場合にも利用可能 ・破産手続と比較して多くの財産を残すことができる ・住宅を手放さずに済む ・信用情報機関への事故情報登録が行われない ・職業の資格制限が問題とならない	・基本的には債務を弁済しなければならない ・法人の保証債務以外の負債が大きい場合には利用が困難 ・全ての対象債権者の同意が必要 ・免責不許可事由がある場合には利用できない

(2) 法人の代表者以外の個人の手続選択に当たってのポイント

　法人の代表者以外の個人の手続選択のフローチャートは上記のとおりである。以下にフローチャートのポイントを述べる。

ア　相談者の支払能力の有無

　第一に、相談者の支払能力を把握する必要がある。相談者の月次の収入から支出を差し引き、債務の返済に充てることのできる金額を算出する。支出については、弁済中の債務の支払を停止すると仮定し、かつ、可能な限り無駄な支出を省くものと仮定して計算する。

　相談者が無職である、又は生活保護を受給しているなど収入を見込むことができない場合には、支払能力は無いものとして、破産を選択せざるを得ないと考えられる。

また、相談者に収入がある場合であっても、上記の仮定的な支出との見合いで月次の収支がプラスになり得ないときは、やはり支払能力が無いものとして、破産を選択せざるを得ないであろう。

相談者の収支がプラスになり得る場合には、下記**イ　相談者の支払能力の程度**に進む。

イ　相談者の支払能力の程度

相談者の収支がプラスになり得る場合には、相談者にどの程度の支払能力があるかを判定する。

支払能力の程度について一律の判定基準があるわけではないが、消費者金融業者が任意整理に当たって応じると想定される分割期間や、個人再生手続における弁済期間との見合いから、相談者が3年（36か月）で支払うことのできる金額を一つの基準とすることが考えられる[5]。すなわち、相談者の月次の収支のうちプラスとなる金額に36を乗じた金額と負債総額を比較して、前者が後者を上回る場合には、任意整理を選択することが可能であると考えられる。前者が後者を下回る場合、任意整理を選択することは難しいと考えられるため、下記**ウ　破産を避けるべき事情の有無**に進む。

なお、負債総額を把握するに当たっては、利息制限法による引直し計算を行う。近時少なくなってはいるものの、平成18年改正貸金業法の完全施行日である平成22年6月18日以前に、債務者が特定の消費者金融業者から継続的に借入を行っていた場合には、利息制限法による引直し計算による債務の圧縮や過払金が発生する可能性がある。そのため、当該消費者金融業者に対して取引履歴の開示を受けるなどして借入開始日を確認したうえで、利息制限法による引直し計算を行う必要がある。

ウ　破産を避けるべき事情の有無

任意整理が難しいと考えられる事案において、相談者に破産を避けるべき事情がある場合には、個人再生手続を検討する。破産を避けるべき事情としては、以下のような事情が挙げられる。

---

[5]　3年間での支払可能額を基準とする見解につき、債務整理実務研究会編『事例に学ぶ債務整理入門―事件対応の思考と実務』（民事法研究会、平成26年）13頁参照。

① 自宅等手放したくない資産がある場合

　破産手続を選択した場合、自由財産を除く破産手続開始の時において有する一切の財産が換価対象となる。そのため、ローンを組んで購入した自宅や自動車等も手放さざるを得ない。これらの財産の保有を継続するためには、破産手続を回避する必要がある。

② 破産手続開始により職業上必要な資格を喪失する場合

　破産手続開始は、弁護士や宅建業等の士業や警備業、建設業、貸金業等の資格の喪失・制限事由と定められている。相談者がこれらの資格を用いた職業に就いている場合、資格の喪失・制限を避けるため、破産手続の回避を検討する必要がある。

③ 免責不許可事由があり裁量免責を得ることも難しい場合

　明らかな免責不許可事由（破産法252条1項各号）があり、諸事情に鑑みて裁量免責（同条2項）を得ることも難しい場合、破産手続を選択するメリットがほとんどないことから、個人再生手続を検討することが考えられる。

エ　個人再生手続の可否

　破産を避けるために個人再生手続を選択しようとする場合、同手続の要件を充たす再生計画案を作成することが可能か検討する必要がある。

　前記1(4)**個人再生手続の概要**において述べたとおり、個人再生手続の申立てを行うためには、相談者につき、将来において継続的に又は反復して収入を得る見込みがあり、かつ、無担保債務の総額が5000万円を超えないことに加えて、債務総額に応じた弁済額以上の額を弁済する内容の再生計画案を策定する必要がある。

　相談者がこれらの条件をクリアすることができない場合、破産を選択せざるを得ないと考えられる。

(3) 法人の代表者の手続選択に当たってのポイント

　法人の代表者の手続選択のフローチャートは上記のとおりである。以下にフローチャートのポイントを述べる。

ア　破産を避けるべき事情の有無

この点は、法人の代表者以外の個人におけるポイント（(2)ウ　破産を避けるべき事情の有無）と同様である。なお、法人の債務を保証している代表者の場合、法人の代表者以外の個人と比較して負債額が多額に上るため、一般に、任意整理を選択することは困難であると考えられる。

破産を避けるべき事情が存在する場合、後記イ　債務の内訳のとおり債務の内訳を確認する。

イ　債務の内訳

法人の代表者の債務の大半が金融機関等からの法人借入金の保証債務である場合には、「経営者保証に関するガイドライン」に基づく保証債務整理を検討する。法人の代表者の場合、無担保債務の総額が5000万円を超え個人再生手続の要件を充たさないことが多いことに加え、信用情報機関への事故情報登録が行われないというメリットを享受できることが理由である。

もっとも、前記1(6)「経営者保証に関するガイドライン」に基づく保証債務整理において述べたとおり、「経営者保証に関するガイドライン」に基づく保証債務整理の対象債権者は、原則として、法人の債権者である金融機関等である。そのため、法人の代表者が法人の借入の保証債務以外に相当程度固有の負債を抱えている場合、「経営者保証に関するガイドライン」に基づく保証債務整理を行う前提を欠くこととなる。

法人の代表者の債務の大半が金融機関等からの法人借入金の保証債務である場合には、後記ウ　「経営者保証に関するガイドライン」に基づく保証債務整理の利用要件のとおり「経営者保証に関するガイドライン」に基づく保証債務整理の利用要件を充たすかを検討し、法人の代表者が法人の借入の保証債務以外に相当程度固有の負債を抱えている場合には、後記エ　個人再生手続の可否のとおり個人再生手続の可否を検討する。

ウ　「経営者保証に関するガイドライン」に基づく保証債務整理の利用要件

前記1(6)「経営者保証に関するガイドライン」に基づく保証債務整理において述べたとおり、「経営者保証に関するガイドライン」に基づく保証債務整理は、中小企業である法人の代表者である個人が法人とともに債務整理を行う場合、主債務者である

法人と保証人である代表者個人が弁済について誠実であり、それぞれの財産状況等について適時適切に開示していることや、主債務者である法人と保証人である代表者個人が反社会的勢力ではないことのほか、金融機関等の債権者にとって経済的な合理性が期待できることといった要件を充たす場合に利用が可能である。

　これらの要件を充たさない場合には、後記**エ　個人再生手続の可否**のとおり個人再生手続の可否を検討する。

エ　個人再生手続の可否

　この点は、法人の代表者以外の個人におけるポイント（(2)**エ　個人再生手続の可否**）と同様である。なお、法人の代表者の場合には無担保債務の総額が5000万円を超えることが多いことは前記**イ　債務の内訳**のとおりである。

第3 法人

1 概説

(1) 倒産手続に至る前の経済的再建の検討

　多くの経営者は、企業が経済的苦境にあっても、なお倒産を避けて再建できる場合にはこれを望むものであり、相談を受けた弁護士としても、安易に倒産手続を勧める前に、他に採りうる手段がないかを検討すべきである。

　例えば、借入先の金融機関から返済猶予（リスケジュール）を受け、あるいは、一時的な資金難であればつなぎ融資を受けることで乗り切れる可能性もある。また、売掛先などの得意先から支払サイトの短縮や前払を受けたり、逆に、買掛金や外注費などの支払を猶予してもらうなど、取引先に協力を依頼することも検討すべきである。また、慢性的な赤字の解消に向けて、従業員の整理解雇や不採算部門の事業を廃止して採算部門に資金及び人的リソースを集中することも検討されるべきであるし、補助金や助成金など公的助成制度を利用したり、事業資金を支援してもらえるスポンサーを探すなど、出来うる方策は検討されるべきである。

　ただし、企業が倒産手続を避けることに固執するあまり、手元資金を賄うために資産を廉価で売却したり、一部の債権者のみに偏頗的な弁済を行ったりしないよう注意しなければならない。このような行為は、仮に事後的に企業が破産するに至った場合に、破産管財人から詐害行為や偏頗行為であるとして否認されかねない上に、申立代理人である弁護士自身も財産散逸防止義務に違反するとして責任を追及されかねないためである[6]。

---

[6] 申立代理人の財産散逸防止義務違反が認定された裁判例として、東京地判平成21・2・13判時2036号43頁〔28151343〕、東京地判平成26・8・22判時2242号96頁〔28230543〕など。

(2) 手続選択の前提となる情報収集

　倒産処理の相談を受けた場合、各種の手続の中から最適なものを選択するための判断材料となる情報を速やかに収集するよう努めるべきである。特に、事業の再建を目指す場合には、タイミングを逸することにより、差押えや預金口座の凍結などを受けて再建が困難となるケースもあることから、迅速な情報の収集が肝要となる。

　必要となる情報・資料は、当該企業の業種や性質により一律ではないものの、共通して必要なものは、概要、次のとおりである。

① 会社の基本情報

　履歴事項の記載情報（商号、目的、本店所在地、登記された支店の有無、資本金の額、発行可能株式総数、発行済株式総数、株式譲渡制限の設定の有無、役員の状況など）はもちろん、株主（社員）情報、従業員数、事業内容などの確認が必要である。

　そこで、定款、株主（社員）名簿、役員名簿、組織図や従業員リストのほか、パンフレットやホームページなども確認して、当該会社の情報を収集する。

② 資金繰り

　まずは、現在の預貯金額及び入金・支出の見込みを明らかにして、現状のまま進行した場合にいつ資金がショートするかを確認する。

　併せて、過去1年程度の資金繰り実績表を見ることで季節変動を含む資金状況を把握した上で、場合によっては公認会計士や税理士などの協力を得て、事業の維持に支障がない範囲で支出を抑えた場合の将来6か月程度の資金繰り予測を作成してもらう。

③ 経済的苦境に陥った原因

　当該企業固有の事情（大口の売掛金が回収困難となった、組織的な不正が発覚して取引の維持が困難となった等の突発的な事故・事象など）による場合もあれば、業界の低迷や競合他社の乱立、さらには世界経済の影響など、周辺事業環境などの外的要因による場合もある。

　経済的苦境に陥った原因を正確に分析できない限りは、その再建に向けた方針策定も覚束ないことから、ミクロとマクロの両方の視点からの情報収集・分

析が必要となる。

④ 負債の状況

　債権者数、負債総額、弁済期、担保設定や保証人の有無等を確認するため、決算書や主要取引先との契約書を確認するほか、債権者一覧表を作成してもらう。

　債権者一覧表の作成にあたっては、債権の種類（一般債権、公租公課、労働債権、金融債権、リース債権など）ごとに整理することが望ましい。

⑤ 資産の状況

　現預金、売掛金、貸付金、不動産、機械、什器備品、車両、在庫商品など、会社が保有する資産について決算書等に基づき確認する。その際には、簿価だけでなく時価評価額も併せて確認するとともに、例えば回収不能となっている債権はないか、不動産や機械類に担保権が設定されていないか、既に実在しなくなっているものや、逆に簿外で保有している資産がないかなども併せて確認する必要がある。

⑥ 損益状況や商流

　事業再建の可否判断のメルクマールとして、事業自体において営業利益が見込まれる状況であるかどうかは重要である。実績としては営業利益が出ていなくとも、従業員の整理や仕入の見直しなどのコストカットにより営業利益が見込まれる場合には、なお再建の可能性は残るため、その見極めのためにも、公認会計士などの協力を得て事業計画を作成する必要がある。その前提として、実際の経理処理の状況（会計システムの種類や帳簿の作成保管状況など）についても確認し、必要となる経理データを適切に引き継ぐことも重要である。

　また、再建可能性の判断においては、主要な商流を維持できるか否かも重要である。主な取引先との取引継続ができなくなると売上への影響は必至であるため、取引基本契約書などをもとに主要取引先ごとの取引内容（金額、条件、目的物の権利関係、倒産解除条項の有無など）を確認する必要がある。

⑦ 従業員の状況

　雇用形態（正社員、契約社員、パート・アルバイトなど）別の人数、所属する部署、給与や俸給、退職金の有無などを把握するため、従業員リストや賃金台帳、就業規則、賃金規程、退職金規程、労働協定、個別の労働契約書などを確認す

る必要がある。

　また、特に経理担当者や営業責任者などのキーパーソンは、事業計画の策定にあたり協力を得る必要が高いことから、その協力を得られるか否かについても確認する必要がある。

(3) 倒産手続の類型

ア　企業の法的倒産手続

　裁判所を通じた手続は、大きく清算型と再建型に分けられる（なお、本章においては、清算型と再建型を併せて「倒産」と呼称する）[7]。

- 清算型手続：破産、特別清算・通常清算
　債務者の従前の事業活動は停止・解体され、事業活動を基礎付けていた財産は換価される。
- 再建型手続：民事再生、会社更生
　債務者はその財産を保持しながら事業活動を継続する。

　このほか、裁判所を通じない手続（私的整理）としては、例えば、清算型（廃業支援）として中小企業庁の再チャレンジ支援、再建型として中小企業活性化協議会による中小企業支援スキーム、事業再生実務家協会による特定認証ADR手続（事業再生ADR）、地域経済活性化支援機構（REVIC）の事業再生支援業務など、様々なスキームがあるが、本書においては詳細には触れない。

イ　企業が経済的苦境に陥る要因

　企業が経済的苦境に陥る要因としては、そもそもの事業内容や経営方針の問題にとどまらず、為替相場の変動や感染症拡大などの外的環境要因、さらには人手不足や後継者不在など様々である。また、その資金状況としても、事業としての収益性はある

---

7)　もっとも、例えば企業の事業をスポンサーへ譲渡したうえで法人としては破産手続の申立てを行うスキームであれば事業としては継続するし、破産手続の中においても裁判所の許可を受けて破産管財人が事業を継続して（破産法36条）、営業又は事業を譲渡することも可能とされている（同法78条2項）。他方で、民事再生手続の申立てをした上で事業を会社分割や事業譲渡により第三者へ承継した上で清算型の再生計画（事業譲渡の対価をもって再生債権者に対する弁済に充てる）を提出するスキームもあるように、法的手続の類型と清算・再建の区別のボーダーは流動的である。

ものの一時的に多額の損失を生じる場合もあれば、慢性的に収益力に乏しい（あるいは斜陽傾向にある）ために資金残高が目減りしてきた場合もある。

そのため、まずは当該会社・事業の現状（財務分析・借入金や資金繰りの状況・事業の将来性など）を正確に把握することが、手続選択の第一歩である。

ここに、企業の財務状況を縦軸に、事業自体の収益性を横軸に整理すると、目指すべき方向性としては、次のように分類することができる。

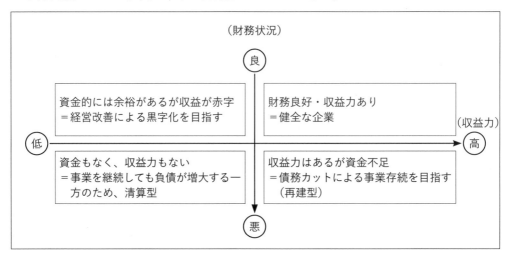

(4) 再建型手続の概要

ア 手続の流れ

民事再生・会社更生は、いずれも会社を存続させつつ、債権者のうち一定以上の賛成のもとで認可された計画に従って債務の減額を受け、企業を再建する手続である。手続の終了後は、認可された計画に従い減額を受けた債務を弁済することとなる。

両手続ともに、大きな流れとしては、次のとおりである。

	民事再生	会社更生
手続開始の申立て	（申立て権者） ・債務者 ・債権者	（申立て権者） ・株式会社（債務者） ・資本金の額の10分の1以上に当たる債権を有する債権者 ・総株主の議決権の10分の1以上を有する株主
債権調査	・債権者は、自らの債権の金額、内容等につき届出を行う。 ・原則として債権届出期間内に債権を届け出た債権者のみが権利行使可能となる（ただし、民事再生においては自認債権の制度あり）	
再生／更生計画案の提出	（提出権者） ・再生債務者 ・債権者	（提出権者） ・更生会社 ・債権者 ・株主
計画案の決議・認可	次のいずれも満たす場合に可決される。 ①債権者の（頭数）過半数の同意（民事再生法172条の3第1項1号） ②債権者の（議決権ベースで）2分の1以上の同意（同項2号）	次のいずれも満たす場合に可決される。 ①更生債権者の（議決権ベースで）2分の1超の同意（会社更生法196条5項1号） ②更生担保権者の（議決権ベースで）以下の割合による同意（同項2号） 　- 期限の猶予を定めるものについては3分の2以上 　- 減免等の権利変更を定めるものについては4分の3以上 　- 更生会社の事業全部の廃止を求めるものについては10分の9以上 ③株主の（議決権ベースで）過半数の同意（同項3号）
再生／更生計画の認可、遂行	計画案が可決された場合、当該計画案が法定の要件を充足していることを確認して、裁判所が認可を行う（民事再生法174条1項、会社更生法199条2項）。 計画案の認可後は、認可された計画の内容に従って弁済を実施する。	

イ　相違点

　民事再生手続は、株式会社以外にも適用可能であり、原則としてDIP（Debtor In Possession）型（既存の取締役が経営権を維持したまま事業の再建を図る手続）であり、担保権の行使は原則として制限を受けず担保権者は再生手続によらないで行使することができる。

第7章　倒産・事業再生

　他方で、会社更生手続は、株式会社のみが対象とされる点、裁判所が選任する管財人の主導で手続が進行される点、一般債権者のみならず担保権者についても更生担保権として手続内に取り込まれて権利行使の制限を受ける点などが異なる。

　また、手続の申立てにあたり裁判所へ予納が求められる費用の額も、民事再生手続よりも会社更生手続の方が高額となる。例えば、東京地方裁判所の場合、民事再生手続では200万円以上であるのに対し、会社更生手続では最低でも800万円以上が必要とされる（予納金基準額の詳細は章末の「民事再生と会社更生の予納金基準の比較」のとおり）。

　そのため、会社更生手続は、再建を目指す株式会社の中でも、従前の経営陣に対する信頼が乏しい場合や、事業継続にとって重要な資産に担保権が設定されている場合などで、かつ、比較的規模の大きい会社に用いられることが多い。

(5) 清算型手続の概要

　破産・特別清算は、いずれも会社の財産を全て換価し、債権者に分配した後、会社の法人格を消滅させる手続であり、手続終了後は債権者に対する返済義務は残らない。

　破産手続は、清算型倒産手続の基本となる制度であり、支払不能又は債務超過にある債務者について、債権者その他の利害関係人の利害及び債務者と債権者との間の権利関係を適切に調整し、もって債務者の財産等の適正かつ公平な清算を図ることを目的とする制度である（破産法1条）。

　特別清算手続は、債務超過状態にある株式会社につき適正・簡易に清算を行うため、その清算手続について、債権者保護のために裁判所の管理監督を強化した会社法上の制度である。

　両手続の概要は、次のとおりである。

	破産手続	特別清算手続
適用対象	法人及び個人の全て	既に解散決議等を経て清算手続に移行している株式会社等
手続開始原因	・支払不能（支払能力を欠くためにその債務のうち弁済期にあるものについて一般的かつ継続的に弁済することができない客観的状態） ・債務超過	・清算の遂行に著しい支障を来すべき事情があること ・債務超過の疑いがあること

	破産手続	特別清算手続
財産管理処分権	裁判所が選任する破産管財人に専属[8]（破産管財人は裁判所の監督を受ける[9]）	原則として従前の清算人[10]（公平誠実義務を負い[11]、裁判所や監督委員の監督を受ける[12]）
一般債権者の取扱い	個別的権利行使は禁止され、破産手続への参加が強制される[13]	個別的権利行使は禁止され、特別清算手続への参加が強制される[14] ただし、一般の先取特権その他一般の優先権がある債権に基づく強制執行、仮差押え、仮処分又は財産開示手続若しくは第三者からの情報取得手続についてはこの限りではない
担保権者の取扱い	破産財団に属する財産につき特別の先取特権、質権又は抵当権を有する者は、別除権者として破産手続に拘束されず自由に権利行使可能[15] ただし、担保対象財産を任意に売却して当該担保権を消滅させることが破産債権者の一般の利益に適合するときは、破産管財人は、裁判所に対して担保権消滅許可の申立てをすることができる[16]	清算株式会社の財産につき担保権（特別の先取特権、質権、抵当権又はこの法律若しくは商法の規定による留置権に限る）を有する債権者は、原則として手続に拘束されず自由に権利行使可能 ただし、清算会社が協定案の作成に当たり必要があると認めるときは、担保権者に対して特別清算手続への参加を求めることが可能[17] また、裁判所は、債権者の一般の利益に適合し、かつ、担保権実行の手続等の申立人に不当な損害を及ぼすおそれがないものと認めるときは、相当の期間を定めて担保権の実行の手続等の中止を命ずることができる[18]
債権者の同意	不要	債権者の3分の2以上の同意を得た協定（協定型）、又は、債権者の3分の2以上の同意をもとに個別の和解（和解型）

---

[8] 破産法78条1項
[9] 破産法75条1項
[10] 取締役、定款で定める者又は株主総会の決議によって選任された者（会社法478条1項）。なお、慣例上、特別清算開始後は特別清算人と呼称される。
[11] 会社法523条
[12] 会社法519条、527条、535条、536条、537条2項など
[13] 破産法42条1項、100条1項
[14] 会社法515条1項、537条、546条、563条以下
[15] 破産法2条9項、10項、65条1項
[16] 破産法186条1項。ただし、実際の運用としては、別除権協定に係る交渉材料として用いられることが多い。
[17] 会社法566条1号
[18] 会社法516条

2 手続選択のポイント

【手続選択のフローチャート】

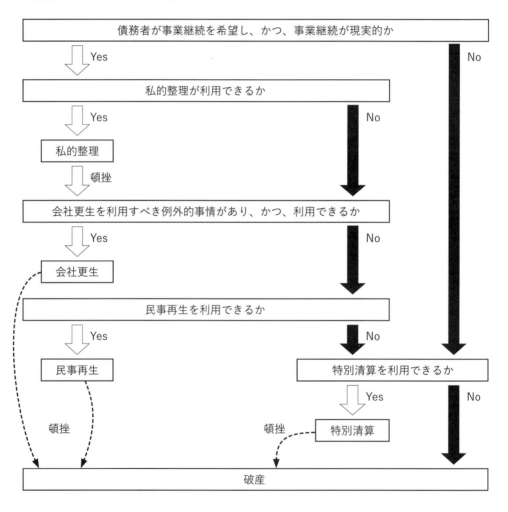

(1) 各手続のメリット・デメリット

　法人の各倒産手続のメリット・デメリットは、概要、以下のとおりである。これらのメリット・デメリットを踏まえつつ、実現可能性と依頼者の意向を考慮して、適切な倒産手続を選択する。

	メリット	デメリット
私的整理	・非公開で行えるため事業価値の大幅な毀損（得意先の離反やブランド価値の低下、仕入先との取引条件の悪化等）を回避できる ・既存の取締役が経営権を維持できる ・法的手続に比して簡易・迅速・柔軟 ・法的手続に比して費用が低廉であることが多い[19]	・権利変更にあたって金融債権者全員の同意が必要 ・商取引債権者への弁済を停止できない（十分な資金繰りの確保が必要） ・債権者による強制執行を回避できない
会社更生	・担保権者を手続に取り込むことができ、担保権の行使を制限し、権利変更の対象とできる ・一般優先債権（租税債権・労働債権等）を手続に取り込むことができ、弁済を停止し、権利変更の対象とできる。 ・合併や会社分割等の組織法上の行為を行うにあたり、株主総会の特別決議等、会社法所定の手続を省略できる	・適用対象が株式会社に限られる ・原則、既存の取締役が経営権を維持できない（管理型）[20] ・民事再生に比して予納金が高額 ・民事再生に比して手続が厳格・長期間を要する ・更生計画案の可決に、一定以上の、債権者の同意のほか、更生担保権者及び株主の同意も必要となる
民事再生	・適用対象が株式会社に限らない ・原則、既存の取締役が経営権を維持できる（DIP型）[21] ・会社更生に比して手続が簡易・迅速 ・会社更生に比して予納金が低廉	・担保権者（別除権者）を手続に取り込むことができず、担保権の行使を制限できない ・一般優先債権者（租税債権者・労働債権者等）を手続に取り込むことができず、同債権の随時弁済をしなければならない

---

19)　事案によっては、弁護士や公認会計士等の多くの専門家を長期間稼働させる必要が生じることもあり、法的倒産手続に比して費用が低廉とはいえない場合もあり得る。
20)　ただし、例外として、実績は少数であるものの、東京地方裁判所及び大阪地方裁判所においては、一定の要件の下、既存の取締役が経営権を維持する、DIP型会社更生も運用されている。
21)　ただし、例外として、再生債務者の財産の管理又は処分が失当であるときは、利害関係人の申立て又は職権により裁判所から裁判所管理命令が発令され、管財人が選任されることがあり（民事再生法64条)、この場合、既存の取締役が経営権を失う。

	メリット	デメリット
特別清算	・債務者の関係者が清算人として手続を主導できる（財産換価の最大化・効率化） ・破産に比して手続が柔軟 ・破産に比して費用が低廉	・適用対象が株式会社に限られる ・協定に債権者の頭数の過半数・総債権額の3分の2の同意が必要 ・債権調査手続がない ・清算人に否認権がない
破産	・利用資格に制限がない ・債権調査手続がある ・破産管財人に否認権がある	・債務者の関係者が手続を主導できない

（2） 法人の手続選択に当たってのポイント

　法人の手続選択のフローチャートは上記のとおりである。以下にフローチャートのポイントを述べる。

ア　まずは事業継続の希望・現実性を吟味

　既に述べたように、法人の倒産手続は、再建型（私的整理・会社更生・民事再生）と清算型（特別清算・破産）に大別されるが、いずれの類型を選択すべきかどうかは、債務者が事業継続を希望し、かつ、事業継続が現実的かどうかによる。このため、債務者から倒産処理の相談を受けた場合、まずはこの点を吟味しなければならない。

　債務者が事業継続を希望する場合は、事業継続が現実的かどうかを吟味することになるが、ここでポイントになるのは、事業において営業利益が出ているか、という点である。事業において営業利益が出ていなければ、その事業に収益性がないことを意味するため、事業再編やコストカット等を通じた収益改善が見込まれない限り、事業継続は現実的でない。吟味の結果、事業継続が現実的であれば、再建型の倒産手続を選択し、そうでなければ、清算型の倒産手続を選択することになる。

　また、再建型の倒産手続を選択した場合の債権者への弁済額が清算型の倒産手続を選択した場合のそれよりも少額にとどまる場合、債権者が再建型の倒産手続に同意する合理性はないため、債権者の将来に向けた収益性や資金繰りを吟味し、かかる弁済計画しか立案できそうにない場合は、清算型の倒産手続を選択することになる（清算価値保障原則。民事再生法174条2項4号、会社更生法254条2項）。資金繰りに関しては、資金提供をしてくれるスポンサーの有無やDIPファイナンス（事業継続のために銀行等

から新たな与信を得ること）の可否の検討も行う。

　これらの点を吟味するにあたっては、公認会計士や経営コンサルタント等といった、税務会計やビジネスの専門家に協力を仰ぐことが多い。

　一方、債務者が事業継続を希望しない場合は、清算型の倒産手続を選択することになる[22]。

イ　再建型の第一選択は私的整理

　債務者が事業継続を希望し、かつ、事業継続が現実的である場合、まずは私的整理の利用を検討するべきである。私的整理の場合、非公開で行われるため、得意先の離反やブランド価値の低下、仕入先との取引条件の悪化等といった、事業価値の大幅な毀損を回避できるからである。このほか、私的整理には、既存の取締役が経営権を維持できる、法的手続に比して、簡易・迅速・柔軟、かつ、費用が低廉であることが多い、といったメリットがある。

　しかし、私的整理の場合、権利変更にあたり、対象となる個々の金融債権者を説得し、金融債権者全員の同意が必要となる。このため、特定の金融債権者との訴訟が係属している場合や、既存の経営陣が粉飾決算を行っている場合等、金融債権者のうちに同意しない者がいると見込まれる場合には、私的整理は利用できない。

　また、私的整理の場合、原則、商取引債権者への弁済は継続することになるため、債務者はかかる弁済を継続できる程度の資金繰りを維持できることが前提となる。このため、相談を受けた時点で近々に資金ショートが迫っているような場合には、私的整理は利用できない。

　加えて、私的整理の場合、法的倒産手続と違い、債権者による個別の強制執行が禁止されないため、近々にそれが見込まれる場合は、私的整理は利用できない。

　なお、私的整理を開始したものの、結果として債権者の同意が得られなかった等の理由で頓挫した場合は、頓挫時の債務者の財務状況を踏まえつつ、民事再生等の法的倒産手続を検討する。

---

[22]　清算型の倒産手続を選択した場合でも、清算人又は破産管財人が手続中に事業の全部又は一部を譲渡し、当該事業を存続させられる場合があり、かかる場合には、社会経済的損失の軽減や従業員の雇用確保等が実現できることから、申立代理人としては、申立準備に並行して譲受先を探索する等、積極的にその可能性を模索するべきである。

ウ　会社更生を利用すべき例外的事情がなければ、民事再生を検討

　私的整理が利用できない場合、原則として、民事再生の利用を検討する。民事再生の場合、適用対象が株式会社に限られず、原則、既存の取締役が経営権を維持でき、会社更生に比して、手続が簡易・迅速であり、かつ、予納金が低廉であるからである。このため、近年、再建型の法的倒産手続は民事再生が大半を占めている。

　しかし、民事再生の場合、担保権者（別除権者）を手続に取り込むことができないため、担保権の行使を制限できず[23]、また、一般優先債権者（租税債権者・労働債権者等）を手続に取り込むことができないため、同債権の随時弁済をしなければならない。このため、事業継続に必須の資産に担保権が設定されている場合や、未払の租税債権・労働債権が多額に及ぶ場合は、十分な事業再建が図れないことがある。こういった場合、債務者が株式会社であれば、例外として、会社更生の利用を検討すべきである。会社更生の場合、担保権者及び一般優先債権者を手続に取り込むことができ、担保権者の担保権の行使を制限でき、かつ、会社更生法上の共益債権に該当するものを除き、一般優先債権者への弁済を停止でき、権利変更の対象とできる。

　また、会社更生の場合、合併や会社分割等の組織法上の行為を行うにあたり、株主総会決議等、会社法所定の手続を省略できる。このため、事業再建の一環として、それらの行為を行いたいが、大株主の同意を得ることが見込めず、株主総会で特別決議を経ることが困難である等といった場合、株式会社であれば、例外として、会社更生の利用を検討すべきである（更生計画の可決にあたって要する株主の同意は過半数にとどまる）。

　ただし、会社更生の場合、原則、既存の取締役が経営権を維持できない（管理型）、民事再生に比して、手続が厳格で長期間を要し、かつ、予納金が高額、更生計画案の可決に、一定以上の、債権者の同意のほか、更生担保権者及び株主の同意も必要となるといったデメリットがあり、会社更生の利用を検討するにあたっては、これらの点も考慮に入れる必要がある。

---

[23]　ただし、民事再生においては、実務上、担保権者と交渉の上、別除権協定を行い、担保権行使を回避するという処理が行われており、かかる処理を通じ、民事再生のデメリットが相応に克服されている。この意味で、この点についての会社更生のメリットは減少している。

エ　清算型の第一選択は特別清算

　債務者が事業継続を希望しない場合、あるいは、債務者が事業継続を希望するものの、事業継続が現実的でない場合、まずは特別清算の利用を検討するべきである。特別清算の場合、債務者の関係者が清算人として手続を主導できるため、財産換価の最大化・効率化が期待でき、破産に比して、手続が柔軟、かつ、費用が低廉であるからである。

　しかし、特別清算の場合、適用対象が株式会社に限られる上、協定に債権者の頭数の過半数及び総債権額の3分の2の同意が必要であり、債権調査手続や清算人の否認権もない。このため、十分な債権者の同意が見込めない場合や、債権者との債権額に争いがある場合、一部の債権者への偏頗弁済等がある場合等には、特別清算は利用できない。このため、実務上、多くの場合、特別清算は債務超過となった子会社の清算に利用されている。

オ　特別清算を利用できない場合は破産を利用

　特別清算が利用できない場合、破産を利用する。

　また、再建型の法的倒産手続を利用していた場合でも、それが途中で頓挫する場合は、破産（牽連破産）へ移行する（会社更生法252条、民事再生法250条）。特別清算においても同様である（会社法574条1項及び2項）。

第7章　倒産・事業再生

民事再生と会社更生の予納金基準額の比較（東京地方裁判所の場合[24]）

負債総額	民事再生	会社更生 自己申立て	会社更生 債権者・株主申立て
5000万円未満	200万円	800万円	1200万円
5000万円　～　1億円未満	300万円	800万円	1200万円
1億円　～　5億円未満	400万円	800万円	1200万円
5億円　～　10億円未満	500万円	800万円	1200万円
10億円　～　25億円未満	600万円	1000万円	1500万円
25億円　～　50億円未満	600万円	1300万円	1950万円
50億円　～　100億円未満	700万円	1600万円	2400万円
100億円　～　250億円未満	900万円	1900万円	2850万円
250億円　～　500億円未満	1000万円	2200万円	3300万円
500億円　～　1000億円未満	1200万円	2600万円	3900万円
1000億円以上	1300万円	3000万円	4500万円

※上記はあくまで基準額であり、実際には会社の規模その他の諸事情を総合的に判断して予納金の額が決定される。

---

24)　参照：東京地方裁判所HP
　　　https://www.courts.go.jp/tokyo/saiban/minzi_section20/situmonn_tousannbu/index.html

第8章

犯罪被害者支援

第1 総論

1 犯罪被害者支援についての相談を受けるに当たって

(1) 相談を受けるに当たって

　人が犯罪による被害者になる瞬間は、多くの場合、何の前触れもなく訪れる。「犯罪の被害者になる」とはどういうことなのか、思いをはせる必要がある。

　被害者は犯罪により大変な傷を負っている。弁護士の相談の対応の仕方によっては、その対応自体が被害者の傷を更に深めてしまうこともあり得る。また、犯罪の恐怖心、羞恥心、無力感など様々なトラウマを抱えてしまい外に出ることが困難であった被害者が力を振り絞って出てきたにもかかわらず、相談での対応が不適切であると、被害者は再び心を閉ざしてしまい、被害者とともに手続を進めていくことができなくなってしまう。このため、被害者に対する法律相談においては、通常の事件とは異なる注意が必要になる。

　被害者の心情に配慮した望まれる相談対応・態度は以下のとおりである。

- 真摯かつ慎重な態度で臨むこと
- 事実確認に入る前に、まず被害者の話を聴くこと
- 長めの相談時間を確保しておくこと
- 質問をする際に、その質問の必要性や重要性を話しておくこと
- 網羅的なアドバイスを心がけること
- 今後の相談窓口を教えること

(2) 被害者からの法律相談において弁護士が確認・説明すべき事項（チェックボックス付）

ア 比較的早い段階に確認・説明すべき事項
- ☐ 被害内容（罪名・日付・犯人の氏名等の犯人情報）の聴取
- ☐ 被害届、告訴の状況確認
  - ➡ 被害届・告訴状の提出の検討
- ☐ 犯人の身柄拘束の状況確認
  - ➡ 被害者への危険性が継続している場合、パトロールの強化やシェルター避難等も検討。連絡制度の利用。
- ☐ 生活場所の状況確認
  - ➡ 被害現場が自宅である場合等、公営住宅への優先的な引越しが可能かどうか自治体に確認。
- ☐ 警察・検察庁とのやり取り・捜査状況の情報収集
- ☐ 検察庁の被害者等通知制度の利用状況の確認
  - ➡ 検察庁の被害者等通知制度。担当検察官の確認も行う。
- ☐ 刑事記録の閲覧・謄写の状況、意向確認
- ☐ マスコミ対応の必要性の検討
- ☐ 示談の効果（加害者の良情状として扱われるなど）についての説明
  - ➡ 加害者の資力も確認する、民事事件と刑事事件の違いも丁寧に説明する
- ☐ 弁護士費用の援助制度の説明
  - ➡ 日弁連委託援助事業や国選被害者参加制度
- ☐ 犯罪被害者等給付金支給制度などの説明
  - ➡ 犯罪被害者等給付支給制度、犯罪回復給付金支給制度など

イ 公判が開かれる場合
- ☐ 傍聴希望の確認
  - ➡ 裁判所に対し優先傍聴を求めることが可能
- ☐ 法廷への付添い希望の確認
  - ➡ 被害者団体等に協力を求めることが可能

第8章　犯罪被害者支援

- □　被害者参加制度の説明、参加の意向確認
  - ➡　参加を認められた被害者が出席しないことも可能、被害者参加弁護士だけの出席も可能。
- □　心情に関する意見陳述（刑事訴訟法292条の２）の説明、意向確認
- □　損害賠償命令制度の説明、意向確認
  - ➡　民事訴訟との違いも説明する
- □　服役後の通知制度の説明

2　刑事手続の流れと被害者側の手続への関与

(1)　刑事手続の進行の時系列に沿って、被害者及び被害者代理人（被害者側）がどのように手続へ関与をしていくのかの概略について、以下の表を参考にされたい。

刑事手続	被害者側の手続への関与
事件発生	・警察への通報 ・被害届・告訴状の提出
捜査	・警察への協力（事情聴取・現場検証への立会い） ・被害者等からの証拠品提出 ・警察の被害者連絡制度による被害者連絡担当の選任 ・犯罪被害者等給付金の請求（時効２年） ・必要に応じて弁護士その他の相談機関への相談
被疑者逮捕・勾留期間	・マスコミ対応 ・示談交渉
起訴・不起訴	・不起訴理由の告知請求 ・不起訴記録の閲覧・謄写請求 ・検察官の手持ちの記録の閲覧謄写請求 ・告訴していた場合→検察官からの処分結果の通知 ・示談交渉 ・検察審査会への申立て ・準起訴手続

刑事手続	被害者側の手続への関与
公判期日指定・公判前整理手続	・提出予定証拠の閲覧・謄写 ・検察官の権限行使についての意見（被害者参加） ・被害者特定事項の秘匿申入れ ・公判前整理手続の情報の入手 ・公判期日の調整 ・特別傍聴券の確保
公判期日	・公判記録の閲覧・謄写 ・公判期日の出席（被害者参加） ・被害者自身が証人として出頭 ・情状証人に対する尋問（被害者参加） ・被告人質問（被害者参加） ・心情に対する意見陳述（刑事訴訟法292条の2） ・被害者論告求刑（刑事訴訟法316条の38）（被害者参加） ・損害賠償命令の申立て ・刑事和解の申立て
判決言渡し	・損害賠償命令 第1回～第4回期日
上訴	・控訴審での被害者参加
判決確定	・処遇・出所情報等の通知の申出 ・被害回復給付金支給制度の利用
出所後	・出所情報通知制度 ・パトロールの要請

(2) 各手続については、より詳細に解説されている類書（第一東京弁護士会犯罪被害者に関する委員会編著『2訂版　犯罪被害者支援実務ハンドブック』（東京法令出版、令和5年）など）を参考にしてほしい。

3　本章について

　本章の**第2　被害者参加制度**以下（233頁以下）では、「経験が浅くても、各種手続の全体像を把握して速やかな対応ができるようになる」という本書の目的に鑑み、被害者支援を行ったことがない若手実務家を対象として、被害者支援の中でも特徴的な制度である被害者参加制度、損害賠償命令制度について概説する。
　ただし、被害者支援では、これらの制度の他にも被害回復の手段、情報の入手方法、

第8章　犯罪被害者支援

被害者に対する経済的支援も重要であるが、実際に被害者支援に取り組む際には、前述のとおり、より詳細に解説されている類書(第一東京弁護士会犯罪被害者に関する委員会編著『2訂版　犯罪被害者支援実務ハンドブック』(東京法令出版、令和5年) など) も参考にしてほしい。

第2 被害者参加制度

1 制度の概略

(1) 被害者参加制度とは

　被害者参加制度とは、一定の重大犯罪の被害者本人や遺族らが、傍聴席との境目を区別しているバーの中に入って自ら証人尋問や被告人質問を行い、検察官とは別に論告・求刑を行うものである。

　なお、被害者参加制度と同時に導入された損害賠償命令制度（詳細は**第3　損害賠償命令制度**以下（247頁以下）参照）と、被害者参加制度とでは、対象犯罪が一部異なっているので注意が必要である。

(2) 被害者参加制度でできること

① 公判期日への出席（刑事訴訟法316条の34）
　➡ 準当事者としてバーの中で検察官の横・後ろに着席して出席。
② 検察官に対する意見申述（刑事訴訟法316条の35）
③ 証人尋問（刑事訴訟法316条の36）
　➡ ただし、尋問できるのは情状に関する事項のみ。
④ 被告人質問（刑事訴訟法316条の37）
　➡ 犯罪事実に関する事項も質問可能だが、意見陳述に必要な範囲に限られる。
⑤ 事実又は法律の適用についての意見陳述（被害者論告）（刑事訴訟法316条の38）
　➡ 検察官とは別に独立して求刑をすることができる。心情に関する意見陳述（刑事訴訟法292条の2）と異なり、犯罪事実についての意見陳述や求刑も可能であるが、情状証拠にはならない。

（3） 被害者参加弁護士の役割

　上記（2）①〜⑤については、弁護士に委託することが可能である。被害者参加人に資力がない場合には、法テラスを通じて、国選被害者参加弁護士の選定を求めることもできる。

　弁護士は、被害者らからの委託を受けて参加活動を行う。これは、被告人の弁護人のような独立の権限があるわけではなく、あくまで委託を受けて活動するのであって、具体的な活動はまず検察官に申し出てから行うことになっている。

　また、上記①〜⑤は、被害者参加をしたらすべて行わなければならないというわけではない。例えば、期日に出席したくない場合には期日に出席しなくてもよく、あくまで義務ではなく権利である。委託を受けた弁護士は、被害者の意向に沿って、参加活動を行う。

　検察官は対立する相手方ではなく、連携が必要な相手方である。被害者から支援の依頼を受けたらその日のうちに担当検察官に代理人に就任することを知らせ、速やかな記録の開示を求め、事案の把握をし、被害者参加に備えることが必要である。

2　利用要件

（1）　被害者参加の対象犯罪（刑事訴訟法316条の33第1項各号）

① 故意の犯罪行為により人を死傷させた罪（強盗殺人、殺人、傷害、傷害致死、遺棄等致死傷、不同意わいせつ等致死傷、強盗・不同意性交等致死傷、強盗致死傷、逮捕等致死傷、危険運転致死傷など）

② 不同意わいせつ、不同意性交等、監護者わいせつ及び監護者性交等（刑法176条〜刑法179条）の罪

③ 逮捕・監禁（刑法220条）の罪

④ 略取・誘拐・人身売買（刑法224条〜刑法227条）の罪

⑤ 業務上過失致死傷・重過失致死傷（刑法211条）の罪

⑥ 上記②〜⑤の犯罪行為を含む罪（強盗・不同意性交等、特別公務員職権乱用など）

⑦　過失運転致死傷等（自動車の運転により人を死傷させる行為等の処罰に関する法律4条、5条、6条3項、6条4項）の罪

⑧　上記①〜⑥の罪の未遂罪

（2）　参加できる者

以下の①〜③の者が、参加を許される。

なお、①・②の者が参加を許された場合には「被害者参加人」と呼ばれ、被害者参加人から委託を受けた弁護士は「被害者参加弁護士」と呼ばれる。

①　上記（1）列挙の被害者等（被害者又は被害者が死亡した場合若しくはその心身に重大な故障がある場合におけるその配偶者、直系の親族若しくは兄弟姉妹）

②　当該被害者の法定代理人

③　上記①又は②の者から委託を受けた弁護士

（3）　参加申出の時期

参加申出の時期に制限はなく、公判が継続中であればどの段階でも申出を行うことができる。

（4）　国選被害者参加弁護士制度の利用要件

資力200万円未満の被害者参加人は国選被害者参加弁護士の選定を請求できる（犯罪被害者等の権利利益の保護を図るための刑事手続に付随する措置に関する法律（以下「保護法」という）11条1項参照）。

ここにいう「資力」とは、現金、預金等の流動資産の合計額であり、そこから手続への参加を許された刑事被告事件に係る犯罪行為を原因として6月以内に支出することとなると認められる費用（療養費等）の額を控除して計算される。

3 具体的な手続の流れ

(1) 参加の申出の手続

ア 申出権者及び申出先

参加の申出は、被害者等、当該被害者の法定代理人、又はこれらの者から委託を受けた弁護士が、検察官に対し行う（刑事訴訟法316条の33第1項、2項）。

イ 申出の方式

特に制限はない。

実際の検察庁の運用では、弁護士が申出を行う場合であっても、口頭のみでよいとされることも少なくないが、正確を期するために書面を要求される場合がある。

ウ 許可決定の通知

申出がなされた場合、申出を受けた検察官から裁判所へ通知がなされ、裁判所は、被告人又は弁護人の意見を聴き、犯罪の性質、被告人との関係その他の事情を考慮し、相当と認めるときは、決定で参加を許可する（刑事訴訟法316条の33第1項、2項）。この決定は、速やかに、裁判所から申出者に通知される（刑事訴訟規則217条の40第1項）。

エ 被害者参加弁護士への委託の届出

被害者参加人のなし得る行為のうち、①公判期日への出席、②証人尋問、③被告人質問、④被害者論告について、被害者参加人が被害者参加弁護士に委託してこれを行わせるためには、被害者参加人から裁判所に対し、弁護士に委託した旨を当該弁護士と連署した書面で届け出なければならない（刑事訴訟規則217条の35第1項）。

当該書面に委託した行為を特定する記載をしなかったときは、これら四つの行為全てを委託したものとみなされる（刑事訴訟規則217条の35第3項）。

なお、裁判所への委託届出書には、検察官への意見申述（刑事訴訟法316条の35）を委託事項として記載して届け出る必要は必ずしもないが、被害者参加人からは前述①〜④と併せた5つの事項全ての依頼を受けておくようにしたほうがよい（国選被害者参

加の場合には法テラスの報酬算定にも影響がある）。

(2) 国選被害者参加弁護士の選定手続

　資力のない被害者参加人は、当該被告事件の係属する裁判所に対し、被害者参加弁護士の選定を請求することができる（保護法11条1項）。

　国選被害者参加弁護士の選定の請求は、法テラスに書面を提出して、当該被告事件の係属する裁判所に対し請求する（保護法11条1項、2項）。なお、国選被害者参加弁護士の候補者は、法テラスと事前に契約を締結している弁護士の中から指名され、裁判所は原則としてこれに従って、審級毎に被害者参加弁護士を選定する。

(3) 公判期日への出席（刑事訴訟法316条の34）

　被害者参加人・被害者参加弁護士（以下「被害者参加人等」という）は、公判期日において傍聴席ではなく、バーの中に着席をする。

　その際、裁判所は、被害者参加人の心身の状態等に応じて、付添い（刑事訴訟法316条の39第1項）や遮蔽措置（被告人との間の遮蔽については刑事訴訟法316条の39第4項、傍聴人との遮蔽については同条5項）の措置を取ることができる。

　参加が許可された被害者参加人に出頭義務はないため、公判期日に出席せず、被害者参加弁護士のみが出席するということも可能である（例えば、性犯罪の事案で、被害者参加人本人が法廷には行きたくない意向を示している場合など）。

(4) 検察官に対する意見申述（刑事訴訟法316条の35）

　被害者参加人等は、検察官の権限行使（訴因変更、証拠調べ請求、上訴など）についても意見を述べることができる。

　公判期日よりも、期日前の準備・打合せの段階で行うことが多い。検察官は、被害者参加人等から意見が述べられた場合には、必要に応じて、権限の行使・不行使について理由を説明しなければならない。

(5) 証人尋問（刑事訴訟法316条の36）

　被害者参加人等は、証人に対して、情状に関する事項についてのみ、尋問を行うことができる。

尋問事項の具体例としては、謝罪・被害弁償（示談）に関する事項、被告人に対する情状証人の監督能力・意思の有無に関する事項、被告人の人柄・性格に関する事項等である。このように尋問事項は情状に関する事項についての証人の供述の証明力を争うために必要な事項に限定され、犯罪事実（罪体）に関する事項は含まれない。

　なお、ここでいう情状は、狭義の情状であり、犯罪事実に関連する事項は含まないので、いわゆる犯情、犯行の動機・目的などに関連する尋問は原則として認められない。

　この尋問は反対尋問としての性質を有するものとして、誘導尋問が可能と考えられる。

　ただし、尋問を行うことができるのは、検察官の尋問終了後に、直ちに検察官に具体的な尋問事項を示して申出を行い、これを検察官が相当と認め、裁判所が許可した場合に限られる。検察官の裁量により尋問できる範囲が相当違ってくることになる。

　そのため、証人尋問を行うにあたっては、事前に検察官と十分に協議を行い、あらかじめ証人尋問の可否及び範囲について検討を加える必要がある（実務では、事前に検察官から質問の申出書の提出を求められるのが一般的である）。また、公判期日で尋問すべき事項が新たに判明したときも、検察官に尋問の必要性を理解してもらうよう適切に説明することが重要である。

(6) 被告人質問（刑事訴訟法316条の37）

　被害者参加人等は、被告人に対して、意見陳述をするために必要な範囲で質問をすることができる。この場合には、証人尋問とは異なり、質問の対象は情状に関する事項に限られず、犯罪事実に関しても質問が可能となっている。質問事項の具体例としては、犯行の動機、犯行態様、共犯者の有無、余罪の有無等の犯罪事実に関する事項や、被告人の反省状況・更生意欲、被害弁償（示談）の意思・能力に関する事項等の情状に関する事項などが挙げられる。

　被告人質問は、あらかじめ、具体的に質問事項を示して申出を行い、これを検察官が相当と認め、裁判所が許可した場合に限り、質問が認められる。この点は証人尋問と同様である。

　そのため、被害者参加人等は、自ら質問したい事項がある場合には、事前に検察官と協議をして、検察官の理解を得るよう努力する必要がある。

(7) 心情に関する意見陳述（刑事訴訟法292条の2）

　この意見陳述は、被害者参加制度の導入前から認められていた制度である。被害者参加をしていない被害者等でも行うことができる。被害者参加制度によって認められている各手続とは別のものであるため、被害者参加をしているか否かにかかわらず、この意見陳述を行うかどうかを検討する必要がある。

　この意見陳述の内容・結果は、「犯罪事実」の認定のための証拠にすることはできない（刑事訴訟法292条の2第9項）。この場合の「犯罪事実」とは「犯罪事実（罪となるべき事実）」と「犯罪事実それ自体に属する情状（いわゆる犯情）」が該当し、そのため被害者等が、この意見陳述を行うときに、犯罪事実及び犯情を陳述しても、この意見陳述を証拠として、犯罪事実及び犯情についての事実を認定することはできない（ただし、この意見陳述を行う上で、必要な限度で、犯罪事実及び犯情の概要に触れること自体は認められている）。

　一方で、この意見陳述を行うときに、「犯罪事実それ自体に属する情状（いわゆる犯情）」以外の情状に関する事実、すなわち犯罪被害により受けた影響や被害弁償の有無、示談や謝罪の状況等のいわゆる一般情状（狭義の情状）に関する事実を述べた場合について、それらの事実を量刑事情に関する証拠とすることは否定されておらず、量刑資料になると解されている。

(8) 事実又は法律の適用についての意見陳述（被害者論告）（刑事訴訟法316条の38）

　被害者参加人等は、刑事訴訟法292条の2の意見陳述のほかに、事実又は法律の適用についての意見を述べること、すなわち、「弁論」としての意見陳述（被害者論告）を行うことができる。

　被害者論告が行えるのは、あらかじめ陳述する意見の要旨を明らかにして検察官に申出をし（口頭で可能だが、実務上は事前に申出書の提出を求められることが多い）、これを検察官が相当と認め、裁判所が許可した場合に限られる。被害者論告は、検察官の論告・求刑の後に行われる。

　被害者論告では、心情その他に関する意見に限られず、適用法条に基づき自ら相当と考える求刑を行うことができる（法定刑を上回る求刑ができないのは当然だが、検察官

求刑を上回ることは可能)。

被害者論告は、証拠に基づく弁論であるため、証拠に基づかない主張をした場合には、弁護人から異議が出ることもあり得る。

被害者にとって、心情に関する意見陳述に加え、被害者論告においても発言する機会が与えられたことで、より裁判所に自分の意見を聴いてもらうことができるようになった。

検察官とは異なる視点で意見を述べることができる被害者論告は、参加弁護士の腕の見せどころである。

なお、二つの意見陳述の法的性質の違いについては、以下のとおりである。

	刑事訴訟法292条の2	刑事訴訟法316条の38
陳述事項	被害に関する心情その他の被告事件に関する意見	訴因として特定された範囲内での事実又は法律適用についての意見
手続	被害者等の申出	被害者参加人等の申出、裁判所の許可
実施時期	規定なし(実務上は、証拠調べ手続の一番最後)	検察官の意見陳述(論告・求刑)後
陳述の制限対象	重複・無関係な事項について	左のほか、訴因の範囲を超えた場合
被害者等に対する質問	裁判官・訴訟関係人ができる	なし
狭義の情状の証拠となり、量刑資料となるか	なる(刑事訴訟法292条の2第9項の反対解釈)	ならない
犯罪事実認定の証拠になるか	ならない	ならない

4　被害者参加における記録の閲覧・謄写

(1)　検察庁における記録の閲覧・謄写

被害者参加事件では、第1回公判期日前に記録を閲覧・謄写することは公判準備のために必要不可欠な手続である。そのため、被害者参加弁護士としては、刑事訴訟法

47条ただし書を根拠条文として、第1回公判期日前に検察庁に対し、記録の開示を求める必要がある。

なお、被害者参加するかどうかを決めていない場合であっても、その判断に必要との理由で記録の閲覧・謄写をすることもできる（平成26年10月21日付最高検次長検事通達による運用）。

(2) 裁判所における記録の閲覧・謄写

第1回公判期日以降は、保護法3条1項に基づき記録の閲覧・謄写手続を利用する方法がある。

(3) 民事事件（損害賠償請求訴訟）との関係

被害者参加手続のために検察庁において謄写した刑事事件記録を民事事件で使用することは、目的外使用にあたり、認められない。

そのため、当該刑事事件に係る犯罪について民事の損害賠償請求訴訟を提起する場合には、改めて、保護法3条1項に基づき、同じ記録を裁判所で謄写して使用する必要がある点に注意されたい。なお、被害者参加弁護士の地位で閲覧・謄写できるのは、第一審の判決確定までである。

5 被害者参加弁護士が行うべき準備のポイント

(1) 被害者との打合せ

被害者の多くが刑事手続に不案内であり、自ら法廷に立って活動することに不安を覚えている場合も多い。特に、性被害では、裁判の動向は気になるものの積極的に法廷に出頭して参加したいという被害者は多くはない。被害者参加の活動全てを弁護士が代理して行えるため、被害者の負担を少しでも軽減し、被害者の尊厳回復のためには何が必要かを考え、参加活動を行うことが必要となる。ただし、全ての活動を弁護士が代理して行う場合であっても、被害者参加人が手続から置き去りにならないよう、公判手続の流れをあらかじめかつ適時において丁寧に説明しておく必要がある。

また、被害者参加人として公判においてどのような活動ができるのかを説明した上で、そのうちどれを行うのか、行う活動について役割分担をするとすれば誰が（被害者参加人自らが行うのか、被害者参加弁護士が行うのか）どの活動を行うのか等について、被害者参加人の意向を十分に聴取した上で、公判準備に当たるべきである。

3　具体的な手続の流れで記載した流れを参考に、具体的には以下のような内容について、打合せが必要になる。

① 証人尋問（刑事訴訟法316条の36）
　・証人に対して尋問を行うか否か
　・証人尋問を行うとしたら、尋問内容、誰が（被害者参加人、被害者参加弁護士のいずれかが）尋問を行うか、尋問時間はどの程度必要か
② 被告人質問（刑事訴訟法316条の37）
　・被告人質問を行うか否か
　・被告人質問を行うとしたら、質問内容、誰が（被害者参加人、被害者参加弁護士のいずれかが）質問を行うか、質問時間はどの程度必要か
③ 事実又は法律の適用についての意見陳述（被害者論告）（刑事訴訟法316条の38）
　・従来からの被害者の心情に関する意見陳述（刑事訴訟法292条の2）と、被害者参加制度によって認められた「事実又は法律の適用についての意見陳述（被害者論告。刑事訴訟法316条の38）」のいずれを行うか、あるいは、両方行うか
　・被害者論告を行うとしたら、陳述の内容、誰が（被害者参加人、被害者参加弁護士のいずれかが）陳述を行うのか、陳述時間はどの程度必要か
　・求刑を行うのか、行うとしたらどの程度の処分を求めるのか

（2）　被害者参加の申出

申出の時期に制限はないが、より充実した活動をするために、できるだけ早期に申出することが望ましい。特に、被害者から相談を受けた時期や受任時期が公判期日と接近している場合で、即日結審が予測されるような事案では、事実上公判での活動ができなくなるおそれもある。また、申出→裁判所の許可→参加弁護士の選定に相応の時間がかかる。

被害者の基本的な意向を確認した上で、参加の申出だけは早急にしておき、具体的

にどの活動を誰が行うか等はその後に検討するとよい。

(3) 事件内容の把握（記録の閲覧・謄写）

ア　公判事実の確認、記録閲覧の時期

　被害者との打合せだけでは、公判事実の内容などについて正確な情報が十分得られないこともある。また、被害者からの相談・依頼時期によっては公判時期が間近に迫っている場合もある。

　そのため、受任後は、できる限り速やかに検察官に連絡を取り、まずは起訴状の写しか公訴事実が記載された書面の交付を求めて、公訴事実を確認する必要がある。併せて、記録の閲覧についても、検察官と日程調整をし、早期に閲覧するようにすべきである。

イ　検察庁における記録の閲覧・謄写

　受任後速やかに検察官に記録の開示を求め、記録の閲覧・謄写をする（第1回公判期日前の根拠条文は刑事訴訟法47条ただし書、参加するかどうかを決めていない場合にも平成26年10月21日付最高検次長検事通達による運用により可能）。

　開示を求めるべき具体的な記録としては以下が挙げられる。

- 起訴状（記録の中に当然には含まれないので、明示して要求する）
- 検察官作成証明予定事実記載書（公判前整理手続に付された事件の場合）
- 検察官作成の証拠等関係カード
- 検察官取調べ請求証拠全て
- 検察官が開示した類型証拠や主張関連証拠（公判前整理手続に付された事件の場合）
- 弁護人作成予定主張記載書（公判前整理手続に付された事件の場合）
- 弁護人作成の証拠等関係カード
- 弁号証全て
- 冒頭陳述（要旨）
- 論告要旨

第8章　犯罪被害者支援

　以上のもの以外にも、検察官とは十分にコミュニケーションを取って、頼めそうなものは何でも頼んでみるべきである。

ウ　裁判所での記録の閲覧・謄写
　第1回公判期日以降から刑事裁判判決確定までの記録の閲覧・謄写は、裁判所に対して行う（保護法3条1項）。この場合、検察官及び弁護人に対する求意見を経て裁判所から許可された記録が対象となり、実際の閲覧等は開示等請求から数日後に行われる傾向にあるため、できる限り早期の請求をし、裁判所には迅速に閲覧等ができるよう働きかけるようにしたい。

(4)　検察官との打合せ
　被害者参加弁護士は、被害者参加人の意向を事前に確認した上で、以下の点に特に注意して検察官と打合せを行うとよい。

ア　事務手続関係一般
- 公訴事実の内容の確認（起訴状の写し又は公訴事実が記載された書類の受領）
- 公判期日の調整
- 記録の閲覧・謄写について

イ　検察官から聴取すべき具体的内容
- 被告人が起訴事実を認めているか否か
- 犯行の動機・態様、共犯者・余罪の有無、被害者への謝罪・賠償する意思その他被害者参加人等が被害者論告を行うのに参考となるべき事項
- 起訴事実を認めていない場合には弁解の内容、アリバイの有無などの事項
- 訴因変更の可能性の有無（検察官が被害者の考えと異なる罪名で起訴した場合等を想定）
- 公判前整理手続に付された事件の場合、公判前整理手続の結果（争点、尋問予定時間等）

ウ　公判期日当日の活動についての打合せ

- 検察官の証人尋問内容と被害者参加人等の尋問内容との突合せ
- 検察官の被告人質問内容と被害者参加人等の質問内容との突合せ
- 検察官による論告求刑と被害者参加人等による被害者論告との内容の突合せ
- 各手続に必要とされる時間
- 被害者参加人・被害者参加弁護人の法定での着席場所、被害者参加人もしくは関係者の法廷傍聴での配慮など（後述のとおり、裁判所にも確認をしたほうがよい）

(5)　裁判所との関係

公判当日において被害者参加人等が予定している手続（何を行うのか、誰が行うのか）と必要時間について、裁判所から被害者参加弁護士に対して事前に問い合わせがある場合がある。

また、当日の着席場所、着席の順序、入廷の時刻や方法、傍聴券の配布予定の有無、特別傍聴券の枚数等についても、あらかじめ裁判所に確認しておいたほうがよい（これらは検察官とも事前に打合せ協議をしておくとよい）。

(6)　公判前整理手続における留意点

公判前整理手続に被害者参加人及び被害者参加弁護士は参加できないが、公判前整理手続においては、事件の争点や証拠の整理が行われ、公判審理の方向性がそこで決まってしまう可能性が高い。また、当事者が公判前整理手続において請求していなかった証拠は、「やむを得ない事由」で請求できなかったものを除き、公判期日においては証拠調べを請求できない（刑事訴訟法316条の32第1項）。これらのことから、被害者参加人等としては、公判審理に備えて、検察官に対して、できる限りの情報を、適切な時期に開示してもらうよう働きかけをする必要がある。

被害者参加弁護士としては、検察官と連絡を密にして公判前整理手続の状況を詳細にわたって聴取し、適切に対応することが求められる。特に、公判期日の尋問時間等は、公判前整理手続において決定されるので、あらかじめ希望時間を検察官に伝え、十分な時間を確保するようにする。

また、公判前整理手続が行われる事件では、その間、被害者参加人は数か月にわた

第8章　犯罪被害者支援

って待機状態に置かれることになる。そのため、被害者参加弁護士としては、被害者参加人に対し、あらかじめその旨を説明するとともに、検察官から得た情報を適宜伝えるという配慮が必要である。

(7)　裁判員裁判における留意点

　裁判員裁判の公判は、数日間にわたり集中審理が行われるため、期日調整が更に困難となる。また、第1回公判期日の日程は、被害者参加人等が参加できない公判前整理手続において決定される。このため、被害者参加弁護士としては、あらかじめ検察官に対し、被害者参加人と被害者参加弁護士の都合を伝えた上で、これを考慮した期日の設定を行ってもらえるよう申入れをしておく必要がある。

　被害者参加弁護士としても、柔軟に対応できるよう、公判期日の設定が予想される時期については日程の調整をしておく必要がある。

　公判においては、裁判員らに対し、被害者・被害者参加人の心情等を語りかけるように訴えることも必要になることもあるが、過剰演出が時に裁判員らの悪印象を招く場合もある。被害者参加弁護士としては、依頼者である被害者参加人が、何を望み、どのような活動を期待しているかを常に確認し、被害者等の心情に沿う活動を裁判員に的確に伝わるような形で行うよう心がけるべきである。

第3 損害賠償命令制度

1 制度の概要

　一定の刑事事件が地方裁判所に係属している場合に、その事件を担当している裁判所が、有罪の言渡し後、犯罪被害者等による損害賠償請求である刑事損害賠償命令事件を審理するという制度である。

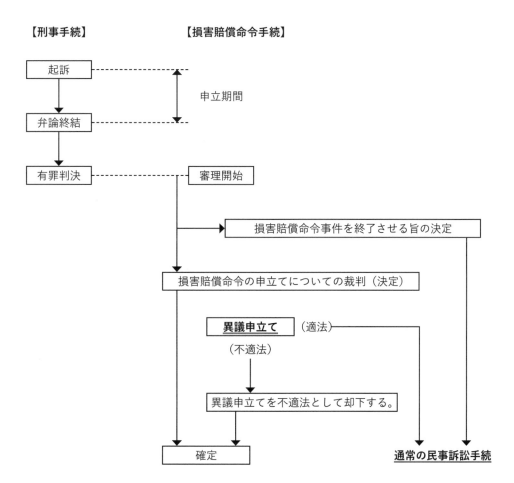

2　制度を利用するメリット

以下の点で、申立人の負担が大幅に軽減される。

① 申立手数料が非常に安い
　➡ 請求額にかかわらず、一訴因あたり2000円
② 相手方に確実に書面の送達が可能
　➡ 被告人に対する有罪の言渡し後、直ちに損害賠償命令事件の審理が開始される。
③ 短期間で債務名義の取得が可能
　➡ 原則として4回以内の期日で審理は終結される。
④ 判決等の主な刑事訴訟記録がそのまま証拠として引き継がれる
　➡ 証拠を用意する手間が省け、刑事記録の謄写費用も節約可能となる。
⑤ 裁判所の判断について予測可能
　➡ 刑事事件を担当した裁判所が刑事記録を職権で取り調べるなど、被害者等による被害事実の立証が容易であり、事実認定の心証が事実上引き継がれているため裁判官の下す判断についてある程度予測可能となる。

3　制度を利用する際の注意点

① 被害者参加制度と異なり、過失犯は対象外であること
　➡ 対象事件について注意する。
② 被害者参加制度を利用していた場合も、損害賠償命令事件の委任状が必要
　➡ 別個の手続であるため、改めて委任状を書いてもらう必要がある。
③ 申立時期は、対象となる刑事被告事件の公訴提起時から弁論終結時まで
　➡ 依頼者と相談して早めに準備をすることが望ましい。
④ 安易に通常訴訟に移行させないようにすること
　➡ 損害賠償命令事件を終了させる旨の決定については異議申立てができない。

4 利用要件

(1) 対象犯罪（保護法24条1項各号）

① 故意の犯罪行為により人を死傷させた罪又はその未遂罪（強盗殺人、殺人、傷害、傷害致死、遺棄等致死傷、不同意わいせつ等致死傷、強盗・不同意性交等致死傷、強盗致死傷、逮捕等致死傷、危険運転致死傷など）
② 不同意わいせつ、不同意性交等、監護者わいせつ及び監護者性交等（刑法176条、177条、179条）の罪又はその未遂罪
③ 逮捕・監禁（刑法220条）の罪
④ 略取・誘拐・人身売買（刑法224条～刑法227条）の罪又はその未遂罪
⑤ 上記②～④の犯罪行為を含む罪（強盗・不同意性交等、特別公務員職権濫用等）又はその未遂罪

(2) 申立人

被害者又はその一般承継人（保護法24条1項柱書）

(3) 相手方

刑事被告事件の被告人に限られ、起訴されていない共犯者、被告人の使用者を相手方とすることはできない。

(4) 申立先

刑事被告事件の係属する地方裁判所

(5) 申立期間

対象となる刑事被告事件の公訴提起時から弁論の終結時まで

(6) 申立費用

収入印紙（一律2000円）＋郵券

※通常訴訟移行時には差額の印紙代が必要となる。

(7) 法テラスの民事法律扶助制度の利用

　被害者等の損害賠償請求にかかる業務に関して、消極的示談交渉（被疑者・被告人側から示談の申入れがあった場合の対応）については、犯罪被害者法律援助制度（日弁連委託援助事業）を利用するが、損害賠償命令制度については、法テラスの民事法律扶助制度を利用することとなる。

5　具体的な手続の流れ

(1) 申立手続

ア　申立方法（保護法24条2項）

　申立書を、副本とともに申立先の裁判所に提出する。申立ては、書面で行わなければならない（不法行為に基づく被告人に対する損害賠償請求権（これに附帯する損害賠償請求権を含む）に限定されている）。

イ　申立書の記載事項

① 当事者

　➡　氏名・住所秘匿の場合は、秘匿決定の申立てを行い「代替氏名A」「代替住所A」を用いる。

　　※秘匿決定の申立ての際に必要な「秘匿事項届出書面」には被害者本人の押印が必要。

　　※閲覧制限の申立ても検討する。

　　※相手方の住所が不明な場合には、検察官に問い合わせる。

② 請求の趣旨及び刑事被告事件に係る訴因として特定された事実その他請求を特定するに足りる事実等
→ 刑事被告事件を表示し、通常は「〇年〇月〇日付けの起訴状記載の公訴事実のとおり」とすれば、ⅰ被侵害利益、ⅱ加害行為、ⅲ行為者の故意・過失は明らかとなる。また、ⅳ損害の発生と数額については、予断排除の原則との関係で、申立書には損害項目と各損害額のみ記載し、第1回審理期日に間に合うように主張を補充する書面を準備する。ⅴ因果関係は、通常、被告人の行為によって各損害項目の損害が発生したと主張すれば足りる。

③ 損害賠償命令事件が通常の民事訴訟に移行する場合の裁判地の指定
例：タイトル：「訴え提起擬制時の裁判管轄地の指定」
本文：「民事訴訟手続に移行する場合の裁判管轄地として、申立人の住所地を指定する。」
→ 遠方の刑務所に収監された場合や相手が引っ越した場合でも、同じ裁判所で審理可能にするため、かかる記載を忘れないようにする。

④ 証拠
刑事被告事件についての予断排除のため、申立書には証拠は添付せず、証拠は損害賠償命令事件の審理が開始してから提出する。

ウ 事件番号

損害賠償命令事件には、「令和〇年（損）第〇号」という事件番号が付される。

(2) 審理

ア 審理を行う裁判所

刑事被告事件を担当した裁判所がそのまま担当する。

イ 審理の開始

刑事被告事件の終局裁判の告知までは一切刑事損害賠償命令事件の審理は行われず（保護法27条1項）、原則として、有罪の言渡し後直ちに最初の審理期日が開かれる（保護法31条1項）。

ウ　審理の方式等

審理期日には当事者を呼び出さなければならないとされている。

ただし、必ずしも口頭弁論の方式による必要はなく、当事者を審尋することもできる簡易迅速な任意的口頭弁論の手続によって行われることが多い（保護法30条）。

※審尋の場合は非公開のため、刑事被告事件に引き続き審理が行われる場合、刑事被告事件を傍聴していた傍聴人が退席するか、他の部屋を使って審理がなされることが多い。

エ　最初の審理期日の審理

最初の審理期日において、刑事被告事件の審理の結果を利用するために、裁判所は、必要がないと認められるものを除き、刑事事件の訴訟記録を取り調べなければならない（保護法31条4項）。刑事訴訟記録に関しては、当事者による証拠の申出がなくても当然に証拠として扱われることになる。

また、裁判所は、最初の審理期日において、請求の趣旨に対する答弁及び申立書に記載された事実に対する認否並びに申立人の主張の補充を聴くものとされている（相手方には、審理期日に先立ち答弁書を提出する義務はない）。

なお、通常の民事訴訟と異なり、当事者が期日に出席しない場合に、擬制自白は成立しない。

オ　申立人の主張の補充・証拠の提出

当事者が主張書面を提出する場合には、相手方の人数分の写しを同時に提出する。

刑事被告事件の予断排除のため、申立ての段階では申立書の記載事項も限定されており、証拠の提出もできないので、申立人としては、損害賠償命令事件の審理開始に合わせて、主張の補充や証拠の提出の準備をしておく必要がある。

書証は申立人が「A第〇号証」、相手方が「B第〇号証」となる。

カ　審理期日の回数

裁判所は、原則4回以内の審理期日において、審理を終結させなければならない（保護法31条3項）。

（3） 裁判

ア　損害賠償命令の申立てについての裁判

　損害賠償命令の申立てについての裁判は、決定によるものとし（保護法33条1項）、それが確定したときは確定判決と同一の効力を有することになり（保護法34条5項）、裁量的に仮執行宣言を付することもできる（保護法33条2項）。ただし、和解で終了することもある。

※和解の場合には、①相手方が無資力の場合の保証人の有無、②接近禁止等の条件、③将来の損害について、④近況報告条項等を入れることの検討に留意する。

イ　異議の申立て（保護法34条）

　損害賠償命令の申立てについての裁判に対し、決定書の送達又は口頭の告知を受けた日から2週間の不変期間内に、書面によって異議の申立てを行うことができる。

　異議の申立てにあたっては、理由を記載する必要はなく、手数料は500円である。

　適法な異議が申し立てられた場合には、当該損害賠償命令の申立てについての裁判は仮執行宣言が付されたものを除いて効力を失い、損害賠償命令の申立てに係る請求について訴えの提起があったものとみなされて、民事訴訟手続に移行して審理が行われる。

ウ　損害賠償命令事件を終了させる旨の決定

　裁判所は、審理に日時を要するため4回以内の審理期日において審理を終結することが困難であると認めるときは、申立て又は職権により、刑事損害賠償命令事件を終了させることができる（保護法39条1項）。

　また、刑事被告事件の終局裁判の告知までに申立人から通常の民事訴訟手続に移行を求める申述があったとき、及び損害賠償命令の申立てについての裁判の告知までに当事者が同様の申述をして相手方の同意があったときは、損害賠償命令事件を終了させなければならない（保護法39条2項）。

　これらの場合、損害賠償命令の申立てに係る請求について訴えの提起があったものとみなされて、民事訴訟手続に移行して審理が行われる（保護法35条）。

エ　通常の民事訴訟手続移行後

　適法な異議の申立てがあった場合及び損害賠償命令事件を終了させる旨の決定があった場合、通常の民事訴訟へ移行する。

　これらの場合には、損害賠償命令の申立てにおける請求額に従い、申立人があらかじめ指定した地（指定がないときは、被告人の普通裁判籍所在地）を管轄する地方裁判所又は簡易裁判所に訴えの提起があったものとみなされる（保護法35条1項）。

　記録については、刑事被告事件の訴訟記録（送付が不相当な部分を除く）を含めた刑事損害賠償命令事件の記録が刑事裁判所から民事裁判所に送付され（保護法36条）、当事者がこれを証拠として申し出る場合には、証拠とすべきものを特定することで足りる（保護法37条：特例による書証の申出）。

　手数料の納付については、通常の民事訴訟の際に請求額に応じて納めるべき手数料から、損害賠償命令の申立手数料として納付した2000円を控除した額を、速やかに納める必要がある。

　なお、通常の民事訴訟手続への移行に伴い、訴訟委任状の提出が必要となるだけでなく、改めて秘匿決定の申立て（民訴法133条1項）や閲覧制限の申立て（民訴法133条の2第2項）も行う必要がある。

6　損害賠償命令事件に関する記録の閲覧・謄写等（保護法40条）

　損害賠償命令事件の当事者又は利害関係を疎明した第三者は、損害賠償命令事件の記録について、当該記録の存在や裁判所の執務に支障がある場合を除き、閲覧・謄写、その正本、謄本、抄本等の交付を請求できる。

　ただし、損害賠償命令事件の記録のうち刑事関係記録については、裁判所の許可が必要とされているため、事前に許可を得る必要がある。

第9章

不動産・建築

第1 不動産所有関係

1 共有

(1) 共有関係の解消が問題になるケース

　共有物の管理に関する事項は、原則として各共有者の持分に従い、その過半数によって決定する（民法252条1項）。しかし、時間の経過に伴い、共有者間の関係が悪化する場合や、相続などにより思いがけず共有関係が生じ、管理方法について十分に協議ができない場合がある。そこで、共有関係を解消する必要が生じる。

(2) 事件処理の流れと手続選択

　共有不動産の場合、まずは当該不動産の登記事項証明書を取得し、共有者の範囲を確認する。これに加え、依頼者に持参してもらった資料や聴取した内容、さらには、住民票や戸籍等を取得して、各共有者の所在先等を確認していくことになる。古い物件の場合、数次にわたる相続が発生しており、共有者を特定するだけで数か月を要する場合もある。

　共有者を特定できた場合は、連絡先の分かる共有者から順次共有物分割協議を申し入れていくことになる。共有物分割協議が不調ないし不能に終わった場合には、共有物分割訴訟の提起を検討することになる。また、共有者の一部が共有物の管理費用等の支払を懈怠している場合は、共有物買取訴訟の活用も検討する。

　他方、連絡先が不明な共有者など所在等不明共有者がいる場合には、令和3年度の民法改正において、所在等不明共有者の持分を一方的に取得する持分取得制度や、同持分を第三者に取得させる持分譲渡制度が新設されたことにより、これらの制度の利用も検討することが考えられる。もっとも、所在等不明共有者の持分取得等には相応の時間を要することから、最終的に所在不明共有者等以外からも持分を取得する必要がある場合などには、共有者全員に対し、共有物分割訴訟を提起したうえで、行方不

明者に対しては公示送達を試みる方法などが考えられる。

(3) 共有物分割訴訟（民法258条1項）[1]

ア　当事者適格

　判例は、一貫して、共有物分割訴訟を固有必要的共同訴訟とする立場をとっている（大判明治41・9・25民録14輯931頁〔27521251〕、大判大正12・12・17民集2巻684頁〔27511072〕など）。そのため、共有物分割訴訟を提起するには、共有者全員を当事者としなければならない。そればかりか、その共有者は登記上の共有者であることが必要と解されている点に留意する必要がある（大判大正5・12・27民録22輯2524頁〔27522336〕、最判昭和46・6・18民集25巻4号550頁〔27000631〕など）。

イ　共有物分割協議

　以上のとおり、法は共有者間での協議を前提に共有物を管理することとしていることから、共有物分割訴訟を提起するには、「協議が調わないとき」、又は「協議をすることができないとき」に該当する必要がある（民法258条1項）。これらには、①共有者間で協議を行ったものの、協議が成立することがなかったという「協議不調」、②共有者の一部が初めから協議を拒んでいる場合やそもそもその所在が不明な場合等の「協議不能」、若しくは、③協議が成立したものの、各共有者がその決議の内容を履行しないという「協議成立後の履行困難」が該当するといわれている。

ウ　分割方法

　共有物分割訴訟（民法258条1項）では、分割方法の法律要件が明確に規定されていないことから、形式的形成訴訟であると解されており（大阪高判昭51・10・28判タ346号206頁〔27431617〕）、この点については現在も変更はないと考えられている。他方で令和3年度の民法改正により、以下のとおり、分割方法が民法258条2項以降に新しく明文化された。

　　① 　現物分割（2項1号）……共有物を持分割合等に応じて物理的に分割する方法

---

[1]　三平聡史『共有不動産の紛争解決の実務〔第2版〕』（民事法研究会、令和3年）176頁以降

② 賠償分割（2項2号）……共有物を1名又は数名に取得させ、共有物を取得した者が他の共有者に対し、持分に応じた代償金を支払う方法（代償分割ともいう）。
③ 競売分割（3項）……共有物を競売により換価し、その売却代金を持分割合に応じて、各共有者で分配する方法（代金分割、価格賠償ともいう）。

なお、令和3年度の民法改正では、これまで判例上認められてきた全面的価格賠償の制度が賠償分割として明文化され、さらにこれが現物分割と並列的に規定され、競売分割がこれらの補充的な分割方法として位置付けられた。

エ　全面的価格賠償の判断基準

令和3年度の民法改正では全面的価格賠償の判断基準を明文化することも検討されたものの、結局、見送られた。そのため、全面的価格賠償の判断基準については引き続きこれまでの判例法理に委ねられることになる。

最判平成8・10・31民集50巻9号2563頁〔28011421〕では、「共有物分割の申立てを受けた裁判所としては、現物分割をするにあたって、持分の価格以上の現物を取得する共有者に当該超過分の対価を支払わせ、過不足の調整をすることができる……のみならず、当該共有物の性質及び形状、共有関係の発生原因、共有者の数及び持分の割合、共有物の利用状況及び分割された場合の経済的価値、分割方法についての共有者の希望及びその合理性の有無等の事情を総合的に考慮し、当該共有物を共有者のうちの特定の者に取得させるのが相当であると認められ、かつ、その価格が適正に評価され、当該共有物を取得する者に支払能力があって、他の共有者にはその持分の価格を取得させることとしても共有者間の実質的公平を害しないと認められる特段の事情が存するときは、……全面的価格賠償の方法による分割をすることも許されるものというべきである」との判断が示された。

したがって、今後も当面の間は、上記判例法理により他の共有者との実質的公平を害することになる特段の事由の有無などを総合的に考慮し、価格賠償の可否を検討することになると考えられる[2]。

---

2) 第一東京弁護士会家事法制委員会・司法制度調査委員会編『Q＆A・事例解説　令和5年4月施行対応　民法等改正の実務ポイント－相隣、共有、所有者不明土地、相続、登記－』（新日本法規、令和4年）52頁以降

オ　賠償金（代償金）の算定方法

　各共有者の間で協議を行い、私的鑑定の額や算定方法について、ある程度合意ができるようであれば、その金額が賠償金の基準となる。他方で、賠償金の額については特に対立が生じやすく、双方で見解が一致しない場合は、各共有者と利害関係のない不動産鑑定士に鑑定を依頼し、その結果を基に裁判所が適正額を判断することになる。

(4)　共有持分買取訴訟（民法253条2項）[3]

ア　制度の概要

　共有不動産の管理には多種多様な費用が発生するのが通常であり、その費用を共有者の一人が実質的に全額負担している場合がかなりの数にのぼる。例えば、固定資産税は連帯納付義務が課せられているため、共有者の一人が対象不動産の固定資産税を全額負担している場合がある（国税通則法9条、地方税法10条の2第1項）。

　このような場合に、管理費用等の負担を懈怠している共有者から一方的に持分を取得することができるのが共有持分買取権である。共有持分買取権は形成権であり、以下の要件を充足し、相手方に対して買取の意思表示をした時点で効力が発生すると解されている。もっとも、相手方が持分の移転登記手続等に任意に応じない場合には訴訟提起が必要となる。

イ　「管理の費用」、「その他共有物に関する負担」（民法253条1項）

　「管理の費用」には、共有不動産の維持、利用、改良のための必要費や改良費が含まれると解される[4]。「その他の共有物に関する負担」については、その範囲が明確ではないものの、少なくとも当該費用の発生が共有不動産の維持、管理のために一般的に必要であると認められる範囲のものに限られると考えられる。

ウ　「共有者が一年以内に前項の義務を履行しないとき」

　ここにいう「一年」の起算点については、明確には規定されていないものの、原則として、共有者の一人が管理費用等の出捐をした時点ではなく、これらの費用に関す

---

3)　三平聡史・前掲86頁以降
4)　川島武宜・川井健『新版注釈民法（7）物権（2）占有権・所有権・用益物権』（有斐閣、平成19年）458頁

る求償請求（催告）を行った時点であると解されている[5]。

エ 「相当の償金」

「相当の償金」の算定方法などは明文化されておらず、買取請求権を行使する段階では、あくまで共有者の一人が適正と評価する金額を提供する必要がある。もっとも、この「相当な償金」についても、共有物分割訴訟における賠償金（代償金）と同様に、見解の対立が生じやすいので協議により金額等が合意できない場合は、訴訟等を提起して鑑定を用いる方法を検討することになる。

(5) 所在等不明共有者の持分取得制度（民法262条の2）[6][7]

ア 制度の概要、手続の流れ

令和3年度の民法改正において、「所在等不明共有者」の持分を他の共有者に取得させる制度が新設された（民法262条の2）。同制度では、①以下の要件を充足する持分取得の申立てがあった後に、②裁判所が一定の期間を定めて公告を行い、同裁判所において、当該不動産の登記上、判明している他の共有者に対し、公告事項の通知を行う。その後、③当該裁判所から、一定の期間を定めて、所在等不明共有者の持分の時価相当額を供託するよう、供託命令が発せられ、申立者は同命令に基づき供託し、その旨を裁判所に届け出る。そして、公告期間内に所在等不明共有者等から異議が出されなかったことを条件に、④持分取得の裁判を行い、同裁判が確定することにより、申立者は所在等不明共有者の当該持分を取得するという流れとなる。

イ 「共有者が他の共有者を知ることができず、又はその所在を知ることができないとき」

条文上具体的な定義規定は置かれておらず、訴訟の場合と同様に個別の事案に応じて裁判所が判断することになる[8]。いずれにしろ、当該不動産の登記事項証明書や住民票等の必要な公的記録の調査をしても共有者を特定できず、又はその所在を知ること

---

[5] 池田良兼「民法第253条第2項の二つの問題」判タ209号（昭和25年）47頁
[6] 法務省HP（「共有に関する事件」；https://www.courts.go.jp/tokyo//saiban/vcmsFolder_1958/vcms_1958.html）＞所在等不明共有者持分取得申立てについて
[7] 第一東京弁護士会家事法制委員会・司法制度調査委員会編・前掲70頁以降
[8] 法務省HP（法制審議会―民法・不動産登記法部会）＞第24回会議（令和3年1月12日開催）＞部会資料56（https://www.moj.go.jp/content/001338771.pdf）9頁

ができないという状態が必要であると考えられる。

ウ　消極的要件

持分取得の裁判をするにあたっては、以下の消極的要件に該当しないことが必要とされている。

① 共有物分割請求又は遺産分割請求があり、かつ、所在等不明共有者以外の共有者が裁判所に所在等不明共有者の持分取得の裁判をすることについて異議がある旨の届出をしたとき（民法262条の2第2項）
② 所在等不明共有者の持分が相続財産に属する場合（共同相続人間で遺産の分割をすべき場合に限る）において、相続開始の時から10年を経過していないとき（民法262条の2第3項）

エ　供託金額の判断

裁判所が適正な供託金の額を判断するためには、申立人に対し、中立公正が担保される資料（事案に応じて、不動産鑑定士による鑑定評価書や固定資産税評価証明書、不動産業者の査定書等）の提出を求め、十分な資料の提出がない場合には鑑定を命ずることになると考えられている[9]。

(6)　所在等不明共有者の持分譲渡制度（民法262条の3）[10][11]

ア　制度の概要

所在等不明共有者の持分取得制度と同様に令和3年度の民法改正において新設された制度である。一つの共有不動産を売却する場合、共有持分のみを売却するより、不動産全体を売却したうえで、持分割合で按分した方が売買代金は高額になり易い。そこで、共有者が一定額を供託することと引換えに、当該不動産全体の所有権を第三者に譲渡することが可能となる本制度が設けられた。

---

9) 部会資料56・前掲13頁
10) 脚注6　法務省HP＞所在等不明共有者持分譲渡の権限付与の申立てについて
11) 第一東京弁護士会家事法制委員会・司法制度調査委員会編・前掲81頁以降

イ　手続の流れ

共有者の一人が申立てを行い、これに対して裁判所が公告と供託命令を行い、当該公告期間内に所在等不明共有者等から異議が出なかったことを条件に、持分譲渡権限付与の裁判をするという流れになる。大まかな手続の流れや各要件は、持分取得制度（民法262条の2）と共通する部分も多いが、上記申立ての消極的要件のうち**ウ①**（請求をした共有者以外の共有者からの異議の届出）は要件とはなっていない点には留意したい。これは、第三者に対する譲渡権限付与の裁判の効力は同裁判の2か月以内に所在等不明共有者を除く全ての共有者が第三者への譲渡を完了しなければ、同裁判の効力が失効するとされていることによると考えられる（改正非訟事件手続法88条3項本文）。

2　境界関係

(1)　筆界と所有権界について[12]

筆界とは、表題登記がある一筆の土地とこれに隣接する他の土地との間において、「当該一筆の土地が登記された時にその境を構成するものとされた二以上の点及びこれらを結ぶ直線をいう」と定義されており（不動産登記法123条1項）、「公法上の境界」とも呼ばれている。このうち、原始筆界は、明治時代の地租改正の際に区画された境界を指し、それ以降に分筆、合筆等された筆界とは区別される。そして、筆界は、公法上の土地の区画であることから、私人の合意によっては変更等することができないと解されている（最判昭和42・12・26民集21巻10号2627頁〔27001006〕）。

これに対し、所有権界は、文字どおり、個人ないし団体が所有する土地の境界を指す（筆界とは区別して、「私法上の境界」と呼ぶこともある。なお、筆界及び所有権界の双方を含む概念として、「境界」を使用する場合もある）。筆界と異なり、所有権界は当事者の合意によって変更することが可能と解されている。

元々、筆界と所有権界は一致すべきものではあるが、明治時代の地租改正の時点で、原始筆界がその土地の使用実体を正しく反映していなかった場合があり、その場合、

---

12)　境界紛争実務研究会『境界紛争事件処理マニュアル』（新日本法規、平成27年）7、8頁

当時の誤った認識のまま当該土地が利用・取引され続けてきたことになる。あるいは、筆界と所有権界が区別されないまま、当事者の合意により境界を設定して（境界標を設置して）、以後、分筆登記等がなされないまま、利用、取引が継続されているケースも存在する。

(2) 事件処理の流れと手続選択[13]

　境界紛争においても、当該土地の登記事項証明書を取得し、当該土地の取得経緯や使用実体を依頼者から聴取する点は変わらない。ただし、境界紛争の場合は、係争の対象となる土地の変遷などを把握するために全部事項証明書を取得しておくべきである。また、隣接する土地や道路の全部事項証明書や、当該土地上の建物（過去に滅失した建物の閉鎖事項証明書も含む）の全部事項証明書も事案に応じて取得する必要がある場合もある。

　以上のほか、必要に応じて、土地台帳と同台帳附属地図、不動産登記法14条（旧不動産登記法17条）1項に定める地図、公図、当該土地上建物を建設する際の建築図面（配置図、断面図、立面図など）、分筆登記の際に添付される地積測量図なども必要に応じて取得を検討する。

　その後に行う現地調査では、境界標の設置状況、土地や建物の形状、通路との接道状況を確認する（ただし、境界紛争となる事件では、境界標が元々存在しないか既に失われている場合も多い）。また、周辺住民から話を聞くことにより重要な事実が発覚する場合もある。

　以上から得られた情報をもとに、事件が筆界に関する争いであるか、所有権界に関する争いであるかなどを検討する。

　例えば、取得した登記事項証明書や公図等から筆界は明らかではあるものの、当該土地の一部を前所有者から譲り受けていた場合や、一方が他方の土地を継続的に使用し、取得時効等を主張する場合などは所有権界に関する紛争と考えられる。他方で、隣接する土地の境界標が現存しておらず筆界が不明である場合や、あるいは原始筆界が当初から設定されていなかった場合や原始筆界自体が元々誤っていた場合は、筆界に関する紛争であると考えられる。

---

13)　境界紛争実務研究会・前掲21頁以降

(3) 所有権界に関する紛争の場合

ア 当事者間での協議が可能な場合[14]

(ア) 実地(現地)測量

　相手方に立ち会ってもらう日程を調整し、土地家屋調査士等とともに、対象となる土地の実地測量を行う。この際、登記名義上の所有者では当該土地の処分権限がないので、当該土地の真の所有者又は同人から正当な代理権限を与えられた者に立ち会ってもらうよう留意する。

(イ) 境界確認書(合意書)の作成

　相手方と境界(所有権界)の合意ができた場合、その内容をもとに境界確認書を作成する。交渉の結果、所有権界と筆界が不一致となった場合、これらを一致させるためには、隣接する片方の土地を合意した境界に基づいて分筆し、所有権移転登記手続をする必要がある。この際、境界標に加え、境界塀等を設置する場合はその費用負担等についても予め取決めを行っておくことが重要である。

イ 当事者間での協議が可能でない場合

(ア) 民事調停、土地家屋調査士会によるADR

　当事者間での話合いは難しいものの、相手方が第三者を介した法的手続には応じる見込みがある場合は、民事調停や土地家屋調査士会等が実施するADR手続を利用することが考えられる。

　平成19年に「裁判外紛争解決手続の利用の促進に関する法律」(以下、「ADR法」という)が施行され、法務大臣から「認証紛争解決事業者」(ADR法2条4号)として認証された事業者によるADR手続が行われた場合、時効の中断等の法的効果が発生する(ADR法25条1項)。なお、同法に規定するADR手続により和解が成立しても、私法上の和解(民法695条)の効力が生じるにすぎず、既判力や執行力が生じる訳ではない点には留意すべきである。

　土地家屋調査士会で行うADR手続の対象は、「土地の筆界が現地において明らかで

---

14) 境界紛争実務研究会・前掲136頁以降

ないことを原因とする民事に関する紛争」とされており（土地家屋調査士法3条1項7号）、弁護士が当事者を代理することは可能である。土地家屋調査士は、弁護士と共同で受任する場合に限り、当事者を代理することができるとされている（土地家屋調査士法3条1項7号、8号、同条2項）。ただし、同手続や民事調停を利用したとしても、公法上の境界である筆界を当事者の合意により確定することはできないため、後述の筆界特定制度も併せて利用することなども検討する。

(イ) 訴訟（所有権確認、登記手続請求、明渡請求等）提起

相手方が任意の話合いに応じる見込みがない場合、又は民事調停等の手続が不調に終わった場合、紛争の実体に合わせた民事訴訟を提起する必要がある。ただし、所有権確認請求が認容されただけでは判決に執行力がなく、相手方の協力がなければ確認請求により認められた部分の所有権移転登記を得ることができないため、その場合、所有移転登記手続請求訴訟を提起することを併せて検討すべきである。

(4) 筆界に関する紛争の場合

ア 筆界特定制度

筆界特定制度は、平成17年の不動産登記法等の一部を改正する法律（平成17年法律第29号）のうち、平成18年1月20日に施行されたものにより新設された制度であり（不動産登記法123条以下）、筆界特定登記官という登記の専門家である第三者が、当事者の意見等を聴取して、筆界の特定を行う制度である。筆界特定がなされると、対象土地の表題部に、「令和〇年〇月〇日筆界特定（手続番号令和〇年〇月〇日）」と記録される[15]。もっとも、筆界特定は、筆界特定登記官という専門家の認定判断を示す事実行為に過ぎず（処分行為ではない）、行政不服審査法に基づく不服申立てはできないとされている。また、筆界特定によって対象土地の地積更正や分筆等の登記が当然になされる訳ではない。もっとも、登記実務上、筆界特定の結果に基づいて地積更正登記等を行うことは可能である[16]。なお、筆界特定後に筆界確定訴訟が提起され、同訴訟の判決が確定した場合、先になされた筆界特定は当該判決と抵触する範囲においてその効力

---

15) 東京法務局HP「筆界特定制度に関する"よくある質問"Q7」（https://houmukyoku.moj.go.jp/tokyo/static/hikkai-qanda.html#07）
16) 境界紛争実務研究会・前掲99頁

を失う（不動産登記法148条）。

イ　筆界確定訴訟
（ア）　制度の概要と法的性質
　筆界確定訴訟は、隣接する土地の筆界について当事者等から提出された証拠をもとに、裁判官が判決によりこれを確定し、紛争を解決するという訴訟類型であり、その法的性質は形式的形成訴訟であると解されている。そのため、仮に、相手方が期日に欠席したとしても、裁判所は、原告の主張どおりに請求認容判決を下すことはできず、原告の立証及び裁判の結果に現れたものを基に筆界を確定しなければならないと解されている。

（イ）　当事者適格
　当事者適格は、対象土地及び同土地と隣接する土地の真の所有者に認められ、借地権や地上権などの用益権者、及び抵当権者などの担保権者等は当事者適格を有さないと解される。また、現実にこれらの土地を所有していないものの、登記記録上、所有者として記録されているものの当事者適格についても、争いがあるが、一般的には当事者適格を有さないと考えられている。

（ウ）　訴えの利益
　隣接地との間の筆界が不明であったとしても、そのことに起因して、当事者間に、現実に紛争が生じていない場合は訴えの利益を欠き、却下となると解されている。また、例えば、当事者の一方が隣接する土地の全部又は一部を時効取得したような場合は、訴えの利益ないし当事者適格を欠くことになるので、却下となると解されているので留意する。

（エ）　立証
　主に上記（2）の資料又はその結果を記載した報告書等の書証が立証の中心となる。また、筆界確定訴訟を提起する前に、筆界特定がなされている場合は、裁判所は、同訴訟手続において、「訴訟関係を明瞭にするため、登記官に対し、当該筆界特定に係る筆界特定手続記録の送付を嘱託することができる」と規定されている（不動産登記法

147条)。このほか、筆界点として主張されている樹木の樹齢や石積その他の工作物の設置時期、通路や水路の開設時期を特定するために、(現場)検証、鑑定、専門家証人等に対する尋問等を行う場合もある。

(オ) 和解

　筆界確定訴訟が形式的形成訴訟であると考えると、審理の対象は筆界となり、筆界は当事者間の合意によって自由に変更することはできないため、和解をすることはできないことになる。

　他方で、筆界確定訴訟から係争地の所有権確認の訴えに交換的に変更することは理論上可能であり、また、訴訟上の和解においては、訴訟物以外の権利関係についても和解ができることから、所有権界に関する和解が紛争の直截的解決に資する場合は、訴えの交換的変更を経ることなく、筆界確定訴訟の手続において対象土地ないし隣接土地の所有権界に関する和解を成立させることも可能であると解されている（ただし、和解により筆界を確定することはできないとされている点には留意する）。

(カ) 判決

　筆界確定訴訟が形式的形成訴訟であるとしても、その実質は非訟であることから、裁判所は判決において必ず筆界を特定しなければならないとされている。また、筆界確定訴訟の判決は、その判決内容どおりの新たな権利や法律関係を生じさせる形成力を有するため、当事者間で筆界が確定することはもちろん、この訴えが認められた趣旨に鑑みて、対世効を持つと解されている（大阪地判昭和59・1・27下級民集34巻5-8号860頁〔27651280〕）。判決により当該土地の登記上の面積と同判決により認められた地積等が不一致となった場合は、地積の更正登記手続等が可能である。

第2 賃貸借関係継続中の手続

1 賃料増減額請求

(1) 賃料増減額請求とは

　地代又は土地の借賃（以下「賃料等」という）が、土地に対する租税その他の公課の増減により、土地の価格の上昇若しくは低下その他の経済事情の変動により、又は近傍類似の土地の賃料等に比較して不相当となったときは、契約の条件にかかわらず、当事者は、将来に向かって賃料等の額の増減を請求することができる（借地借家法11条1項）。建物の借賃についても同様な規定がある（借地借家法32条1項）。

　借地借家法32条1項ただし書では、一定の期間建物の賃料を増額しない旨の特約がある場合には、仮に当該期間中に現行賃料を不相当とする事情が生じても、賃貸人は賃料増額請求権を行使することができないとしている。この場合、賃貸人による賃料増額請求権の行使制限期間を余りに長く設定し得るとすれば、事実上、当該権利行使を認めないのと同義になってしまうため、当該特約の有効性は、当該賃貸借の経緯、その他の契約条件のほか、従前賃料決定時及び特約の効力を判断する時点における社会、経済情勢の変動の程度並びに不相当性の程度等を総合的に考慮して決定されるべきとされている[17]。

(2) 事件処理の流れと手続の選択

　賃料の増減額を請求する場合、裁判上の手続に乗せる前に、内容証明による請求を行うことが多い。賃料増減額請求権は、形成権のため、相手方に増減額の意思が到達したときから、将来に向かって効力を生じるためである。その際に適正と考えられる

---

[17] 長岡秀一ほか『55のケーススタディでわかる　テナント賃料増減額請求の手引き』（税務経理協会、令和4年）55～56頁

金額を提示し、その後の訴訟に備えるために、私的鑑定の準備を早めに行うことも検討する。

　賃料増減額請求に関する事件について訴えを提起しようとする場合は、まず調停を申し立てなければならない（調停前置主義、民事調停法24条の2第1項）。調停の申立てをすることなく訴えを提起した場合には、受訴裁判所はその事件を調停に付さなければならない（民事調停法24条の2第2項）。もっとも、例えば、賃料の未払による賃貸借契約の解除を前提とする土地・建物の明渡請求は、賃料の増減が実質的な争点となっていても調停前置ではない。

(3) 手続の流れ

ア　調停手続

　管轄は、当該土地、建物の所在地を管轄する簡易裁判所又は当事者が合意で定めるその所在地を管轄する地方裁判所である（民事調停法24条1項）。

　その他手続については、**第1章　一般民事**を参照。

イ　調停の終了

　調停成立、調停に代わる決定については、**第1章　一般民事**を参照。

　その他にも賃料等増減額調停事件については、調停委員会は、当事者間に合意が成立する見込みがない場合又は成立した合意が相当でないと認める場合であり、かつ、当事者間に調停委員会の定める調停条項に服する旨の書面による合意があるときは、申立てにより、事件の解決のために適当な調停条項を定めることができる[18]。民事訴訟手続より早期に終局的解決を図れる一方で、裁判上の和解と同一の効力が生じることから、調停条項に服する旨の書面による合意をするか否かは慎重な検討を要する。

ウ　訴訟

　調停が不調に終わった場合や、調停に代わる決定に対する異議申立てがあった場合、賃料増減額請求の訴えを提起することになる。なお、申立人が調停の不成立や異議申立ての通知を受けた日から2週間以内に調停の目的となった請求について訴えを提起

---

18)　三好一幸『民事調停の理論と実務〔第2版〕』（司法協会、令和4年）179頁

したときは、訴えの提起は調停の申立ての時にあったものとみなされる（民事調停法19条）。

2 借地非訟事件

(1) 借地非訟事件とは

借地非訟事件とは、借地契約のうち旧借地法及び借地借家法に定められた借地権を扱う事件のことである。したがって、借地借家法の適用がない建物の所有を目的としない土地賃貸借契約や、土地使用貸借契約を締結している場合には、借地非訟事件の対象とはならない。

(2) 事件の種類

借地非訟事件として取り扱うことができる事件の種類は、以下の6種類である。

ア 借地条件変更申立事件（借地借家法17条1項）

借地契約上、借地上に建築できる建物の種類、構造、規模又は用途を制限する旨の借地条件が定められることがある。

借地権者が借地条件を変更したい場合、土地所有者（賃貸人）との間で借地条件を変更する旨の合意をすることが必要になるが、当事者間で協議が調わないときは、借地権者は、借地条件変更の申立てをして、裁判所が相当と認めれば、借地契約の借地条件を変更する裁判を受けることができる。

借地借家法17条1項には、「法令による土地利用の規制の変更、付近の土地の利用状況の変化その他の事情の変更により現に借地権を設定するにおいてはその借地条件と異なる建物の所有を目的とすることが相当であるにもかかわらず」との文言がある。具体的には、付近の土地の利用状況の変化その他の事情の変更により、現に借地権を設定するにおいてはその借地条件と異なる建物の所有を目的とすることが相当であるといえるかどうか（東京地決平成24・1・19平成22年（借チ）17号公刊物未掲載〔28220499〕）検討することになる。

例えば、「借地上の建物は、非堅固建物に限る」といった契約上の定めがあるときに、木造の建物から鉄筋コンクリート造の建物に立て替えたいところ、土地所有者の合意が得られない場合などが挙げられる。

　なお、東京地裁の借地非訟係では、地上の建物の建替え（改築）、増築又は大修繕等をするには土地所有者の承諾が必要である旨の定めがある借地契約において、借地条件の変更を必要とする増改築をしようとするときは、借地条件変更の申立てとともに、後記イの増改築許可の申立ても必要となる場合があるため、事前に確認することが望ましい。

イ　増改築許可申立事件（借地借家法17条2項）

　借地契約上、借地上の建物の増改築又は大修繕等をする場合には土地所有者の承諾が必要という定めがされることがある。

　増改築又は大修繕等をしたい借地権者は、土地所有者の承諾を得る必要があるところ、土地の通常の利用上相当とすべき増改築につき当事者間で協議が調わないときは、借地権者は、増改築許可の申立てをして、裁判所が相当と認めれば、土地所有者の承諾に代わる許可の裁判を受けることができる。

　なお、借地条件変更の申立てとともにする必要がある場合があることは、上記アで述べたとおりである。

ウ　更新後の建物再築許可申立事件（借地借家法18条1項）

　本申立ては、平成4年8月1日以降に設定された借地権についてのみ適用される。

　借地契約の更新後に、借地権者がやむを得ない事情で残存期間を超えて存続すべき建物を築造するときは、土地所有者の承諾を得る必要がある。（借地借家法18条1項、2項）。

　この承諾を得られないときは、借地権者は、更新後の建物再築許可の申立てをして、裁判所が相当と認めれば、土地所有者の承諾に代わる許可の裁判を受けることができる。

エ　土地の賃借権譲渡又は転貸の許可申立事件（借地借家法19条1項）

　土地賃貸借契約の場合、借地権者が借地上の建物を譲渡するときは、これに伴って

土地の賃借権も移転することになるため、土地所有者の承諾を得る必要がある（民法612条）。

この承諾を得られないときは、借地権者は、土地の賃借権譲渡許可の申立てをして、裁判所が相当と認めれば、土地所有者の承諾に代わる許可の裁判を受けることができる。

オ　競売又は公売に伴う土地賃借権譲受許可申立事件（借地借家法20条1項）

土地賃貸借契約の場合、競売又は公売で借地上の建物を買い受けた者は、これに伴って土地の賃借権も譲り受けることになるため、土地の賃借権の譲受けについて土地所有者の承諾を得る必要がある（民法612条1項）。

この承諾を得られないときは、借地上の建物を買い受けた者は、競売又は公売に伴う土地賃借権譲受許可の申立てをして、裁判所が相当と認めれば、土地所有者の承諾に代わる許可の裁判を受けることができる。

なお、この申立ては、建物の代金を支払った後2か月以内にしなければならない（借地借家法20条3項）ため注意を要する。

カ　借地権設定者の建物及び土地賃借権譲受申立事件（借地借家法19条3項、20条2項）

上記エ、オの場合、土地所有者には自ら土地の賃借権を借地上の建物と一緒に優先的に買い取ることができる権利（介入権）がある。

土地所有者は、裁判所が定めた期間内に限り、介入権を行使する申立てをすることができる。この申立てがあると、原則として、土地所有者が借地権者の建物及び土地の賃借権を裁判所が定めた相当の価格で買い受けることになる[19]。

(3)　手続の流れ[20]

ア　申立て

管轄は、借地権の目的である土地の所在地を管轄する地方裁判所であるが、当事者の合意があるときは、その所在地を管轄する簡易裁判所が管轄することを妨げない（借

---

[19]　裁判所HP「第1　借地非訟とは」（https://www.courts.go.jp/tokyo/saiban/minji-section22/minji-section22-mokuji-1/index.html）
[20]　借地非訟事件手続の流れの詳細は、東京地裁のホームページ「第2　借地非訟事件手続の流れ」を参照（https://www.courts.go.jp/tokyo/saiban/minji-section22/minji-section22-2/index.html）。

地借家法41条)[21]。

イ　審問期日

　裁判所は、鑑定委員会に、許可の可否、承諾料額、賃料額、建物及び借地権価格等について意見を求めることがある（借地借家法17条6項、18条3項、19条6項、20条2項）。鑑定委員に要する費用は、国が負担する。

　鑑定委員会は、現地の状況を調査し、裁判所に意見書を提出する。裁判所は、鑑定委員会の意見書が裁判所に提出されてから、1か月から1か月半程度で審問期日を開き、当事者から、鑑定委員会の意見書についての意見を聴取する（借地非訟事件手続規則8条3項）。

ウ　終了

　非訟事件の裁判は決定による（非訟事件手続法54条）。当事者が、決定に対して不服がある場合、決定書の送達を受けた日から2週間以内に、即時抗告をすることができる（非訟事件手続法66条、67条1項、2項）。決定のほか取下げ又は和解により終了することもある。

　なお、介入権行使の申立てを認める裁判があった場合は、申立人及び相手方は、いずれも、自分の申立てを取り下げるためには、他方の当事者と書面で取下げの合意をすることが必要になる（借地借家法19条5項、20条2項、借地非訟事件手続規則20条）。

(4)　介入権申立事件における相当の対価

　相当の対価（借地借家法19条3項、同法20条2項）を事前に把握するのは難しい。

　裁判所が、鑑定委員からの意見書に基づいて決める。借地権譲渡の場合、介入権における「相当の対価」は、建物の価格と借地権の価格の合計額から、譲渡承諾料相当額（借地権価格の10%程度）を控除した額であるとされている[22]が、権利金の額、借地権の残存価格等諸般の事情が考慮されるなど、事案によって異なる。

---

21)　東京の場合、東京23区内と東京都島しょ部（伊豆諸島、小笠原諸島）に所在する借地の事件は東京地方裁判所民事第22部に、東京都内の上記以外の多摩地区に所在する借地の事件は、東京地方裁判所立川支部民事第4部に申し立てる。なお、東京地裁民事第22部は、令和6年現在東京家庭・簡易裁判所合同庁舎6階に移転しており、地裁の建物にはないため注意を要する。

22)　田山輝明・澤野順彦・野澤正充編『新基本法コンメンタール　借地借家法〔第2版〕』（日本評論社、令和元年）122頁

第3 賃貸借関係終了に基づく明渡しに関する手続

1 保全手続

(1) 保全を検討すべき場合

　訴訟提起後口頭弁論終結前に建物を譲渡されてしまった場合や、第三者が占有を承継した場合、又は第三者が賃借人からの承継によらず占有を取得したような場合には、賃借人に対する判決は第三者には及ばない。このようなおそれがある場合には、処分禁止の仮処分や占有移転禁止の仮処分を申し立てる必要がある。

(2) 土地

　裁判手続の間に土地上の建物を譲渡されるおそれがあるような場合には、処分禁止の仮処分をすることを検討する。例えば、土地賃借人に借入金がある場合、裁判手続の間に土地上の建物を譲渡してしまうこと等が考えられる。賃借人の借入金について調査する方法としては、登記を確認し抵当権が付いているか否か等を確認する。
　処分禁止の仮処分は、建物について処分禁止の登記をする方法で執行される（民事保全法55条1項）。処分禁止の登記がなされた場合、その登記後に建物を譲り受けた者がいる場合であっても、承継執行文の付与（民事執行法27条2項）を受けることによって、本案の債務名義に基づいて建物収去及び明渡しの強制執行をすることができる。
　なお、同仮処分は建物の敷地の占有について仮処分の効力を及ぼすものに過ぎないため、建物の敷地部分が当該土地の一部に過ぎず、建物敷地部分以外の土地が広大で、別途第三者に占有移転される可能性があるような場合には、敷地以外の土地部分について土地の占有移転禁止の仮処分を行う必要がある。
　また、処分禁止の仮処分は、あくまでも建物所有者に対してその処分を禁止するものであるから、建物所有者が建物の占有のみを移転するおそれがある場合や、建物所

有者とは別に建物を占有している者が存在し、その占有が移転されるおそれがある場合、建物所有者に対する処分禁止の仮処分と同時に、建物所有者や建物占有者に対する占有移転禁止の仮処分も行う必要がある。

(3) 建物

　裁判手続の間に建物の占有者が変わるおそれがある場合には、占有移転禁止の仮処分をすることを検討する。例えば、賃借人以外の者の出入りが多い場合などが考えられる。これは、賃貸人又は管理会社への事情の聴取や表札の表記、人の出入りの観察、洗濯物の様子といった現地調査等で明らかにする。

　なお、占有者側が、次々に占有者を変えている等の事情で、誰が現在の占有者なのか分からないというケースもまま見られる。この点、占有移転禁止の仮処分命令は、執行前に債務者を特定することを困難とする特別の事情がある場合には債務者を特定せずに発することができる（民事保全法25条の2）。そのため、このような場合には、債務者を「仮処分命令執行のときに不動産を占有する者」などとし、氏名不詳であることを前提に申立てを行うことが可能である。同仮処分において執行官は、物件に直接赴いて占有者を認定し、仮処分調書（占有関係調査票）を作成するので、本案訴訟においては、同手続で占有者と認定された者を被告とすることになる。

　上記が建物明渡請求における仮処分の一般的な方法ではあるが、占有者の占有態様が明らかに執行妨害的な場合や、暴力的に占有を侵奪された場合のように占有者の悪質性が極めて高い場合には、建物明渡断行の仮処分を行い、建物の明渡しを仮に実現してしまうという方法もある。もっとも、この場合には一般的に担保金が高額になる（目安としては賃料の24か月分以上とされる）ことや、占有移転禁止の仮処分と異なり双方審尋期日を経ることになるので留意する必要がある。建物明渡請求事件に限ったことではないが、細かい事案の差によって選択すべき手続が大きく変わるので、事案をよく見極めることが肝要である。

第9章　不動産・建築

2　賃貸借契約の終了事由

(1)　賃貸借契約の解除事由

　賃貸借は、当事者相互の信頼関係を基礎とする継続的契約であるから、当事者の一方に、その信頼関係を裏切って、賃貸借関係の継続を著しく困難ならしめるような不信行為のあった場合に限り解除することができる（最判昭和27・4・25民集6巻4号451頁〔27003411〕）。
　信頼関係破壊の理由としては、用法順守義務違反や、賃料の不払等が挙げられる。
　もっとも、「賃貸借関係の継続を著しく困難ならしめるような不信行為」があったとしても、不信行為といえる程度の理由が必要である点に注意が必要である。例えば、使用方法に問題がない場合に賃料の支払が数日遅れただけでは認められないことが多い。
　一般的には3か月〜6か月程度の賃料の不払で信頼関係の破壊が認められるといわれているが、賃料不払の期間だけではなく、その金額、不払に至った経緯や当事者の関係等を総合的に考慮して、信頼関係が破壊されたかを判断する[23]。

(2)　更新拒絶解約申入れの正当事由

　賃貸人による更新拒絶や賃貸借契約解約の申入れが認められるには、正当事由が必要である。正当事由については、土地の場合は借地借家法6条、目的不動産の場合は借地借家法28条に定めがあり、目的不動産の使用を必要とする事情のほか、目的不動産の賃貸借に関する従前の経過、目的不動産の利用状況及び目的不動産の現況並びに目的不動産の賃貸人が目的不動産の明渡しの条件として又は目的不動産の明渡しと引換えに目的不動産の賃借人に対して財産上の給付をする旨の申出をした場合におけるその申出を考慮することとされている。
　具体的には、賃貸人と賃借人それぞれの目的不動産使用の必要性や、賃貸人が帰国時に明け渡す約束で賃料を安く設定していた（東京地判昭和60・2・8判時1186号81頁

---

23)　滝口大志『早期解決を実現する　建物明渡請求の事件処理88〔第3版〕』（税務経理協会、令和6年）

〔27800559〕）など、賃貸人と賃借人の間に存していた事情が考慮される。

　また、目的不動産の朽廃（老朽化）も考慮される。例えば、目的不動産が古くなったが、賃料収入に比べて耐震工事費用が高額で経済的合理性を欠く場合、（東京地判平成28・5・23平成26年（ワ）10246号公刊物未掲載〔29018509〕）等である。

　もっとも、実際には条文上の補完要素である「建物の賃貸人が建物の明渡しの条件として又は建物の明渡しと引換えに建物の賃借人に対して財産上の給付をする旨の申出をした場合におけるその申出」（借地借家法28条）の考慮、すなわち立退料で正当事由を補完することが多い。その額については、当事者間の事情や具体的な正当事由などによって様々であり、個別の事案によって異なる。

(3)　調停、訴訟手続による終了の際注意すべき点

　同居人がいる場合は、その者についても債務名義を取得する必要があることがある。家の所有者とともにその家に居住する家族は、その所有者の占有補助者に過ぎず、独立の占有を有する者ではない（最判昭和28・4・24民集7巻4号414頁〔27003322〕）という判例がある。しかし、「友人」や「婚約者」などについて、建物の占有者であるか、占有補助者に過ぎないかについて訴訟提起の段階で判明しているとは限らず、これらについては占有移転禁止の仮処分等も検討する必要がある。

　土地や建物の一部について明渡しを求めるような場合には、訴訟提起の際に別紙図面を付けることも検討する。その際、居室などの専有部分に限らず、ベランダ等も含めることを忘れないよう注意を要する。

3　建物明渡しの断行・執行

(1)　概要

　建物の引渡し又は明渡しの強制執行とは、執行官が債務者の不動産等に対する占有を解いて債権者にその占有を取得させる手続である（民事執行法168条1項）。申立てには債務名義が必要であるから、前提として訴訟等により債務名義を取得する必要がある（民事執行法22条）。

(2) 申立方法

管轄は、不動産の所在地を管轄する地方裁判所の所属する執行官室[24]である。

申立てに必要な書類については、東京地裁民事第21部執行官室においては、①執行文の付与された債務名義の正本、②同送達証明、③申立書、④（当事者が法人の場合）資格証明書、⑤（代理人が付く場合）委任状、⑥物件目録、⑦当事者目録、であるが、①について債務名義の正本だけで足りる場合があるなど、事例によって異なるため、申立ての前に執行官室のホームページ等を確認する[25]。

一般的には、強制執行の申立てが受理されると、執行官との間で解錠技術者と立会人の要否、現場の状況、特徴、執行日時を打ち合わせる流れが多い。また、不動産の引渡し等の強制執行において債権者の立会いが必要である（民事執行法168条3項）が、代理人や復代理人でも差し支えない。

(3) 明渡催告

催告の手続においては、執行官、債権者（代理人）、立会人等が対象物件に赴き、執行官が、引渡し期限や債務者が不動産等の占有を移転することを禁止されている旨を、当該不動産等に公示書等の張り紙で公示する（民事執行法168条の2）。合鍵がないなどの理由で鍵が開かないようなときには、解錠技術者の同行を要する場合もある。

建物の中に債務者が居る場合は、基本的に執行官が対応することになる。

また、断行に向け、執行補助者が部屋の残置物の量を確認し、費用の見積もりを行うこともある。

なお、執行補助者や解錠技術者の費用は、執行予納金には含まれないため注意を要する。

(4) 明渡断行

賃借人が強制執行期日までに明渡しを行わなかったときは、断行が行われる。

残置物がある場合には、債務者に引き渡すか、即日売却がされるか、又は保管場所

---

[24] 裁判所HP「動産執行の申立て，不動産引渡（明渡）執行の申立て，保全処分の執行の申立てに必要な書類」（https://www.courts.go.jp/tottori/saiban/tetuzuki/vcmsFolder_597/vcmsFolder_599/vcms_599.html）

[25] 裁判所HP「不動産引渡命令の申立てについて」（https://www.courts.go.jp/tokyo/saiban/minzi_section21/hikiwatasimeireimousitate_hudousan/index.html）

で一定期間保管された後売却又は処分されることとなる。保管場所は申立人側で準備する必要があり、保管費用も申立人が負担することになる。債務者が残っている場合には退去させる。建物明渡しの手続上必要なことではないが、必要に応じて、役所や福祉関係者との連携を検討することもある。

また、解錠技術者に依頼し、物件の鍵を変えることがある。これは執行の要件ではないが、鍵が変わっていないと再度占有されてしまうような場合には変えることが多い。

参考

- 滝口大志『早期解決を実現する　建物明渡請求の事件処理88〔第3版〕』（税務経理協会、令和6年）
- 裁判所HP「執行官室（執行部）からのお知らせ」(https://www.courts.go.jp/tokyo/saiban/minzi_section21/zimu_kasumigaseki/index.html)
- 司法研修所『改訂　民事保全〔補正版〕』（日本弁護士連合会、平成17年）
- 岡口基一『民事保全・非訟マニュアル　書式のポイントと実務』（ぎょうせい、令和元年）
- 江原健志・品川英基編著『民事保全の実務〔第4版〕』（きんざい、令和3年）
- 松浦裕介ほか『事例に学ぶ建物明渡事件入門〔第2版〕―権利実現の思考と実務―』（民事法研究会、令和4年）
- 滝口大志『建物明渡請求の事件処理50　任意交渉から強制執行までの実例集』（税務経理協会、平成28年）

第4 建築関係

1 建築関連紛争

(1) 紛争類型

　建築関連紛争は、建築請負契約にかかる紛争として、①瑕疵の有無が問題となる事案、②追加変更工事の成否が問題となる事案、③建築工事の出来高が問題となる事案の他に、④設計、監理に関する事案や⑤不法行為（第三者被害型）の事案などの事件類型がある。

　それ以外にも、建築物にかかる売買契約にかかる紛争や、建築主と建築業者の間だけではなく、元請負人と下請負人との間などの建築業者間の紛争もあり、事件類型は多種多様である。

　これらは、建築紛争を一つとっても設計、施工、構造、意匠、材料、地盤及び設備などの高度な専門、技術的分野に分かれている上に、争点が多岐にわたり、関係法令も建築基準法や都市計画法などの建築基準関係規定や建設業法なども関連する。

(2) 建築専門家による知見の活用[26]

　建築関連紛争では、瑕疵の把握はもちろんのこと、上記のとおり設計、施工、構造、意匠、材料、地盤及び設備など多岐にわたって専門的、技術的分野が関わってくる。

　このような複雑かつ専門的な類型である建築紛争においては、建築士などの建築専門家が関与して紛争の解明に導くことで、実情に即した解決を図ることが期待できる。

　また、建築専門家から当事者に対して質疑をすることや資料提出を促し、現地の建物を実際に目で見て調査する「現地調査」を行うことで、裁判所は図面や写真によっては理解が困難であった当事者の主張を一見して理解することができ、適切な解決を

---

26) 岸日出夫編『Q＆A建築訴訟の実務－改正債権法対応の最新プラクティス－』（新日本法規、令和2年（以下、この章では『Q＆A』という））585頁以降

当事者に促すことができる。当事者においても、建築専門家が関与した現地調査が実施されると、紛争の真の理解が進み、臨機応変な対応が可能となる。

建築関連紛争においては、建築専門家が関与し、その知見を大いに活用するメリットが非常に大きい。

2 事件処理の流れと手続選択

(1) 民事上の請求

まず、建築訴訟は、主に、建築請負契約に基づく請負代金請求事件と施工等に瑕疵があったとして債務不履行又は不法行為に基づく損害賠償請求事件と大きく2つに分かれる。

特に瑕疵の主張をする場合、実際の施工内容（現状）と契約で合意された施工内容（あるべき施工内容）を具体的に主張立証する必要がある[27]。

訴訟手続において、これらの施工内容を正確に把握するため、建築専門家による知見を活用する手段として、付調停（民事調停法20条）、専門委員（民事訴訟法92条の2）及び鑑定（民事訴訟法212条）がある[28]。

そこで、まず建築訴訟における訴訟手続の特徴を述べた上で、その後に建築専門家が関与する付調停及び専門委員について述べることとする[29]。

また、訴訟手続外での手続類型としては、建設工事紛争審査会と指定住宅紛争処理機関というADRがあり、住宅紛争処理支援センターという住宅紛争の相談機関も存在する。

---

[27] 小久保孝雄・富岡由美子編『リーガル・プログレッシブ・シリーズ　建築訴訟』（青林書院、平成27年）92頁以降。『Q&A』66頁以降。岸日出夫ほか「建築訴訟の審理モデル～工事の瑕疵編～」判タ1454号（平成31年）8頁以降。

[28] 瑕疵の主張がある建築訴訟のうち、調停委員又は専門委員が関与した事件の割合は、平成19年には37.4%であったものが、令和4年には61.8%に達していた。一方で、鑑定を実施した事件件数は、令和4年は全国で9件しかなかった（最高裁判所事務総局『裁判の迅速化に係る検証に関する報告書』（令和5年）115～116頁）。鑑定に関しては『Q&A』631頁以降（26鑑定 Q83、Q84）参照。

[29] 東京地裁の運用の詳細については、大塚博喜「東京地方裁判所民事第22部（建築・調停・借地非訟部）の事件の概況」法曹時報74巻12号（令和4年）55頁を参照。

(2) 建築規制に関する紛争

建築確認取消請求など建築規制に関する行政上の紛争手続類型として、行政訴訟又は審査請求がある。

3　建築訴訟における訴訟手続の特徴

(1) 審理モデルの活用

建築関連紛争は、専門的な知見が必要である上、争点が多岐にわたることに加え、建築現場での口頭でのやり取りしか残されていない場合など客観的書証などの証拠が少なく事実認定が困難であることが多い。また、建物に関する取引が高額となるため、ひとたび紛争になった場合は当事者の感情的対立が激しくなる。このような特徴を有した建築訴訟は、審理も長期化する傾向にある[30]。

もっとも、建築訴訟は、瑕疵の有無が問題となる事案や追加変更工事の成否が問題となる事案など類型ごとにやるべきことが概ね決まっているため、審理の計画を立てて各段階で行うことを的確に組み込めば、適正迅速な審理が期待できる。

建築専門部である東京地裁民事第22部では「建築訴訟の審理モデル」[31]が作成され提唱された。これにより、事件類型を勘案しつつ的確な訴訟活動をすることが期待される。

① 訴状審査　1か月程度
② 主張整理　4〜8か月程度
③ 調停手続との並進による争点整理　6〜10か月程度
④ 人証調べ　5か月程度

---

[30] 建築関係訴訟全体の平均審理期間は令和4年では21.3月（瑕疵の主張がある場合は27.0月）である（最高裁判所事務総局『裁判の迅速化に係る検証に関する報告書』（令和5年）109頁以下）。

[31] 『Q＆A』5〜10頁。なお、各紛争類型における審理モデルについては、「追加変更工事編」（判タ1453号（平成30年）5頁、「工事の瑕疵編」（同1454号（平成31年）5頁）、「出来高編」（同1455号（平成31年）5頁）、「設計・監理の報酬請求編」（同1489号（令和3年）5頁）、「設計・監理の債務不履行・不法行為編」（同1490号（令和4年）5頁）、「不法行為（第三者被害型）編」（同1495号（令和4年）5頁）参照。

⑤　判決　2か月程度

(2)　一覧表の作成

　建築訴訟は、その専門複雑な紛争類型ゆえに主張も複雑化し、争点の把握が困難を極める。特に瑕疵の主張をする場合、実際の施工内容（現状）と契約で合意された施工内容（あるべき施工内容）を具体的に主張立証する必要がある[32]。

　そこで、当事者が主張する際には、瑕疵一覧表などの定型的なExcelデータでの一覧表を作成して主張を整理する[33]。東京地裁民事第22部のホームページでは、瑕疵一覧表のほかに、追加工事一覧表や出来高工事一覧表など紛争類型に沿ったExcelデータのひな型がダウンロードできる[34]。

4　建築訴訟における専門家の関与

(1)　付調停（民事調停）

ア　調停手続の利用[35]

　民事調停は、当事者の互譲により、条理にかない実情に即した解決を図ることを目的とする紛争解決制度である（民事調停法1条）。

　建築専門家を調停委員として公平中立的な立場で関与させることで、適宜意見を求めることができる。また、当事者においても、建築専門家が関与して現地調査等が実施されると、紛争の真の理解が進み、裁判所が作成した調停案や意見書にも納得感が生まれやすい効果がある。さらに、当事者は、後述のとおり、調停手続の中で獲得した専門的知見を訴訟事件に反映することができる。建築専門家に意見や評価を求めることに関する費用は特段生じない。

---

[32]　脚注27参照。
[33]　現在ではWEB期日の浸透により、Microsoft Teamsに一覧表のデータをアップロードして当事者が一覧表データを追記していく方法を採ることが多い。
[34]　東京地裁ホームページ（https://www.courts.go.jp/tokyo/saiban/l3/Vcms3_00000560.html）
　　　大阪地裁ホームページ（https://www.courts.go.jp/osaka/saiban/kentiku/1_2_kenchikukankeisoshou/Vcms4_00000524.html）
[35]　『Q&A』585頁以降「23調停Q76」。なお、民事調停手続一般について、宇田川博史・長谷川裕「民事調停官の実務（上・下）―付調停事件を中心に」NBL 1276号、1277号（令和6年）参照。

そのため、建築訴訟において調停に付すことに大きなメリットがある[36]。一般的な民事調停手続については、**第1章 一般民事**を参照[37]。

イ 現地調査[38]

建築訴訟において、瑕疵が存在することに関する客観的な証拠として写真が多用される。もっとも、被写体の大きさや長さが原寸大ではなく、撮影箇所の正確な位置関係も明らかとまではいえず、さらに写真自体が不鮮明であることも少なくない。そのため、瑕疵の存在を的確に把握することが難しい。

そこで、訴訟記録によって把握仕切れない情報を得るため、現地調査を積極的に行うことが紛争解決に大いに役立つ。

現地調査によって、建築専門家は現地の状況を目視などしつつ当事者から直接話を聞くことで現場を把握することができ、より的確な意見や評価をすることができるとともに、裁判官も争点が具体化してより理解がしやすくなる。また、当事者においても、実際に現地を見た結果に基づいて意見や評価が出ると、納得感が得られやすく、調停成立を促す効果が期待できる。

ウ 訴訟手続との関係[39]

付調停になったときは、受訴裁判所は、調停が終了するまで訴訟手続を中止することができる（民事調停法20条の3第1号）。

建築訴訟の付調停においては、当事者が調停手続の中で獲得した専門的知見を踏まえて的確な主張立証を行うことができるとともに、裁判所も当事者の主張立証を踏まえた争点整理をしつつ、調停案を提示することができる。そのため、調停に付したとしても、訴訟手続を中止することなく調停手続と訴訟手続を併存させ、同時に進行することが多い（訴訟手続と調停手続との並進）。

---

[36] 東京地裁の調停部である民事第22部及び大阪地裁の調停部である第10民事部は、ともに建築専門部に配属されている。
[37] 東京地裁の調停部では全件で調停主任が常時立ち会って調停手続を主宰している。
[38] 『Q&A』606頁以降「24現地調査Q79」
[39] 『Q&A』601頁以降「23調停Q78」

エ　専門委員との関係

　後述のとおり、専門委員の役割は、争点整理等に関し専門的知見に基づく「説明」をすることである。当事者の同意がない限り[40]、調停委員のように専門的知見に基づく「意見」を述べることはできないという制約がある[41]。

　建築訴訟は、建物が高額であり、建築主にとっては生活の拠点となることから、当事者の感情的対立が激しい紛争類型である。一方で、中立的な建築専門家が意見を述べて法的見解を示した上で、当事者に対し譲歩を促すことができれば、合意による解決を図る余地が大きい紛争類型でもある[42]。

　このように、建築訴訟は付調停の活用がなじみやすい性質を有している。

(2)　専門委員

　裁判所は、争点整理又は訴訟手続の進行に関し必要な事項の協議をするに当たり、訴訟関係を明瞭にし、又は訴訟手続の円滑な進行を図るため必要があると認めるときは、当事者の意見を聴いて、決定で、専門的な知見に基づく説明を聴くために専門委員を手続に関与させることができる。この場合、専門委員の専門的知見については、口頭又は書面にて説明する方法により行われる（民事訴訟法92条の2第1項）。

　付調停の活用がなじみやすい建築訴訟において、専門委員が活用できる場面としては、調停の成立見込みが当初から全くない場合や、調停不成立となった後にさらに専門的知見を導入する必要がある場合である[43]。

5　ADR、相談機関

(1)　概略

　建築紛争における準司法的機関となる裁判外紛争処理機関（ADR）には、建設工事

---

40)　『Q＆A』622頁
41)　『Q＆A』587頁
42)　『Q＆A』619頁
43)　『Q＆A』620〜621頁

第9章　不動産・建築

紛争審査会[44]と指定住宅紛争処理機関[45]がある。2つのADRの概略は、以下のとおりである。また、住宅紛争の相談機関として、住宅紛争処理支援センターがある。

	建設工事紛争審査会	指定住宅紛争処理機関	
機関	中央審査会（国土交通省本省） 都道府県審査会（都道府県）	住宅紛争審査会（各弁護士会）	
根拠法	建設業法25条1項	住宅の品質確保の促進等に関する法律66条1項	特定住宅瑕疵担保責任の履行の確保等に関する法律33条
対象物件	制限なし	建設住宅性能評価書が交付された住宅（評価住宅）	住宅瑕疵担保責任保険契約が付された新築住宅及び特定住宅瑕疵担保責任の履行の確保等に関する法律19条2号に規定する保険が付された住宅（保険付き住宅）
当事者	注文者－元請負人間 元請負人－下請負人 一次下請負人－二次下請負人 など契約の直接当事者	評価住宅の住宅購入者や注文者	保険付き住宅の住宅購入者や注文者
事件類型	建設工事の請負契約	建設工事の請負契約 売買契約	
紛争処理手続	あっせん、調停、仲裁	あっせん、調停、仲裁	
手数料	申請手数料、通信運搬費、その他の費用	1万円	

(2)　建設工事紛争審査会

ア　概略

　建設工事紛争審査会とは、建設業法に基づき、建設工事の請負契約に関する紛争につき、あっせん、調停及び仲裁を行うADRである（建設業法25条）。国土交通省に設置された中央建設工事紛争審査会と各都道府県に設置された都道府県建設工事紛争審査

---

[44]　建設工事紛争審査会の詳細については、全国建設工事紛争審査会連絡協議会「知っていますか？！建設工事紛争審査会」パンフレット（令和4年）のほか、国土交通省のホームページを参照（https://www.mlit.go.jp/totikensangyo/const/totikensangyo_const_mn1_000101.html）。

[45]　指定住宅紛争処理機関の詳細については、公益財団法人住宅リフォーム・紛争処理支援センターのホームページ「住まいるダイヤル」（https://www.chord.or.jp/index.html）を参照。

会があり、紛争当事者である建設業者の許可の区分等にしたがって管轄が決まる（建設業法25条の9）。

建設工事紛争審査会の委員は、弁護士を中心とする法律委員と、建築、土木、電気、設備などの各技術分野の学識経験者や建設行政の経験者などの専門委員から構成され、専門的かつ公正・中立な立場で紛争の解決にあたる。

イ　事件類型

建設工事紛争審査会が取り扱う事件は、当事者の一方又は双方が建設業者である場合の紛争のうち工事の瑕疵（不具合）、請負代金の未払などのような「工事請負契約」の解釈又は実施をめぐる紛争である。したがって、専ら建物の設計監理契約に関する紛争などは、建設工事紛争審査会では取り扱わない。

また、当事者は、「工事請負契約」の当事者である。例えば、注文者と元請負人の間、元請負人と下請負人の間、一次下請負人と二次下請負人の間など契約の直接の当事者となっている者の間の紛争である。したがって、直接の契約関係にない元請・孫請間の紛争、近隣住民と工事の請負人の間で工事騒音が問題となっている紛争などは、契約当事者間の紛争ではないので、建設工事紛争審査会では取り扱わない。

ウ　紛争処理手続

建設工事紛争審査会は、事件の内容に応じて担当委員を指名し、「あっせん」（建設業法25条の12）、「調停」（建設業法25条の13）、「仲裁」（建設業法25条の19）のいずれかの手続によって紛争の解決を図る。事件の内容、解決の難しさ、緊急性などにより、いずれの手続によるかを選択して申請をする（建設業法25条の11、25条の18。なお、仲裁を申請するためには、当事者間で仲裁合意書が作成されていることが必要である。）。

建設工事紛争審査会の行うあっせん、調停及び仲裁の手続は原則として非公開である（建設業法25条の22）。

あっせん、調停及び仲裁の申請書が建設工事紛争審査会に提出されると、法律、建築、土木等の専門家の中から担当委員が指名される。担当委員は、当事者双方の主張を聴き、原則として、当事者双方から提出された証拠を基にして紛争の解決を図る。

申請手数料は、あっせん、調停又は仲裁ごとに異なり、いずれも解決を求める金額に応じて定められている。

第9章　不動産・建築

	あっせん	調停	仲裁
趣旨	当事者の歩み寄りによる解決を目指す（注）。		裁判所に代わって判断を下す。
担当委員	原則1名	3名	3名
審理回数	1～2回程度	3～5回程度	必要な回数
解決した場合の効力	民法上の和解としての効力（別途公正証書を作成したり、確定判決を得たりしないと強制執行ができない。）		裁判所の確定判決と同じような効力（執行決定を得て強制執行ができる）
特色	調停の手続を簡略にしたもので、技術的・法律的な争点が少ない場合に適する。	技術的・法律的な争点が多い場合に適する。場合によっては、調停案を示すこともある。	裁判に代わる手続で、一審制。仲裁判断の内容については裁判所でも争えない。
その他			仲裁合意が必要

（注）・申請前の段階で当事者間の関係が相当悪化している場合、申請を行っても、相手方は「手続に応じない」となる可能性があります。その場合、審理に入ることなく打切りとなります。制度利用を検討される際は注意してください。
・審理は解決の見込みのある限り継続することになりますが、一方又は双方が互いに譲歩することなく、容易に妥協点が見出せないような場合には、手続は打ち切られることになります。

国土交通省HP「4．建設工事紛争審査会での紛争処理手続　～あっせん・調停・仲裁～」
（https://www.mlit.go.jp/totikensangyo/const/totikensangyo_const_tk1_000075.html）から引用

【例】解決を求める事項の金額による申請手数料

	金額500万円の場合	金額2,000万円の場合	金額5,000万円の場合
あっせん	18,000円	40,500円	73,000円
調停	36,000円	73,500円	148,500円
仲裁	90,000円	180,000円	360,000円

(注5) あっせん又は調停の打切りの通知を受けた日から2週間以内に当該あっせん又は調停の目的となった事項について仲裁の申請をする場合には、当該あっせん又は調停について納めた申請手数料の額を控除した残額を納めます。納付した申請手数料は、次の場合に限り2分の1が還付されますが、これら以外の場合には、申請を取り下げたり、あっせん、調停が不調に終わったために、紛争が解決しなかったとしても、返還されません。
① 最初の期日の終了前に申請を取り下げた場合
② 口頭審理が開催されることなく仲裁手続の終了決定があった場合
(注6) 申請手数料とは別に、通信運搬費を予納していただきます。
●あっせん…10,000円（一律）　●調停…30,000円（一律）　●仲裁…50,000円（一律）

全国建設工事紛争審査会連絡協議会「知っていますか？！建設工事紛争審査会」パンフレット
（令和4年4月）4頁から引用

(3) 指定住宅紛争処理機関（住宅紛争審査会）

ア 概略

　住宅紛争審査会は、「評価住宅」及び「保険付き住宅」の建設工事請負契約・売買契約等をめぐる紛争について、専門家による迅速かつ適正な解決を図ることを目的として、住宅の品質確保の促進等に関する法律（以下「品確法」という）に基づき、弁護士会が国土交通大臣から指定住宅紛争処理機関としての指定を受けて設置した、民間型の裁判外紛争処理機関である（品確法66条1項）。

　「評価住宅」とは、品確法に基づく住宅性能表示制度を利用して建設住宅性能評価書（品確法6条、住宅の品質確保の促進等に関する法律施行規則5条）が交付された住宅をいう。

　また、「保険付き住宅」とは、特定住宅瑕疵担保責任の履行の確保等に関する法律（以下「履行確保法」という）による住宅瑕疵担保責任保険（履行確保法19条1号）が付された新築住宅及び履行確保法19条2号に規定する保険が付された住宅の総称をいう。

　新築住宅の請負契約又は売買契約における瑕疵担保責任について特別の定めをすること（品確法1条）から、評価住宅や保険付き住宅の住宅購入者や注文者が当事者となる。

　住宅紛争審査会で紛争処理を担当する専門家（紛争処理委員）は、法律の専門家としての弁護士と、建築技術について知見を有する建築専門家などから構成されており、専門的かつ公正・中立の立場で紛争の解決にあたる。

評価住宅	住宅品質確保法に基づく住宅性能表示制度を利用して建設住宅性能評価書が交付された住宅。
1号保険付き住宅	「特定住宅瑕疵担保責任の履行の確保等に関する法律」(住宅瑕疵担保履行法)による住宅瑕疵担保責任保険が付された新築住宅。
2号保険付き住宅※	「特定住宅瑕疵担保責任の履行の確保等に関する法律」(住宅瑕疵担保履行法)による次の瑕疵保険が付された住宅。 ○ 新築2号保険:住宅瑕疵担保履行法が定める資力確保義務が適用されない住宅(宅建業者が買主・発注者となる新築住宅、建設業許可が不要な業者が建設した新築住宅、新築後に人が居住しないで1年以上経過した住宅等)を対象にした瑕疵保険 ○ リフォーム瑕疵保険:リフォーム工事を対象にした瑕疵保険 ○ 大規模修繕瑕疵保険:共同住宅の大規模修繕工事を対象にした瑕疵保険 ○ 既存住宅売買瑕疵保険:既存住宅(中古住宅)の売買に関する瑕疵保険 ○ 延長保証保険:新築住宅の引渡し後10年間の瑕疵担保責任期間経過後に一定の検査・補修をした上で加入する瑕疵保険

公益財団法人住宅リフォーム・紛争処理支援センターHP「住宅紛争審査会の取り扱う紛争」(https://www.chord.or.jp/trouble/funso.html)から引用

イ 事件類型

　住宅紛争審査会が取り扱う事件は、「評価住宅」と「保険付き住宅」について、その建設工事請負契約又は売買契約等に関する紛争である。

　したがって、評価住宅や保険付き住宅でない住宅の紛争は、住宅紛争審査会では取り扱わない。また、評価住宅や保険付き住宅に関する紛争であっても、近隣関係や賃貸借に関する紛争については、取り扱うことができない。

ウ 紛争処理手続

　住宅紛争審査会は、「あっせん」、「調停」及び「仲裁」のいずれかの手続によって紛争の解決を図る。申請者は、事件の性質、解決の難易、緊急性などを判断して、いずれかの手続を選択して申請する（なお、仲裁を申請するためには、当事者間で仲裁合意書があることが必要である）。申請手数料は、紛争処理の種類（あっせん、調停、仲裁）に関係なく一律１万円（消費税非課税）である。

【あっせん・調停・仲裁の特徴】

	内　容	特　徴
あっせん	**審理内容**・・・当事者双方の主張の要点を確かめ、当事者間の歩みよりを勧め、解決を図る。 **あっせん委員**・・・原則として1名 **審理回数**・・・1〜3回程度	■調停の手続を簡略にしたもの。 ■早急な解決が必要な場合や、技術的な争点が少ない場合に適している。 ■あっせんが成立したときは和解書を作成する。これは民法上の和解（第695条、696条）としての効力をもつ。 ■別途公正証書を作成したり、確定判決を得たりしないと強制執行ができない。
調停	**審理内容**・・・当事者双方の主張を聴き、争点を整理し、調停案を作成してその受諾を勧告し、解決を図る。 **調停委員**・・・3名以内 **審理回数**・・・3〜5回程度	■当事者の互譲により、実情に即した解決を図るもの。 ■技術的、法律的な争点が多く、あっせんでは解決が見込めない場合に適している。 ■調停が成立したときは調停書を作成する。これは民法上の和解（第695条、696条）としての効力をもつ。 ■別途公正証書を作成したり、確定判決を得たりしないと強制執行ができない。
仲裁	**審理内容**・・・当事者双方の主張を聴き、必要に応じ証拠調べや、現地調査をして、仲裁委員が仲裁判断を行う。 **仲裁委員**・・・3名以内 **審理回数**・・・必要な回数	■仲裁委員が、仲裁判断を行い、当事者双方はその判断に服するもので、民事訴訟に代わるもの。仲裁手続には、裁判のような上訴の制度はない。 ■仲裁を申請するには、当事者間の「仲裁合意」が必要。 ■仲裁判断は、確定判決と同じ効力を有する（仲裁法第45条第1項）ものであり、仲裁判断の内容については裁判所で争うことはできない。

公益財団法人住宅リフォーム・紛争処理支援センター
「住宅紛争審査会における評価住宅の紛争処理手続の手引」4頁（令和4年10月）から引用

(4) 住宅紛争処理支援センター（住まいるダイヤル）

　住宅紛争処理支援センターは、品確法82条に基づき、指定住宅紛争処理機関（住宅紛争審査会）の行う紛争処理の業務の支援その他住宅購入者等の利益の保護及び住宅に係る紛争の迅速かつ適正な解決を図ることを目的とする一般財団法人である。現在では、公益財団法人住宅リフォーム・紛争処理支援センター（通称「住まいるダイヤル」）が担っている。

　評価住宅又は保険付き住宅に限らず、それ以外の住宅（中古も含む）における建設工事の請負契約又は売買契約に関するもののほか、住宅リフォームに関する相談、助言及び苦情の処理を行う（品確法83条1項6号、7号、履行確保法34条）[46]。

6　建築規制にかかる紛争

(1) 建築行政

　建築物は人々が暮らしていく日常生活の基盤である。そのため、人々の生命、健康及び財産の保護を図るため、建築物の安全性を確保する必要がある。建築基準法は、建築物の敷地、構造、設備及び用途に関する最低の基準を定めている（建築基準法1条）。

　また、都市は人と建築物の集団である。建築物は、土地に定着することにより土地の用途を限定する一方で、道路とともに都市を構成する要素にもなる。土地の利用計画を具現化して都市を形成する建築物は、都市計画法の適用を受ける。

　このように、人々の安全性を確保するための技術的基準と健全な街造りのための基準を定める建築基準法及び都市計画法や消防法その他の建築関係法令によって、建築物は行政上の様々な規制を受ける[47]。

　これらの建築関係法令に基づく行政庁の処分に対し不服がある者は、行政事件訴訟法に基づく行政訴訟及び行政不服審査法に基づく審査請求をすることができる。

46）　「住まいるダイヤル」のホームページ「相談サービスのご案内」（https://www.chord.or.jp/consult/index.html）
47）　詳細は、国土交通省住宅局建築指導課編『図解建築法規』（新日本法規、令和6年）参照

（2） 行政訴訟

　建築基準法その他の建築関係法令による「行政庁の処分その他公権力の行使に当たる行為」（行政事件訴訟法3条2項）については、行政訴訟を提起することができる。

（3） 審査請求

ア　概略

　建築基準法令の規定による特定行政庁、建築主事等若しくは建築監視員、都道府県知事、指定確認検査機関又は指定構造計算適合性判定機関の処分又はその不作為についての審査請求は、建築審査会に対して行う（建築基準法94条1項）。審査請求がなされた建築審査会は、行政不服審査法における審査庁となる（行政不服審査法9条1項）。

　建築審査会は、建築主事を置く市町村及び都道府県に設置され（建築基準法78条1項）、法律、経済、建築、都市計画、公衆衛生又は行政に関する分野から5名以上の委員で構成される（建築基準法79条1項、2項）。

イ　事件類型

　審査請求の対象は、「建築基準法令の規定による特定行政庁、建築主事等若しくは建築監視員、都道府県知事、指定確認検査機関又は指定構造計算適合性判定機関の処分又はその不作為」（建築基準法94条1項）である。

　具体的には、特定行政庁の処分として、道路の位置指定（建築基準法42条1項5号）、みなし道路の規制（建築基準法42条2項）、敷地の接道義務の例外許可（建築基準法43条2項）、用途地域制限に抵触する建築の許可（建築基準法48条1項ないし14項）などがある。また、建築主事の処分としては、建築確認又は不確認（不適合）（建築基準法6条1項）などがある。

ウ　手続[48]

　処分について不服申立てができる者は、「行政庁の処分に不服がある者」（審査請求人。行政不服審査法2条）、すなわち違法又は不当な行政処分により直接自己の権利若

48）　青柳馨編著『新・行政不服審査の実務』（三協法規出版、令和元年）53頁以下

第9章　不動産・建築

しくは利益を侵害された者又は侵害されるおそれがある者である（最判昭和53・3・14民集32巻2号211頁〔27000252〕、最判平成14・1・22民集56巻1号46頁〔28070182〕）。処分の相手方の第三者にも一定の範囲で不服申立てが認められる場合がある（前掲最判平成14・1・22〔28070182〕参照）。

　審査請求期間は、処分があったことを知った日の翌日から起算して3か月以内であり（行政不服審査法18条1項）、処分があった日の翌日から起算して1年を経過したときは審査請求をすることができない（同法18条2項）。

　審査請求の流れは、以下の図のとおりである。

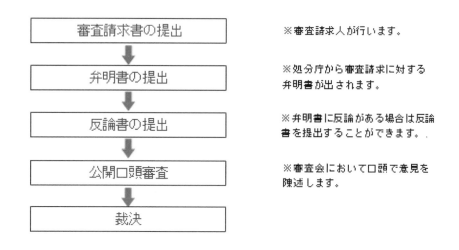

全国建築審査会協議会ホームページ「建築審査会に対する審査請求について」（https://www.zenkenshin.jp/sinsaseikyu/）から引用

　その他の手続の特徴として、建築審査会は、審査請求人若しくは参加人の申立てにより又は職権で、書類その他の物件の所持人に対し、相当の期間を定めて、その物件の提出を求めることができる。この場合において、建築審査会は、その提出された物件を留め置くことができる（行政不服審査法33条）。建築審査会は、当事者の主張立証に依存することなく、職権で審理ができることから（職権探知主義）、それを担保する規定である。

　審査請求人としては、物件の提出要求を申し立てることで、処分庁が有する建築審査で用いた図書を建築審査会へ提出させ、提出書類等の閲覧又は写し等の交付（行政不服審査法38条）を求めることにより、建築審査に関する情報を収集することができ

る。

　物件の提出要求は、所持人に強制することはできないが、審理関係人は、「審理において、相互に協力する」責務を負うこと（行政不服審査法28条）から、処分庁が物件の所持人である場合には、当該物件の提出要求に誠実に対応すべきである[49]。

エ　行政訴訟との関係[50]

　平成26年の行政不服審査法及び建築基準法の改正により、審査請求前置が廃止され、審査請求を経ることなく行政訴訟を提起することが可能になった。

　建築審査会における審査請求を行った方が有利か、いきなり裁判所へ訴訟提起をする方が良いかは、個々の事案によって異なり一概に論ずることは難しい。

　建築審査会に対して審査請求を行うメリットとしては、専門分野をもった委員が個々の分野の実務を踏まえた判断ができることのほか、当事者の主張立証に依存することなく職権で審理ができること、訴訟手続より簡易迅速かつ弾力的な審理手続を採ること、申立手数料が不要であることなどが挙げられる[51]。

　法律論として争点が明確な場合は訴訟提起をすることにも一理あるが、専門的な建築技術の問題点や現場地域の実情の把握などでは建築審査会の方が理解に優る場合もある。

---

49)　平成22年3月31日付け国土交通省住宅局建築指導課長から都道府県建築行政主務部長宛通知「建築審査会への書類その他の物件の提出について」。この中で、処分庁たる「指定確認検査機関は、法33条に基づき建築審査会から書類やその他の物件の提出を求められた場合は、正当な理由がない限り、当該物件を速やかに提出する必要があり、秘密保持義務を理由として一律に拒否することはできないと解されるので、法の趣旨を踏まえ、適切に対応することが求められる」としている。
50)　青柳馨編・前掲53頁
51)　建築確認取消しの審査請求において取消しの認容裁決が出た場合は、当該建築確認の効力が失われるため、当該建築確認にかかる工事がストップする。
　　　再審査請求は審査請求と別個の手続であるため（行政不服審査法6条）、執行停止手続（行政事件訴訟法25条）をとる必要がないなど、続審制をとる行政事件とは異なるメリットもある。

第10章

会社・商事

第1 総論

　商事事件といえば、何を想像するだろうか。司法試験を経て、法曹の道を歩みだした方であれば、株主総会決議取消しを求める訴えや会社役員の株式会社に対する責任追及にかかる株主代表訴訟など会社法に基づく訴訟を想起されるかもしれない。

　本書においても株式会社を念頭に説明をしたい。ただし、合同会社など会社法に定められる株式会社以外の法人形態、一般社団法人など会社法以外で定められる法人形態にも当てはまる内容もいくつかあるため、触れられる範囲で触れることとしたい。平成18年に一般社団法人及び一般財団法人に関する法律及び公益社団法人及び公益財団法人の認定等に関する法律の施行に伴う関係法律の整備等に関する法律（平成18年法律第50号）が制定され、民法において法人規定が大幅に削除され、我が国における法人は、民法以外の各法によって根拠づけられることとなっている。それゆえ、各法人の特徴については、各法及び該当の解説書を参照されたい。

　株式会社だからといって、必ず会社法の訴訟になるわけではない。むしろいわゆる一般企業法務（ジェネラル・コーポレート。これを「ジェネコ」ということもあるようだ）においては、契約書のチェック（民法・商法・各業法）や、契約書の履行を巡る紛争（一般民事系から知的財産など専門分野）まで多岐にわたる。また、業務にあたって許認可を取得していれば、該当の業法が問題になり得るし、市場におけるシェアの割合や取引の内容や規模によっては、M&Aにおいて私的独占の禁止及び公正取引の確保に関する法律における企業結合審査の問題や下請代金支払遅延等防止法（下請法）の問題も出てくるだろう。令和6年11月からは特定受託事業者に係る取引の適正化等に関する法律（フリーランス・事業者間取引適正化等法。いわゆるフリーランス法）が施行され、個人事業主との取引においても留意が必要である。また、消費者を相手にする事業であれば、個人情報の保護に関する法律などの個人情報にかかわる法令、不当景品類及び不当表示防止法などの商品の表示にかかわる法令のチェックは欠かせないものである。

　本書では、会社法にかかわる紛争と会社法以外の紛争とどちらも触れることとしたい。前半は会社法に関わる紛争として、「株式・株主総会」、「役員」に関わるトピック

を取り扱い、後半は会社法以外に関わる紛争として、知的財産、個人情報保護、業法などの具体例を挙げながらトピックを取り扱うこととしたい

　商事事件においては、会社という事業体の問題であることがポイントとなる。相応に会社の規模が大きければ、紛争化すること自体が、レピュテーションリスクとなり、企業価値への影響を与えかねない。それゆえに紛争化する前の予防が大切であることは当然であるし、仮に紛争化した場合にも早期に解決して、レピュテーションリスクを悪化させないことを念頭に置かなければならない。

　民事訴訟のIT化が進み、令和7年度中には、裁判記録がデジタル化される。我が国の憲法では、裁判は公開が前提であるから、企業の秘密ですら公開されるおそれがある（またそのような効果を狙って訴訟提起されることすら考えられる）。公開されると困る情報があるのであれば、訴訟提起にあたって適宜適切に情報の秘匿を図らなければならない。なお、民事訴訟の全面的なIT化については、執筆時点で細則が定まっていないため、取り上げていない。適宜最新の情報にあたられたい。また商事事件は、民事事件の延長（特則）に位置付けられるため、適宜**第1章　一般民事**など適宜関係の章を参照いただきたい。

第2 会社に関する裁判──会社訴訟、会社非訟

1 総論

　本節では、会社法に定められた裁判手続を取り扱う。紙面の関係上、各論としては「株式・株主総会」と「役員責任」に絞って取り扱う。

　会社法に定められた裁判手続は、民事訴訟・非訟の特則の位置づけであるから基本的な事項は**第1章　一般民事**をご参照いただきたい。ここでは、会社法に定められた裁判手続として留意するべき点を述べる。

　会社法に定められた裁判手続においては、裁判の当事者が会社となる。会社は、会社法によって認められた法人である。法人であるため、管轄（普通裁判籍）でいえば、その主たる事務所又は営業所の住所により定まる（民事訴訟法4条4項）。

　ここまでは民事訴訟法に規定されている事項であるが、会社法においては、一部の訴訟においてさらに特則が定められている。例えば、会社の組織に関する訴えは、被告となる会社の本店の所在地を管轄する地方裁判所の管轄に専属すると定められている（会社法835条1項）。会社法に定められた裁判手続については、会社法「第七編雑則」の「第二章訴訟」「第三章非訟」とそれぞれ定められているため、裁判を行うにあたっては会社法の該当箇所を熟読する必要がある。

　東京地方裁判所において「商事訴訟事件、会社非訟事件」及び「商事保全（仮差押え・仮処分）事件」は、民事第8部（商事部）が担当となっており、東京地方裁判所民事第8部のウェブサイトにおいて、「訴状作成に当たって誤りやすい点の事前チェックを可能とし、争点整理をより合理的かつ迅速に行う」ことを目的としてチェックリストが公開されている。東京地方裁判所民事第8部へ訴訟提起や申立てを行う場合には、チェックリストを訴訟提起・申立て時にプリントアウトして裁判所に提出することとなっている。東京地方裁判所が管轄となる商事事件を扱うならばもちろん、その運用は他の地方裁判所の事件においても生かせるものがあると思われるため、東京地方裁判所民事第8部についてのウェブサイトを確認するべきである。

第2　会社に関する裁判―会社訴訟、会社非訟

2　想定事例

以下、会社法に定められた裁判手続を概観するために、事例を想定することとしたい。

> A社は、取締役会設置会社であり、株主はX、Y、Zを含む7名であった。A社の創業者はB（故人）であり、A社の株式4000株のうちBが3600株を有しており、その他4名の株主が合計で400株を有していた。
> X、Y、ZはBの子で、Bから自筆の遺言書には、Xが800株、Yが2000株、Zが800株をそれぞれ相続すると定められている。現在、X、Y、Zは全員A社の取締役を務めており、Yが代表取締役を務めている。監査役は、Bの弟であるCが務めている。

3　問題1：株式・株主総会について

(1)　株式・株主総会にかかる紛争の特徴

　株主の権利は、剰余金の配当を受ける権利、残余財産の分配を受ける権利、株主総会における議決権であるとされる（会社法105条1項）。想定事例においては、株主総会における議決権が問題になる。

　株主総会における議決権において問題となる場面は、①株式の帰属、その数、②株主総会の決議の効力である。①②両方が問題となるケースもある。

　株式や株主総会にかかる裁判は、しばしば家事事件の延長の様相を呈する。株式の帰属については相続問題と絡むことが少なくないし、参加者が身内ばかりであり、身内同士の揉め事が株主総会に持ち込まれて、株主総会の決議の効力が争われる場合もある。

　これらの紛争への対応にあたっては、単純に会社法の知識だけで割り切れない部分がある。紛争の原因が親族関係にあるのであれば、それは、会社訴訟の仮面を被った家事事件である。とはいえ、会社法の知識がなければ、弁護過誤を引き起こしかねな

い。例えば、株主総会の開催にあたって、ある株主の代理人として弁護士が参加申請をしたときに、その入場を拒んでよいであろうか。もし拒んだら違法となる場合に、拒んでしまえば、株主総会の決議取消しの可能性が出てしまう。仮にいたずらに「入場を拒んでよい」とアドバイスをしてしまえば、弁護過誤となる可能性もあるであろう。

(2) 株式について

ア　想定事例（株式の帰属について）

X及びZが、そもそもBの遺言書につき、無効であると考えていたとしよう。そして、YをA社の経営から排除するために、Yの取締役解任、Xの友人であるDを取締役に選任するとの議題を扱うための臨時株主総会の招集を行う決断をしたとする。

仮にX及びZの主張が正しければ、Bの株式は、相続人間で準共有（民法264条）の状態にあるといえる。仮に準共有の状態にあれば、当該Bの株式3600株の権利行使には、権利行使者の指定が必要となる（会社法106条）。XとZだけで相続人の過半数を占めているから、Yを取締役から解任するとの議題、Dを取締役に選任するとの議題は、いずれもX及びZの意向が通り、Yは取締役から解任され、Dが取締役に選任されると考えられる（事案によっては、例外がないわけではないので、判例や関連文献を参照されたい）。

イ　考えられる手続について

まず、X及びZとしては、A社において臨時株主総会を招集してもらうように働きかけることとなる。

総株主の議決権の100分の3以上を有する株主は、取締役に対し、株主総会の目的である事項及び招集の理由を示して、株主総会の招集を請求することができる（会社法297条1項、2項）。これに対し、株主招集の請求を受けた取締役が、請求の後遅滞なく招集の手続が行われない場合や請求があった日から8週間以内の日を株主総会の日とする株主総会の招集の通知が発せられない場合には、当該株主は、裁判所の許可を得て株主総会を招集することができるとされている（会社法297条4項）。これを通称、株主総会招集許可申立事件というが、これは非訟事件である。

なお、Bの遺言書のとおりであれば、X及びZの株式数は1600株であり、Y以外の株主の協力を得ても、過半数に達することがない。他方、X及びZの主張が正しければ、

Bの株式3600株は、準共有の状態であり、その権利行使指定をX又はZが行うことを主張することになると考えられる。逆にYとしては、X及びZの株式数は、遺言書通りの800株ずつであることを前提に決議をしてほしいと考えるはずである。

このように議決権数について争いがある場合には、議決権行使禁止又は許容の仮処分を申し立てることが考えられる。X及びZからすれば、Bの株式3600株の議決権行使の許容を求める（＝議決権行使許容の仮処分）こととなり、Yからすれば、X及びZの行使する議決権はX及びZが有する各800株以上の議決権行使の禁止を求める（＝議決権行使禁止の仮処分）こととなる。これらは商事保全手続と位置付けられ、株主総会招集許可申立てと並行して行われると考えられる。

本事例では、相続をテーマにしたが、例えば、第三者増資をした場合の株式の発行の有効性やその帰属について争う場合など議決権数が争われるときには、議決権行使禁止又は許容の仮処分を申し立てることが考えられる。

ウ　株主総会招集許可申立てについて

管轄は会社の本店所在地を管轄する地方裁判所となる（会社法868条１項）。そのほか申立手数料、申立ての趣旨の記載方法、提出する証拠書類については、東京地方裁判所民事第８部のチェックリストを踏まえて準備することとなる。

エ　議決権行使禁止又は許容の仮処分の申立て

保全手続であるため、管轄は債務者の普通裁判籍所在地の地方裁判所となる（民事保全法12条１項、民事訴訟法４条）。

議決権行使禁止又は許容の仮処分の申立ては、株主総会招集許可申立てと事件としては別物であるが、実質的には関連することとなる。

東京地方裁判所の運用によれば、「議決権行使禁止又は許容の仮処分の申立てがあった場合には，非常に短期間で，被保全権利及び保全の必要性について慎重に審尋を行う必要がある。そのため，裁判所は，早急に双方審尋期日を指定し，債務者に対する呼出しを行い，その主張を聴いた上で，当該申立てについての判断を示す」（西山渉・渡部みどり・山田悠貴「議決権行使禁止・許容の仮処分をめぐる諸問題（新・類型別会社訴訟６）」判タ1504号（令和５年）９頁）とされている。株主総会招集許可申立てについては、提出書類に不備がなければ、基本的には認められることとなる。株主総会招集許

可申立てが認められるのに、議決権行使禁止又は許容の仮処分の申立てだけ審理を先延ばしにすることはないのである。会社非訟、商事保全においてはこのようなスピード感も押さえておく必要がある。具体的なスピード感については、適宜裁判所に確認をしつつ、依頼者には具体的なスケジュールを説明し、必要な準備や時間の確保をしてもらうように努めるべきである。家事事件の延長のような商事事件であれば、代理人限りで期日に出るのではなく、本人を同席させたほうがよいケースも考えられるであろう。

なお、以上に述べた手続は保全手続であるから、本来は本訴を提起しなければならない。議決権行使禁止又は許容の仮処分の申立てに相当する本訴は、株主権確認訴訟となる。しかし、仮処分の内容によっては、その決定をもって事態が決してしまうケースも考えられる。本件でいえば、X及びZの議決権についての主張が認められれば、臨時株主総会において、Yは取締役を解任され、主導権はX及びZに移ることとなるだろう。一度握られた主導権は容易に戻ってこない。

弁護士として押さえておくべきポイントは、弁護士法及び弁護士職務基本規程にかかる利益相反の問題である。Yが代表取締役の間は、A社の意思はYによって決せられる。したがって、A社の代理人はYの意向に沿って動くのだから実質的にみれば、Yの代理人ともいえる。しかし、仮にX及びZがA社の主導権を握ることとなるのであれば、A社の代理人は、今度は実質的にはX及びZの代理人になるであろう。Yが代表取締役だったときのA社の代理人は、X及びZが主導権を握った際は、A社の代理人としては職務を続行できないという展開になることが考えられるし、Yが代表取締役を務めていたときにA社の代理人であった弁護士は利益相反の観点からは代理人を辞任することが相当であるケースも想定される。

(3) 株主総会決議取消しの訴え

ア 想定事例（株主総会決議取消しの訴え）

2の想定事例に加え、以下のような事実があったとする。

> A社の定款には、株主総会において議決権を行使する代理人の資格を株主に制限する規定が定められていた。Zは、株主総会に参加するにあたって、弁護士Eを代理人に立てたが、YはEがZの代理人として株主総会に参加することを拒んだ。

イ　考えられる手続について

　株主総会の招集の手続又は決議の方法が法令若しくは定款に違反し、又は著しく不公正なときには、株主は、株主総会の決議の日から3か月以内に、訴えをもって当該決議の取消しを請求することができる（会社法831条1項1号）。
　Zとしては、Yが、Zの代理人としてのEによる株主総会での議決権行使を拒んだことは、決議の方法が法令に違反するとして当該株主総会の決議取消しの訴えをすることが考えられる。

ウ　株主総会決議取消しの訴えの留意点

（ア）　訴訟要件について

　会社法においては、出訴期間、原告適格などの訴訟要件が記載されており、これらを具体的に検討して、訴えに臨む必要がある。
　出訴期間については、それを過ぎてしまえば、そもそも訴訟ができなくなるのであるから、重要な問題である。出訴期間を過ぎてしまったことに気づかなければ、まさしく弁護過誤であろう。株主総会決議取消しの訴えは、株主総会の決議の日から3か月以内が出訴期間である。東京地方裁判所民事第8部の公開しているチェックリストを参考にして、準備を進める必要がある。
　なお、株主総会の効力を争う法的手続としては、株主総会決議取消しの訴えだけでなく、株主総会の決議の不存在又は無効の確認の訴えがある（会社法830条）。東京地方裁判所民事第8部が、どのような理由がそれぞれの訴え類型に当たるかについて整理を試みている（東京地方裁判所民事第8部のウェブサイトの「訴訟事件について－会社訴訟チェックリスト」において「【記載例】（別紙）決議取消事由、決議無効事由、決議不存在事由の区分等一覧」のとおり）ため、参考にするべきである。

（イ）　訴えの効力について

　会社の組織に関する訴えに係る請求を認容する確定判決は、第三者に対してもその効力を有する（会社法838条）。当該判決において無効とされ、又は取り消された行為は、将来に向かってその効力を失う（同法839条）とされているが、これはあくまで会社法834条1号から12号の2まで、18号及び19号に掲げる訴えに限られているものであるから、株主総会決議の取消しの訴え（同法834条17号）には適用されないため、株主

第10章　会社・商事

総会決議の取消しの訴えの効力は遡及効を有する。

　遡及効を有するといっても、株主総会決議の取消しの訴えを行っている間に、当該対象となっている株主総会によって選任された取締役が、会社を代表して行っている行為の効力がおよそなくなるわけではないと考えられている。表見代表取締役の規定（会社法354条）等に基づき、善意の第三者が保護される可能性がある。

　したがって、特に役員選任にかかる株主総会決議の取消しの訴えにおいては、訴訟進行中の会社の行為にも着目し、もし止めるべき行為があるのであれば、取締役の行為の差止請求（会社法360条）や、取締役等の職務執行停止の仮処分も検討する必要がある。この差止請求については丹下将克・佐藤丈宜「取締役の違法行為差止仮処分をめぐる諸問題」（判タ1518号（令和6年）45頁）においてポイントが説明されているので、手続の着手にあたっては必読である。

（ウ）　最新の裁判例について

　当然であるが、最新の裁判例にも着目する必要がある。

　代理人資格を限定する定款規定の有効性については、議決権を行使する代理人の資格を制限すべき合理的な理由がある場合に限って有効であると示した最判昭和43・11・1民集22巻12号2402頁〔27000901〕の存在は弁護士であれば、承知していると思う。

　上記最高裁の裁判例は、株主総会が、株主以外の第三者によって攪乱されることを防止し、会社の利益を保護する趣旨にでたものと認められるような場合との認定に基づく事例判断であったように、裁判所が、代理人資格を株主に限定する定款規定がおよそ有効であると判断したわけではない。

　公開会社でない株式会社が、定款で議決権行使の代理人資格を株主に限る旨を定めた場合において、その定款の定めを理由に、株主から委任を受けた代理人弁護士（同社の株主ではない）による議決権の代理行使を拒否したことは、決議の瑕疵（決議方法の法令違反）となると判断した東京地判令和3・11・25判タ1503号196頁〔29067542〕が出ている。最新の判例や裁判例を踏まえて対応する必要がある。

4 問題2：役員責任の追及

(1) 役員責任の追及の概要

　会社と役員の関係は、委任関係である（会社法330条）。会社に不祥事が発生した場合には、まず会社として、役員としての善管注意義務違反や忠実義務（同法355条）違反を理由に役員に対して損害賠償請求をすることが考えられる。会社法は、いわゆる任務懈怠責任（同法423条1項）の規定を置いており、役員に対する責任追及は同条を根拠に行うこととなる。

　役員に対する責任追及の訴えにおける留意点としては、会社の代表者を誰とするかである。通常会社を代表するのは、代表取締役であるが、監査役設置会社において、取締役の責任を追及する訴えを提起する場合には、代表者が監査役となるケースがある（会社法386条1項1号）。東京地方裁判所民事第8部が、「別表「会社と取締役・執行役間の訴訟における代表者一覧表」や「監査役設置会社と（元）取締役との間の訴えにおける会社の代表者に関するフローチャート」を作成しているので、チェックリストと合わせて参考にするとよい。

　役員に対する責任追及の訴えの原告は、会社であるが、株主が、会社に代わって、責任追及等の訴え（いわゆる株主代表訴訟）を提起することが認められている（会社法847条以下）。株主代表訴訟は、法定訴訟担当の一種であり、その効果は会社に及ぶものである（民事訴訟法115条1項2号）。

　株主代表訴訟では、株主は、役員との関係では、直接契約関係に立つものではないが、役員責任の追及を行う当事者（原告）となることに特徴がある。

(2) 株主代表訴訟のポイント

　役員責任の追及を考える株主は、まず会社に対し、会社が当該役員に対して責任追及等の訴えを提起するように請求する（会社法847条1項）。提訴請求を受けた会社は、責任追及等の訴えをするかどうかを検討することとなる。提訴請求してから60日以内に会社が責任追及等の訴えをしない場合には、当該株主は、株式会社のために、株主代表訴訟を提起することができる（同条3項）。

株主代表訴訟の管轄は、当該会社の本店の所在地を管轄する地方裁判所の管轄に専属する（会社法848条）。また、他の株主や会社が、訴訟参加することが認められている（同法849条1項）ため、株主代表訴訟を提起した株主は、株主代表訴訟を提起した旨を会社に対し、訴訟告知をしなければならず（同条4項）、訴訟告知を受けた会社は、その旨を公告し、又は株主に通知しなければならない（同条5項）。

　取締役の役員責任を追及するにあたっては、類型化がなされている。すなわち、取締役の任務の内容が、業務執行か、業務執行に対する監視・監督かなどによって訴状などでの書きぶりは異なる。東京地方裁判所民事第8部が、「【フローチャート】取締役の任務懈怠責任に関するフローチャート」や「【説明】取締役の任務懈怠責任に関するフローチャートの説明と訴状等の参考書式」を公開しており、利益相反取引規制違反、競業取引規制違反、それ以外の法令・定款違反、監視義務違反、監督義務違反など類型ごとに参考書式を公開している。

　このような詳細なフローチャートを公開しているのであるから、東京地方裁判所としては、示す参考書式と異なる場合には、なぜ異なるのか（異なる方法をとる必要性はどこにあるのか）と考えることとなるであろう。したがって、特に必要がない限りは、東京地方裁判所の示す参考書式に準拠して書くことが望ましい。

(3)　実際の流れを考える〜想定事例を基に〜

　仮にYがA社を代表して、Y自身が代表取締役を務める別の株式会社と取引しており、その取引においてA社が損害を被ったおそれがあると想定する。

　A社の株主としては、A社に対し、Yに対して任務懈怠責任の追及をするべきだとの提訴請求をすることになると考えられる。提訴請求の段階から、訴訟提起を念頭に、東京地方裁判所の示す参考書式を意識して書くべきである。

　東京地方裁判所民事第8部は「【説明】取締役の任務懈怠責任に関するフローチャートの説明と訴状等の参考書式」において、要件事実や抗弁等について整理したうえで、例えば、利益相反取引に係る損害賠償請求については、参考書式①として、以下のような見出しを掲載している。

> 1　請求原因
> (1)　被告が取締役又は元取締役であること
> (2)　被告が利益相反取引をしたこと
> (3)　取締役会（取締役会非設置会社の場合は株主総会）の承認を受けていないこと
> (4)　会社に発生した損害及びその数額、因果関係
> (5)　催告

5　参考：振替株式について

　今までは主に家事事件の延長のような商事事件を検討してきたが、念のため上場会社における留意点も簡単に述べておきたい。

　上場会社において、振替株式（社債、株式等の振替に関する法律128条）について少数株主権等を行使する株主は、会社法130条1項の規定は適用されず、個別株主通知を行う手続を実施し、個別株主通知から4週間が経過する日までの間でなければ、少数株主権等を行使できない（社債、株式等の振替に関する法律154条、同法施行令40条）。

　個別株主通知については、証券会社に申請して通知をしてもらうこととなる。詳しい方法については、株式会社証券保管振替機構「個別株主通知に関するQ&A」（執筆時の最新版は2024年4月）などを参考にしながら、個々の証券会社に相談していただきたい。

第3 会社訴訟以外の商事事件（知的財産）

■知的財産フローチャート

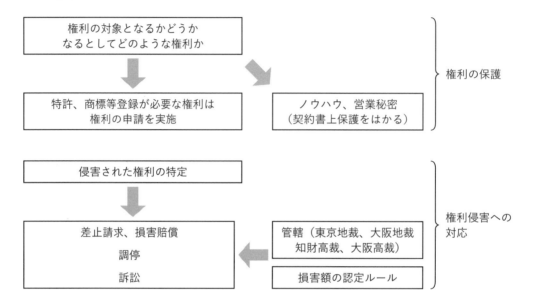

1　事例

　あなたは、X社（東京都所在）の担当者から、「我が社はあるソフト（以下「本件ソフト①」という）を使ってアバターを制作し、販売している。本件ソフト①は、昨年委託先のA社に制作してもらったものである。先週、我が社と同じくアバターの制作会社であるY社（神奈川県所在）から突然通知書が届いた。Y社は我が社とは取引関係を含めて全く関わりのない、同業他社である。その通知書には、「本件ソフト①に組み込まれているプログラムが、Y社が開発したソフト（以下「本件ソフト②」という）のプログラムと同一であるようだ。直ちに本件ソフト①の使用をやめて欲しい。損害賠償請求も検討している。」という内容が記載されていた。この通知書に対して、どのように

対応したらよいか。」と相談を受けた。

あなたはX社の担当者からの上記相談に対して、どのように対応するべきか。

2 権利性・出願の判断

(1) 知的財産権の意義・種類、権利性

ア 知的財産権の意義、相談を受けるにあたっての心構え

　知的財産権といってもその種類は様々であり、知的財産基本法においては、知的財産とは、「発明、考案、植物の新品種、意匠、著作物その他の人間の創造的活動により生み出されるもの……、商標、商号その他事業活動に用いられる商品又は役務を表示するもの及び営業秘密その他の事業活動に有用な技術上又は営業上の情報」（知的財産基本法2条1項）と定義され、知的財産権とは、「特許権、実用新案権、育成者権、意匠権、著作権、商標権その他の知的財産に関して法令により定められた権利又は法律上保護される利益に係る権利」（同条2項）と定義されている。

　知的財産にかかわる相談があった場合には、クライアントから相談された内容が、知的財産権として保護がなされ得るものか、なされ得るとしてそれはどのような権利としてか、という点を一緒に考えることが大切である。また、知的財産の分析にあたっては、法的な知識のみならず、技術的な知識や経験も必要であることから、関連する分野で実績のある弁理士への協力を依頼するなどして自分で速断しないことも肝要である。

イ 知的財産権の種類と権利性

　知的財産権のうち代表的な権利として、①特許法で保護される特許権、②実用新案法で保護される実用新案権、③意匠法で保護される意匠権、④商標法で保護される商標権、⑤著作権法で保護される著作権が挙げられる。

　⑤の著作権を除けば、登録制度が採られている。すなわち、①～④の権利として保護され得るものであっても、登録しなければ、それぞれの権利として保護されない。逆にいえば、第三者から自分の知的財産権を侵害したと訴えられたとしても、その権

利が登録されていなければ、その知的財産権の侵害とはならない。ただ、その場合でも契約に基づく責任追及が出来たり、不正競争防止法における「不正競争」に該当したりする可能性はあり得るので、知的財産権上の問題にならなければよいという判断は危険である。

また知的財産権については、条約やそれに基づく国際的な制度等も考慮する必要がある。例えば、特許に関しては、特許協力条約（Patent Cooperation Treaty：PCT）に基づく国際出願の手続があり、意匠に関しては、ハーグ協定に基づく意匠国際登録制度があり、商標に関しては、マドリッド協定議定書（通称「マドプロ」）に基づく出願方法がある。

ウ　知的財産権の登録について

問題となっている権利が知的財産権のうちのどの権利かを確定したうえで、次に各権利が各法律上保護されるものなのかを検討する。上記のとおり、①特許権、②実用新案権、③意匠権、④商標権は登録制度が採られている。そこで、以下では登録にあたって注意すべき内容を、特許権を例に挙げて記載する。

（ア）　先行技術の調査

既に同じような技術が特許出願をされている場合は、後で特許出願をしても特許を受けることが出来ない（先願主義、特許法39条1項。実用新案権の場合は実用新案法7条1項。意匠権の場合は意匠法9条1項。商標権の場合は商標法8条1項）。

そこで、まずは先行技術の調査をすることが必要となる。

具体的には、特許情報プラットフォーム（J-PlatPat、https://www.j-platpat.inpit.go.jp/s0000/ja）で特許公報を見て、登録されている関連特許としてどのようなものがあるかを把握する。

上記調査は弁護士自ら行うのでも良いが、知的財産の専門家である弁理士に依頼するのも一つの手である。

弁理士は知的財産権取得のためのサポートを行ってくれる。具体的には、技術内容を把握し、知的財産権のうちのいずれの権利として権利化すべきかアドバイスをしたり、先行技術を調査し、発明や考案の権利化の可能性、有効性を判断したり、発明や考案を権利化することが決まった後に出願書類を作成し、特許庁に対して出願手続を

行ったりしてくれる（日本弁理士会『弁理士の役割』https://www.jpaa.or.jp/patent-attorney/role/）。

他には、独立行政法人工業所有権情報・研修館（INPIT、https://www.inpit.go.jp/index.html）に相談することも考えられる。INPITでは、特許をはじめとした知的財産に関する様々な情報提供や支援業務を行っている。全国47都道府県に窓口が設置されており、無料で相談を受け付けてくれる。場合によっては、適切な弁理士を紹介してくれる。

（イ）　特許権として保護される対象

（ア）で先行技術がないという調査結果になった場合には、次に、当該技術が特許を受けることができるものかを検討することとなる。

具体的には、①産業上の利用可能性（特許法29条1項柱書）、②新規性（同条1項各号）、③進歩性（同条2項）の要件を満たすかどうかを検討することとなる（実用新案権の場合は実用新案法3条。意匠権の場合は意匠法3条）。

各要件の詳細については特許法に関する基本書等他の書籍をご確認いただくこととしたい。

（ウ）　特許出願

（イ）で特許を受けることができるという見通しが立った場合、前述のとおり特許権については先願主義（特許法39条1項）が採用されているので、なるべく早期に特許出願に進むべきである。

そして、出願するのみならず、出願してから3年以内に「出願審査請求書」を特許庁に送付して審査請求を行わないと、審査に進まないので、審査請求の手続も忘れずに行う必要がある。審査請求をしてから、審査官からの何らかの通知が行われるまでの平均期間は、10.1か月（2020年）となっている（特許庁HP：https://www.jpo.go.jp/system/basic/patent/index.html参照）。

ところで、参考までに実用新案権は、書類に不備がなければ、出願してから平均2～3か月で、実用新案権が設定登録されるとされている（特許庁HP：https://www.jpo.go.jp/system/basic/jituyo/index.html参照）。特許権と異なり、実質的に無審査で取得でき早期に権利化することができるため、ライフサイクルの短い技術に関して有効であ

る（日本弁理士HP：https://www.jpaa.or.jp/patent-attorney/role/参照）。

　商標出願に当たっては、指定商品・指定役務は、正しい区分のもと、内容が明確である表示を記載する必要がある（不明確な場合等は、拒絶理由の対象となる）ことに注意を要するべきである（特許庁HP：https://www.jpo.go.jp/system/basic/trademark/index.html参照）。現在実施していないサービスでも、将来実施予定のサービスがある場合には、当該サービスのことも見越して、指定商品・指定役務の区分を広めにして出願を行うことも考えられる。

エ　登録を要さない知的財産権について
（ア）　著作権
　著作権は、特許権、実用新案権、意匠権や商標権と異なり、登録制度を採っていない。著作物の創作と同時に、何らの手続を要せずに発生する（無方式主義、著作権法17条2項）。

　そこで、著作権法の保護を受けるためには、当該創作物が著作権法の保護を受けるものかを検討することが必要である。

　著作権法の保護を受けるためには、思想又は感情を創作的に表現したものであって、文芸、学術、美術又は音楽の範囲に属するもの（著作権法2条1項1号）である必要がある。

　注意すべき点として、創作性については、高い独創性までは要求されておらず、また学術性や芸術性の高さも問題とはならず、何らかの個性が現れていればよいと解されている（中山信弘『著作権法［第4版］』（有斐閣、令和5年）68頁）。

　各要件の詳細については著作権法に関する基本書等他の書籍をご確認いただくこととしたい。

（イ）　営業秘密、ノウハウ等
　営業秘密やノウハウ等も、登録制度を採っていないが、不正競争防止法によって「秘密」として保護される（不正競争防止法2条1項6号参照）。

（2）　事例において

　X社は、本件ソフト①を使ってアバターを制作していたところ、Y社から、本件ソ

フト①に組み込まれたプログラムが、Y社が開発した本件ソフト②のプログラムと同一であるといわれた。

そこで、問題となっているものは本件ソフト②であり、本件ソフト②はY社でアバターの制作に用いられていたというのであるから、思想又は感情を創作的に表現したものといえる可能性が高い。

本件ソフト②が思想又は感情を創作的に表現したものであれば、プログラムの著作物（著作権法10条1項9号）となり、本件はX社がY社の著作権を侵害している可能性のある事案となる。

3 責任追及の内容・方法について

(1) 様々な責任追及

知的財産権侵害があった場合の責任追及の際の内容としては、主に以下が挙げられる。

ア 契約上の責任追及

相手方との間で契約が締結されている場合は、当該相手方との契約書に責任や賠償の記載がされていることが多い。まずは契約書で、責任や賠償の記載がどのようにされているかを確認することが必要である。

イ 民事上の責任追及

不法行為に基づく損害賠償請求（民法709条）が考えられる。

他に、不正競争防止法に基づく損害賠償請求（不正競争防止法4条）も考えられる。不正競争防止法に基づく損害賠償請求においては、損害額については法律が推定規定を設けており（不正競争防止法5条）、不正競争行為者に対する損害賠償請求を容易にしている。ただし、不正競争行為者の故意・過失については、過失の推定規定はないので、権利者の側で証明しなければならない。

第10章　会社・商事

> **column　著作権法における侵害プレミアム論の明確化**
>
> 　最近は、海賊版の被害が拡大する傾向にある一方で、海賊版被害に対する損害賠償請求に関しては、侵害者が権利者の販売等能力を大幅に超えて利益を得ている例が多いといった指摘や、使用料相当額として認定される賠償額が低くなり、侵害による高額の利益の大部分が侵害者に残存しているといった指摘がされていた（第22期文化審議会著作権分科会法制度小委員会報告書（https://www.bunka.go.jp/seisaku/bunkashingikai/chosakuken/bunkakai/66/pdf/93831401_05.pdf）20頁）。
> 　そこで、その問題を解消すべく、令和5年著作権法改正（令和6年1月1日施行）において、新たに著作権法114条5項が規定された。
>
> 著作権法114条5項（抜粋）
> 　裁判所は、……著作権、出版権又は著作隣接権の行使につき受けるべき金銭の額に相当する額を認定するに当たつては、著作権者等が、自己の著作権、出版権又は著作隣接権の侵害があつたことを前提として当該著作権、出版権又は著作隣接権を侵害した者との間でこれらの権利の行使の対価について合意をするとしたならば、当該著作権者等が得ることとなるその対価を考慮することができる。
>
> 　これは、特許法でいう侵害プレミアム論という考え方に基づくものである（特許法102条3項、4項）。侵害プレミアム論とは、事前のライセンス交渉においては特許の有効性やライセンス交渉の相手方の製造予定の製品の技術的範囲の属否が不明確であるというリスク要因によって実施料率が割り引かれる可能性があるとの理解に立脚し、「事後的なライセンス料相当額の算定においては、事前であれば割り引かれている部分を割り引かない」という考えをいう。
> 　訴訟で侵害の成否が争われる場合、事前の交渉時には不明確性が存在するといえるため、そのような通常の事前の交渉により決定したであろうライセンス料につき権利者が主張立証できれば、その額に侵害プレミアムを上乗せした額を損害額として請求できることとなる（小泉直樹ほか『条解著作権法』（弘文堂、令和5年）955～956頁）。実際に締結された実績のある利用許諾契約により支払われる利用料の1.5倍の金額を損害額とした裁判例もある（知財高判令和元・10・23裁判所ウェブサイト掲載判例〔28274149〕）。

(2)　事例において

　X社は、Y社について、取引関係を含めて全く関わりのない、同業他社であるという。したがって、X社が責任追及されるとすれば、著作権侵害又は不法行為に基づく

損害賠償請求（民法709条）や不正競争防止法に基づく損害賠償請求（不正競争防止法4条）が根拠になると思われる。

　Y社の行う損害賠償請求の損害額としては、X社が本件ソフト①を使用して制作したアバターの販売利益（著作権法114条2項、不正競争防止法5条2項）が考えられる。今後著作権法においても、侵害プレミアム論の考え方が浸透し裁判例でも積極的に認定されるようになれば、X社が本件ソフト①をY社にライセンスしていたら得られたであろうライセンス料に侵害プレミアムを上乗せした金額を、販売利益に加えて損害とすることも考えられる。例えば、X社が実際に他社と本件ソフト①のライセンス契約を締結していた場合に、同ライセンス契約により支払われるライセンス料の1.5倍の金額を損害額とすることがあり得る。

4　裁判外での任意交渉

(1)　任意交渉の方法、内容

　責任追及の内容が決まったら、まずは侵害相手に侵害通知を送付することが有用である。
　ケースバイケースではあるが、調停や訴訟で金銭的・時間的負担を多く負うよりも、任意交渉で解決出来た方が有益である場合も考えられる。裁判手続に進めば、紛争のレベルとしては上がってしまうから、調停や訴訟等の裁判手続を実施するべきかどうかを慎重に検討するべきである。まずは任意交渉から始めることを検討したい。
　形式としては、相手方に請求の意思表示をしたことを確実に立証するために、内容証明郵便により送付することが多い。
　ただし、インターネット上の権利侵害であったり、SNSでのやり取りばかりで相手方の住所が分からないというケースも考えられる。この場合には、メールやウェブサイト上の連絡先宛てに送付することも考えられる。もっとも、メールで返信が来ない可能性も十分に考えられるので、発信者情報開示請求を実施して相手方の住所を調べる手続も実施するべきであろう。

通知する内容としては、①被侵害者がどのような権利を有しているか、②侵害者がどのような侵害行為をしているか、③被侵害者にどのような損害が発生しているか、④侵害者への要求事項（差止め、損害賠償請求等）、⑤回答期限を記載することが多い。

また、相手方から主張される抗弁の内容が予想されるときは、その抗弁事由を打ち消す事由を予め記載しておくのも有用である。例えば著作権侵害事案の場合、多い抗弁事由としては、私的使用のための複製であったこと、侵害者自身の行為ではなく委託先の第三者の行為であったこと、引用に過ぎないこと等が挙げられる。

（2） 事例において

X社はY社から、「本件ソフト①に組み込まれているプログラムが、Y社が開発した本件ソフト②のプログラムと同一であるようだ。直ちに本件ソフト①の使用をやめて欲しい。損害賠償請求も検討している。」という内容の侵害通知を受領している。

本件ソフト①はX社がA社に制作をしてもらったものであった。そこで、まずは、A社に対し、上記通知書をY社から受領したこと、本件ソフト①の制作経緯、Y社や本件ソフト②に心当たりがあるか等をヒアリングすることから始めるべきである。

そして、ヒアリングと並行して、委託業務の内容やA社の責任内容がどのようなものかについて、X社とA社との間の業務委託契約書締結までの交渉経緯や、同契約書の内容等を確認して把握することが必要である。

事例では、X社は本件ソフト①についてA社が他者の著作権を侵害しない形で制作することを当然期待していたと思われる。そこで、A社が他者の著作権を侵害しない形で本件ソフト①を制作することを誓約する又はそのような責任を負う内容の規定が、X社とA社との間の業務委託契約書に記載されていないかを確認する必要がある。

そして、そのような内容の規定があった場合には、X社は、A社が契約の本旨を遂げていないとして、A社に対して本件ソフト①の補正を求めたり、損害賠償請求を行ったりすることが考えられる。

5 裁判手続

(1) 知的財産裁判手続の特徴

　知的財産権にかかわる紛争は、民事訴訟法及び知的財産高等裁判所設置法に基づき、専属管轄又は競合管轄が置かれている。第一審における特許権等に関する訴えは、東京地方裁判所又は大阪地方裁判所の専属管轄となっており（民事訴訟法6条）、意匠権等に関する訴えは民事訴訟法4条、5条による管轄裁判所のほか、東京地方裁判所又は大阪地方裁判所にも訴えを提起することができる（民事訴訟法6条の2）。控訴審は、知的財産高等裁判所（知的財産高等裁判所設置法2条）又は大阪高等裁判所において実施される。知的財産に関する事件についての裁判の一層の充実及び迅速化を図るため、知的財産に関する事件を専門的に取り扱う裁判所を設置し、裁判所の専門的処理体制を一層充実させ、整備されているのである。

　なお、裁判手続については、各裁判所のホームページを参照することが有用である。例えば、東京地方裁判所については、ビジネス・コートと称してホームページが開設され、知的財産権部（民事第29部、第40部、第46部、第47部）の専用のホームページが設置されている（https://www.courts.go.jp/tokyo/saiban/minzi_section29_40_46_47/index.html）。

(2) 各手続

ア　知財調停

　任意交渉で交渉決裂となった場合には、知財調停に進むことが考えられる。なお、事案が複雑であったり、互譲による解決が難しいことが明らかであったりするときは、簡易・迅速な解決を旨とする調停になじまないことも考えられる。

　知財調停は、知的財産権をめぐる紛争について、一定の期日までに提出された資料等に基づき、知財部の裁判官1名及び知財事件の経験が豊富な弁護士・弁理士等の専門家2名の合計3名で構成された調停委員会の助言や見解を得て、話合いによる簡易・迅速な解決を図る手続である（裁判所HP：https://www.courts.go.jp/tokyo/saiban/minzi_section29_40_46_47/tizaityoutei/index.html参照）。

原則として3回程度の期日内で、調停委員会の見解を口頭で開示することにより、迅速な紛争解決が目指されている。

また、知財調停は非公開のため、紛争の存在自体が第三者に認識されることなく、紛争の解決を図ることが可能であり、企業にとってはレピュテーションリスクの低減を図れるという点でメリットがある。

知財調停を行うにあたっては、調停申立書を裁判所に提出する（民事調停法4条の2第1項）ことから始まる。調停申立書には、申立ての趣旨及び紛争の要点等を記載することが必要である（民事調停法4条の2第2項各号、民事調停規則3条、24条、非訟事件手続規則1条1項）。

イ　知財訴訟

知財調停で調停不成立若しくは取下げとなった場合又は知財調停が実施されなかった場合には、知財訴訟を提起することが考えられる。

（ア）　訴えの提起段階

まずは、裁判所に対して訴状を提出し、訴えを提起する（民事訴訟法134条1項）ことから始まる。訴状の書き方は基本的には通常の民事訴訟における訴状の書き方と同様であるが、訴額の算定の点で特徴がある。

具体的には、裁判所が訴額の算定基準をHPで公表している（裁判所HP：https://www.courts.go.jp/tokyo/saiban/minzi_section29_40_46_47/sogakusanteikijyunn/index.html参照）ので、その算定方法に則って訴額を算定する。計算の根拠とする金額、料率、年数等の数値は原則として資料によって疎明する必要があるが、年間売上高・利益率等については疎明資料は不要で、訴額計算書を提出すれば足りるとされている。

（イ）　審理段階

審理は3名の裁判官の合議体によって行われる。

審理方式については、基本的には通常の民事訴訟と同様であるが、通常の民事訴訟と異なる点として、原則として2段階審理方式が採られていることが挙げられる。

2段階審理方式とは、第1段階において権利侵害が成立するか否かを審理し（侵害論）、侵害の心証を得た後に、第2段階として損害額の審理（損害論）に入るという運

用である。第1段階で権利侵害が成立しないとされた場合には、第2段階の損害の審理に進まない。そこで、その場合には損害算定の基礎となる各種資料を提出する必要がなく、企業にとっては経営上の秘密情報を不必要に開示する必要がないという点でメリットがある。

ウ　仮処分

　相手方の製品による権利侵害の迅速な差止めを求めたい場合には仮処分の申立てをすることが考えられる。

　申立書の書き方は基本的には通常の民事訴訟における仮処分の申立書の書き方と同様で、①被保全権利の存在と②保全の必要性について記載する。ほとんどのケースで一定の担保金が必要になることも同様である。

　審理方式は、知財調停と同じく、原則として2段階審理方式が採られている。そこで、本案訴訟とともに仮処分の申立てを行っておけば、両事件は同時に進行していき、第1段階において権利侵害が成立するという裁判所の心証が得られた段階で、仮処分事件について仮処分決定を得ることが出来るので、有用である。なお、その場合本案訴訟については、引き続き第2段階の損害論の審理に進む。

(3)　事例において

　本件では、Y社が知財調停を選択すれば、X社としては、Y社との話合いによる解決の可能性を検討しつつ、知財調停に応じるかどうかを検討することとなる。Y社が知財訴訟を選択すればX社としては訴訟でまずは第1段階の争いをしていくこととなるであろう。

　知財訴訟の管轄は、東京地方裁判所又は大阪地方裁判所の専属管轄である。本件では、管轄合意がなされていなければ、X社の普通裁判籍の所在地を管轄する東京地方裁判所（民事訴訟法6条1項1号、4条1項）となる。X社とY社の間で東京地方裁判所又は大阪地方裁判所の管轄合意がなされていれば、当該裁判所の管轄となる（例えば横浜地方裁判所等、東京地方裁判所又は大阪地方裁判所以外の裁判所の管轄合意がなされていた場合には、当該裁判所から東京地方裁判所又は大阪地方裁判所へ配転されることになることに留意）。

第4 会社訴訟以外の商事事件（個人情報保護法）

■個人情報保護法違反フローチャート

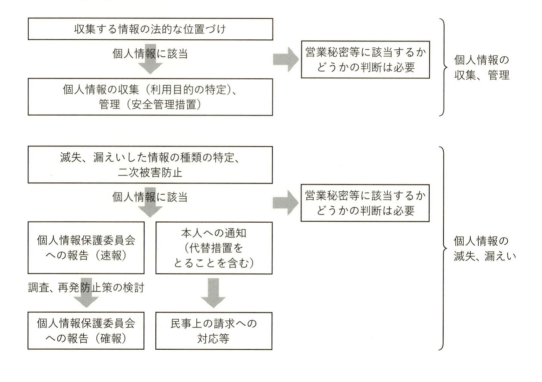

1 事例

　あなたは、民間企業A社の担当者から、「顧客の氏名、住所、メールアドレス、クレジットカード情報等の情報の管理を民間企業B社に委託していた。しかし、昨日B社から「弊社のPCに外部から不正アクセスがされた形跡が見つかり、貴社から預かっていた情報のうち、顧客のメールアドレス、クレジットカード情報が流出したおそれがある。」と連絡を受けた。今後どのように対応したら良いか。」と相談を受けた。

あなたはA社の担当者に対して、どのようにアドバイスすべきか。

2 総論：レピュテーションリスクへの対応

　本項では、企業が遭遇する紛争として、個人情報の漏えいについて取り上げることとしたい。デジタル社会の進展に伴い個人情報の利用が著しく拡大しており、個人情報の適正な取扱いのための対応は益々重要になりつつある。企業によっては、大量に個人情報を扱うが、そのなかで個人情報が漏えいしたとなれば、重大なインシデントになる。もし対応を誤れば、レピュテーションリスクを惹起し、企業価値が損なわれるおそれもある。

　ここでは、個人情報保護を題材に、企業におけるレピュテーションリスク管理も見据えた紛争対応について考えることとしたい。個人情報に関する問題の解決にあたっては、個人情報の保護に関する法律（以下本項では「法」という）、個人情報の保護に関する法律施行規則（以下本項では「規則」という）、個人情報保護委員会が発行している個人情報の保護に関する法律についてのガイドライン、Q&A（https://www.ppc.go.jp/personalinfo/legal/ に掲載）等に多くの情報が掲載されているので、それらを見つつ問題に対処することが有用である。

3 個人情報とは何か―流出した情報の性質

　事例において、外部に流出した情報は、A社の顧客のメールアドレス、クレジットカード情報である。これらが個人情報であるといわれても、特に違和感を覚えないと思うが、単にクレジットカード情報といっても、クレジットカードには名義人のアルファベットの氏名、有効期限、番号、セキュリティーコード、暗証番号等様々な情報が含まれている。クレジットカード情報であっても、漏えいした情報によっては、その漏えいによる影響も変わってくる。

　そこで、まず漏えいした情報とは何かを把握する必要がある。

(1) 「個人情報」とは

「個人情報」とは、生存する個人に関する情報であって、①当該情報に含まれる氏名、生年月日その他の記述等により特定の個人を識別することができるもの（他の情報と容易に照合することができ、それにより特定の個人を識別することができることとなるものを含む）、②個人識別符号が含まれるものとされている（法2条1項1号、2号）。

ア 法2条1項1号について

まず「特定の個人を識別することができるもの」とは、社会通念上、一般人の判断力や理解力をもって、生存する具体的な人物と情報との間に同一性を認めるに至ることができることをいう（個人情報保護委員会『「個人情報の保護に関する法律についてのガイドライン」に関するQ&A』（以下「Q&A」という）1-1）。

次に、「他の情報と容易に照合することができ」るとは、事業者の実態に即して個々の事例ごとに判断されるべきであるが、通常の業務における一般的な方法で、他の情報と容易に照合することができる状態をいう。例えば、他の事業者への照会を要する場合等であって照合が困難な場合は、一般に、容易に照合することができない状態であると解される（個人情報保護委員会『個人情報の保護に関する法律についてのガイドライン（通則編）』（以下「ガイドライン（通則編）」という）2-1※4）。

イ 法2条1項2号、同条2項について

「個人識別符号」とは、次の各号のいずれかに該当する文字、番号、記号その他の符号のうち、政令で定めるものをいう。

- 一 特定の個人の身体の一部の特徴を電子計算機の用に供するために変換した文字、番号、記号その他の符号であって、当該特定の個人を識別することができるもの
- 二 個人に提供される役務の利用若しくは個人に販売される商品の購入に関し割り当てられ、又は個人に発行されるカードその他の書類に記載され、若しくは電磁的方式により記録された文字、番号、記号その他の符号であって、その利用者若しくは購入者又は発行を受ける者ごとに異なるものとなるように割り当てられ、又は記載され、若しくは記録されることにより、特定の利用者若しくは購入者又

は発行を受ける者を識別することができるもの

　例えば、指紋認証データや顔認証データは、法2条2項1号の「個人識別符号」に該当する。また、マイナンバー、パスポート番号、免許証番号は、法2条2項2号の「個人識別符号」に該当する。

(2) 事例で流出した情報の「個人情報」該当性

ア　メールアドレス

　メールアドレスについては、他の情報と関連付けなければ、個人情報には該当しないという考えもあり得るところである（Q&A 1-4）。しかし、そもそもメールアドレスの@（アットマーク）の前が、名前である場合などそれ自体が単独で個人情報に該当するといえる場合もある。どのようなメールアドレスを設定するかどうかは、ユーザー次第なのであるから、メールアドレスの流出をもって個人情報が流失した可能性があるとの前提で対応するべきであろう。

イ　クレジットカード情報

　Q&Aによれば、クレジットカード番号単体については、様々な契約形態や運用実態があり、およそいかなる場合においても特定の個人を識別することができるとは限らないこと等から、個人識別符号にはあたらないとしている。ただし、同Q&Aにおいても、クレジットカード番号が氏名等の他の情報と容易に照合することができ、それにより特定の個人を識別することができることとなる場合には、個人情報に該当するとしている（Q&A 1-25）。

4　個人情報の管理と情報の流出への対応

(1) 個人情報の管理について

　個人情報データベース等を事業の用に供している者を、個人情報取扱事業者という（法16条2項）。個人情報取扱事業者においては、個人情報を適正に取得し、利用目的

を特定して、その範囲内で取り扱い（法18条、19条）、個人データの漏えい、滅失又は毀損の防止その他の個人データの安全管理のために必要かつ適切な措置（安全管理措置）を講じなければならない（法23条）。

安全管理措置は、個人データが漏えい等をした場合に本人が被る権利利益の侵害の大きさを考慮し、事業の規模及び性質、個人データの取扱状況（取り扱う個人データの性質及び量を含む）、個人データを記録した媒体の性質等に起因するリスクに応じて、必要かつ適切な内容としなければならないとされている（ガイドライン（通則編）3-4-2）。

(2) 個人情報の漏えいへの対応・総論

個人情報取扱事業者は、漏えい等又はそのおそれのある事案（以下「漏えい等事案」という）が発覚した場合は、漏えい等事案の内容等に応じて、次の①から⑤に掲げる事項について必要な措置を講じなければならない（ガイドライン（通則編）3-5-2）。

① 事業者内部における報告及び被害の拡大防止
　責任ある立場の者に直ちに報告するとともに、漏えい等事案による被害が発覚時よりも拡大しないよう必要な措置を講ずる。
② 事実関係の調査及び原因の究明
　漏えい等事案の事実関係の調査及び原因の究明に必要な措置を講ずる。
③ 影響範囲の特定
④ 再発防止策の検討及び実施
⑤ 個人情報保護委員会への報告及び本人への通知
　個人情報取扱事業者は、その取り扱う個人データの漏えい、滅失、毀損その他の個人データの安全の確保に係る事態であって個人の権利利益を害するおそれが大きいものとして個人情報保護委員会規則で定めるものが生じたときは、個人情報保護委員会規則で定めるところにより、当該事態が生じた旨を個人情報保護委員会に報告しなければならない（法26条1項）。

第4　会社訴訟以外の商事事件（個人情報保護法）

(3) 情報の漏えいへの対応・検討1
（個人情報保護委員会へ報告が必要なのかどうか）

　では、具体的にどのようなケースにおいて、個人情報保護委員会への報告が必要になるだろうか。規則7条においては以下のとおり、報告すべき場合を掲げている。

> (1) 要配慮個人情報が含まれる個人データの漏えい、滅失若しくは毀損（以下この条及び次条第1項において「漏えい等」という。）が発生し、又は発生したおそれがある事態
> (2) 不正に利用されることにより財産的被害が生じるおそれがある個人データの漏えい等が発生し、又は発生したおそれがある事態
> (3) 不正の目的をもって行われたおそれがある当該個人情報取扱事業者に対する行為による個人データの漏えい等が発生し、又は発生したおそれがある事態
> (4) 個人データに係る本人の数が千人を超える漏えい等が発生し、又は発生したおそれがある事態

　それぞれの例としては、カルテデータの漏えい（1号）、クレジットカード情報の漏えい（2号）、ランサムウェアによる暗号化（3号）などが挙げられる。
　なお、漏えい等が発生し、又は発生したおそれがある個人データ又は個人情報について、高度な暗号化等の秘匿化がされている場合等、「高度な暗号化その他の個人の権利利益を保護するために必要な措置」が講じられている場合については、報告を要しない（ガイドライン（通則編）3-5-3-1）。

(4) 情報の漏えいへの対応・検討2
（個人情報保護委員会へ報告する事項）

ア　速報での報告をすること
　情報漏えいの調査には、一定の時間が必要だが、規則では、まず速報での報告が求められている。具体的には、個人情報取扱事業者は、報告対象事態を知ったときは、速やかに個人情報保護委員会へ報告しなければならない（規則8条1項）。「速やか」の日数の目安については、個別の事案によるものの、個人情報取扱事業者が当該事態を知った時点から概ね3〜5日以内である（ガイドライン（通則編）3-5-3-3）。個人情報保護委員会が事態を早急に把握する観点から、「3〜5日以内」には、土日・祝日が含

第10章　会社・商事

まれている（渡邉雅之『個人情報保護法Q&A　令和5年施行対応』（第一法規、令和5年）196頁）、という点には留意が必要である。

個人情報保護委員会への報告事項は、以下のとおりである（規則8条1項各号）。

① 概要
② 漏えい等が発生し、又は発生したおそれがある個人データの項目
③ 漏えい等が発生し、又は発生したおそれがある個人データに係る本人の数
④ 原因
⑤ 二次被害又はそのおそれの有無及びその内容
⑥ 本人への対応の実施状況
⑦ 公表の実施状況
⑧ 再発防止のための措置
⑨ その他参考となる事項

報告方法は、上記①から⑨に掲げる事項を、個人情報保護委員会のホームページの報告フォームに入力する方法により行うこととされている（ガイドライン（通則編）3-5-3-3）。

なお、速報時点での報告内容については、報告をしようとする時点において把握している内容を報告すれば足りる（ガイドライン（通則編）3-5-3-3）。

イ　調査の上、確報での報告をすること

速報をした後に調査を続け、当該事態を知った日から30日以内（当該事態が不正の目的をもって行われたおそれがある当該個人情報取扱事業者に対する行為による個人データの漏えい等が発生し、又は発生したおそれがある事態の場合にあっては、60日以内）に、アで記載した①から⑨に掲げる事項を報告しなければならない（規則8条2項、ガイドライン（通則編）3-5-3-4）。確報の報告期限（30日以内又は60日以内）の算定に当たっても、アと同じく土日・祝日が含まれている（規則8条2項、ガイドライン（通則編）3-5-3-4）点には留意が必要である。

ウ　個人情報保護委員会への報告主体

漏えい等報告の義務を負う主体は、原則として、漏えい等が発生し、又は発生したおそれがある個人データを取り扱う個人情報取扱事業者である。

個人データの取扱いを委託している場合においては、委託元と委託先の双方が個人データ又は個人情報を取り扱っており、又は取得しようとしていることになるため、原則として委託元と委託先の双方が報告する義務を負う。この場合、委託元及び委託先の連名で報告することができる。ただし、委託先が、報告義務を負っている委託元に当該事態が発生したことを通知したときは、委託先は報告義務を免除されるとされている（ガイドライン（通則編）3-5-3-5）。

(5) 情報の漏えいへの対応・検討3（本人への通知）

ア　本人への通知が必要な場合

個人情報保護委員会への報告が必要な場合には、原則として情報主体である本人へ通知が必要となっている（法26条2項）。

個人情報取扱事業者は、当該本人の権利利益を保護するために必要な範囲において、①概要、②漏えい等が発生し、又は発生したおそれがある個人データの項目、③原因、④二次被害又はそのおそれの有無及びその内容、⑤その他参考となる事項に定める事項を通知しなければならない（規則10条）。

イ　本人への通知期限

個人情報取扱事業者は、報告対象事態を知ったときは、当該事態の状況に応じて速やかに、本人への通知を行わなければならない（規則10条）。「当該事態の状況に応じて速やかに」とは、速やかに通知を行うことを求めるものであるが、具体的に通知を行う時点は、個別の事案において、その時点で把握している事態の内容、通知を行うことで本人の権利利益が保護される蓋然性、本人への通知を行うことで生じる弊害等を勘案して判断する（規則8条2項、ガイドライン（通則編）3-5-4-2）。

ウ　本人への通知方法

「本人への通知」とは、本人に直接知らしめることをいい、事業の性質及び個人データの取扱状況に応じ、通知すべき内容が本人に認識される合理的かつ適切な方法によ

らなければならない。また、個人情報保護委員会への報告と異なり、本人への通知については、その様式が法令上定められていないが、本人にとって分かりやすい形で通知を行うことが望ましい、とされている。

具体的には、文書を郵便等で送付したり、電子メールを送信したりすることにより知らせることが考えられる（ガイドライン（通則編）3-5-4-4）。

ただし、本人への通知を要する場合であっても、本人への通知が困難である場合は、本人の権利利益を保護するために必要な代替措置を講ずることによる対応が認められる（法26条2項）。本人への通知が困難な場合に該当する事例としては、①保有する個人データの中に本人の連絡先が含まれていない場合、②連絡先が古いために通知を行う時点で本人へ連絡できない場合等が挙げられる。代替措置としては、①事案の公表、②問合せ窓口を用意してその連絡先を公表し、本人が自らの個人データが対象となっているか否かを確認できるようにすること等が考えられる（ガイドライン（通則編）3-5-4-5）。

エ　本人への通知主体

本人への通知主体は、上記個人情報保護委員会への報告主体と同一である。

ただし、委託先が、報告義務を負っている委託元に規則8条1項各号記載事項のうち、その時点で把握しているものを通知したときは、委託先は報告義務を免除されるとともに、本人への通知義務も免除される。なお、委託元への通知を行った委託先は、必要に応じて委託元による本人への通知に協力することが求められる（ガイドライン（通則編）3-5-4-1）。

(6)　民事上の責任

個人情報取扱事業者が、自己の故意又は過失に基づき個人データの漏えいを起こした場合には、情報主体である本人に対しては、債務不履行又は不法行為に基づく損害賠償責任が発生し得る。

例えば、エステティックサロンに関するアンケート等の回答に基づき集積され、インターネット上に保管されていた個人情報が第三者に流出した事案では、ウェブサイトの制作保守業務を行っていたインターネット業者については、個人情報保護のために安全対策を講ずべき注意義務を怠った過失があるとされ、また、当該業者にウェブ

サイトの制作保守業務を委託した事業者については、使用者責任（民法715条）があるとされ、不法行為に基づく損害賠償請求が一部認容されている（東京地判平成19・2・8判タ1262号270頁〔28131313〕）。

他にも、個人情報を分析するシステムの開発、運用等をしていた事業者の業務委託先の従業員が個人情報を漏えいさせた事案でも、当該事業者には当該業務委託先の従業員に対する使用者責任があるとされ、慰謝料の損害賠償請求が認容されている（東京地判平成30・12・27判タ1460号209頁〔28271658〕）。

5　事例の検討

(1)　事案の概要の把握

A社はB社から「貴社から預かっていた情報のうち、顧客のメールアドレス、クレジットカード情報が流出したおそれがある。」と連絡を受けた、とのことであり、未だ「おそれ」にとどまっている。また、クレジットカード情報のうちどのような情報が流出したおそれがあるのかが明らかになっていない。

そこで、そもそも情報が流出したのか否か（A社へ流出したおそれがあると連絡をしたことまでの経緯を含む）、流出したとしてどの範囲の情報が流出したのかを至急B社から聴き取って確認し、問題となっている事案の概要の正確な把握をするよう、A社にアドバイスすることが必要である。

そして、仮に真に情報が流出したのであれば、更なる漏えいを防ぐための最大限の対応（例えばサービスの停止等）も検討するべきと、A社にアドバイスすることも有用である。

さらに、情報の流出にあたり、A社自体に過失があったのか（例えばA社社員がスパムメールを開いてしまったり、セキュリティソフトのアップデートを怠ったりしていなかったか）についても念のため確認しておくと良い。上述のとおり、A社には委託先であるB社の監督責任があることから、B社の過失についてもA社が責任を負うことになるが、A社自体に過失がある場合とない場合とでは、その後のB社との間の問題解決方針（A社とB社との間での責任の負担割合の決定等）に大きく違いが出てくるためであ

第10章　会社・商事

る。

(2) 流出した情報の個人データ該当性の検討

　情報が流出したとなった場合、次に、流出した情報が個人データに該当するかを検討する。

　上述したとおり、安全管理措置の構築義務、委託先への監督義務、個人情報保護委員会への報告や本人への通知義務は、A社に課される。

　B社で、A社の顧客のメールアドレス、クレジットカード情報を、PCを用いて検索することができるように体系的に構成し、個人情報を含む情報の集合物としていれば、メールアドレス、クレジットカード情報は個人データに該当する。

　インターネット社会の現在、そのようにして管理をしている会社が多く、B社もそのように情報管理していたと推測され、流出した情報は個人データに該当する可能性が高い。

　たとえ個人データであるクレジットカード番号のみの漏えいであっても、暗証番号やセキュリティーコードが割り出されるおそれがあるため、規則7条3号の「不正の目的をもって行われたおそれがある当該個人情報取扱事業者に対する行為による個人データの漏えい等が発生し、又は発生したおそれがある事態」に該当する（渡邉・前掲188頁）。

(3) A社の義務・責任について

ア　B社への責任追及の可否

　A社の関心事として、「B社への責任追及が出来るか」が挙げられる。

　まずはA社とB社の間の業務委託契約書の記載を確認することが必要である。契約書において、B社の責任が制限された内容になっていないかを確認する。業務委託契約の場合、委託先の損害賠償義務に上限額の設定がされていることが見受けられるので、損害賠償請求の条項についてもよく確認する。

イ　顧客から損害賠償請求を防ぐための対策（本人への通知）

　A社としては、顧客から損害賠償請求されることを防ぐべく、顧客本人に謝罪するとともに、顧客が迷惑メール等を受信する等の二次被害を防止するために、原則とし

て、速やかに顧客本人に対して顧客情報流出の事実を知らせるべきである。

　その際の通知手段としては、文書を郵便等で送付する、又は電子メールを送信して知らせることが考えられる。ただし、本人への通知が困難である場合は、事案をHPやマスコミを使って公表し、問合せ窓口を用意してその連絡先を公表する。

ウ　個人情報保護委員会への報告

　個人情報保護委員会へは速報として、報告対象事態を知ったときである日を起算点として、3～5日以内に、規則8条1項各号に記載の事由を、個人情報保護委員会のホームページの報告フォームに入力する方法により報告しなければならない。報告書の記載事項は個人情報保護委員会のホームページに記入例とともに記載されているので、担当者が不慣れな場合は、当該ホームページの記入例を担当者と一緒にみながら記載するとよい。

　さらに、速報に加えて、確報の報告も必要である。なお、B社のPCに外部から不正アクセスがされた形跡が見つかったということなので、「当該事態が不正の目的をもって行われたおそれがある当該個人情報取扱事業者に対する行為による個人データの漏えい等が発生し、又は発生したおそれがある事態の場合」に該当するといえれば、報告期限は60日以内となる。

　報告及び通知の主体としては、B社はA社へ漏えいの事態が発生したことを通知しているので、個人情報保護委員会への報告義務が免除され、A社単体又はA社とB社の連名で行うこととなる。

エ　第三者委員会の立ち上げ

　流出の規模の大きさによっては、第三者委員会を立ち上げて原因等の調査を同委員会に依頼することも検討する。第三者委員会が出す報告書については、公開するかどうかを検討し、同報告書記載の再発防止策を速やかに実施することが必要である。

オ　民事上の責任

　情報を流出させたのはB社であるものの、上述のとおり、A社は委託先の監督義務を負っており、その義務に違反して情報流出をさせたとして、情報主体である本人に対して、債務不履行又は不法行為に基づく損害賠償責任（使用者責任含む）を負う可能

第10章　会社・商事

性がある。上記4（6）**民事上の責任**の記載も参照されたい。

　そこで、A社の民事上の責任の有無を検討し、顧客に何らかの補填・賠償をするのかどうかの検討を行う必要がある。その際には、過去に個人データを流出して賠償した数々の会社の賠償方法や賠償内容を参考にすると良い。例えば、個人情報保護委員会が出している『個人情報保護法　ヒヤリハット事例集』（https://www.ppc.go.jp/files/pdf/pd_hiyari01.pdf）は参考になる。

カ　再発防止策の検討及び実施

　A社は、B社と協力して事実関係の調査及び原因の究明をしたうえで、再発防止策の検討及び実施を行う必要がある。

　ガイドライン（通則編）においても、個人情報取扱事業者は、個人データの漏えい等が発生した場合、漏えい等事案の内容等に応じて、二次被害の防止、類似事案の発生防止等の観点から、事実関係及び再発防止策等について、速やかに公表することが望ましいとされている（ガイドライン（通則編）3-5-2）。

　再発防止策として、事例ではB社からの情報漏えいが主たる原因であったところ、例えばB社への監督に関し、A社としては、B社との業務委託契約の中に情報セキュリティの重要事項（データ取扱いの厳格な管理事項やインシデント発生時の対応態勢に係る事項等）を追加したうえで、今後は定期的にB社の採っている個人情報の管理方法をB社に実際に立ち入る等して確認し徹底して監督する、又は委託先をB社から別の会社に変更する等の対策が考えられる。ただし、委託先をB社から別の会社に変更する場合でも、変更先の会社の選定にあたっては情報管理体制に関する確認項目をより詳細にする等して厳しく選定にあたり、また選定後は定期的な委託先の点検等を通じて徹底した監督を行うことが必須である。

第5 会社訴訟以外の商事事件（業法関係）

■業法違反フローチャート

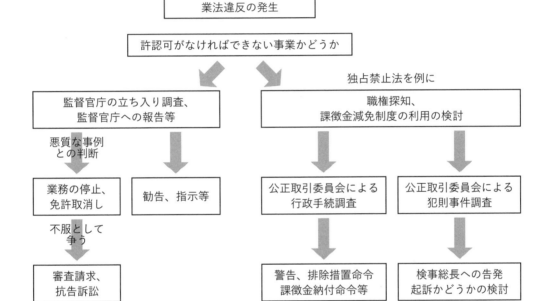

1　概要

　会社の事業活動については、その事業活動を行うこと自体に当局の許認可が必要な場合もあれば、事業活動について特定の内容を規制していることもある。

　本章では、具体的な例に触れつつ、業法関係にかかる紛争についての手続選択について考えることとしたい。

第10章　会社・商事

2　具体例1：宅地建物取引業法違反

(1)　総論

　弁護士として、不動産の取引に関与することは多いと思うが、その際に宅地建物取引業者が関与することがある。宅地建物取引業とは、法律上は「宅地若しくは建物……の売買若しくは交換又は宅地若しくは建物の売買、交換若しくは貸借の代理若しくは媒介をする行為で業として行う」（宅地建物取引業法2条2号）ことを指す。

　宅地建物取引業者は、免許制であり、その要件については、行政庁（2つ以上の都道府県の区域内に事務所を設置して宅地建物取引業を営む場合は国土交通大臣、1つの都道府県の区域内にのみ事務所を設置して宅地建物取引業を営む場合は、当該事務所の所在地を管轄する都道府県知事）において審査基準が定められている。

　宅地建物取引業者にかかる規制としてよく知られているのは、重要事項の説明であろう（宅地建物取引業法35条）。重要事項の説明義務を履行しなければ、当該宅地建物取引業者は、宅地建物取引業法違反となり、内容によっては、行政庁から行政指導、指示や業務の停止を命じられる（同法65条）こととなる。事情がより悪質であれば、免許の取消し（同法66条）がなされる可能性もあるという建付けになっている。

(2)　手続選択のポイント

　行政処分の審査基準や違反行為にかかる不利益処分の処分基準（宅地建物取引業者の違反行為でいえば監督処分。国土交通省は「宅地建物取引業者の違反行為に対する監督処分の基準」を公開している）は公開されているし、近年では、担当官庁が、法の解釈・運用についてホームページなどで周知を図っているケースも少なくない。例えば、宅地建物取引業法であれば、国土交通省が「宅地建物取引業法の解釈・運用の考え方」（執筆時点での最新は令和6年7月1日施行版）を公開している。例えば、重要事項の説明に関しては、「宅地建物取引業者は、重要事項の説明に先立ち、重要事項の説明を受けようとする者に対して、あらかじめ重要事項説明の構成や各項目の留意点について理解を深めるよう、重要事項の全体像について書面を交付等して説明することが望ましい。この場合、交付する書面等は、別添2を参考とすることが望ましい」などと書か

れている。仮に、重要事項説明についての宅地建物取引業法違反が疑われた場合には、審査基準や処分基準はもちろん、担当官庁や行政庁の発するガイドラインなどの資料にも目を通すべきであろう。

　もっとも、行政庁の公開する審査基準が、直ちに裁判所まで拘束するものではない。とはいえ、弁護士が対応するにあたっては、担当官庁がどのように考えているのかはよく踏まえて対応に当たるべきであることに変わりはない。

　担当官庁の資料を踏まえても本件においては問題ないと考えられるのに行政庁の担当者によって問題にされてしまい、不利益処分をはじめとした何らかの不利益なことが生じたというケースにはどうすればよいであろうか。免許取消しなどの処分なのであれば、処分の取消しの訴えなどの抗告訴訟を提起することになるであろう（行政事件訴訟法3条2項）。抗告訴訟は、特に定めがなければ、民事訴訟の例による（同法7条）が、例えば、処分の取消しの訴えには出訴期間の制限（同法14条）などがあるため、受任する場合には、要注意である。また、行政事件は、地方裁判所の本庁で扱うことが予定されており、支部では扱われない（地方裁判所及び家庭裁判所支部設置規則1条）ことや通常合議体で審理が行われるなど通常の民事訴訟と異なるところがある。

(3)　関連する責任（民事上の責任）について

　宅地建物取引業者が、宅地建物取引業法に違反したことにより、他人に損害が生じれば、民事上の責任を負うことも考えられる。例えば、宅地建物取引業者が、重要事項の説明を怠れば、宅地建物取引業法であるとともに、顧客（売主または買主）との間の不動産媒介契約上の債務不履行を構成することになり、損害賠償責任を負うこととなるであろう。民事上の責任については、**第1章　一般民事**を参照されたい。

3　具体例2：独占禁止法違反

(1)　総論

　独占禁止法とは、「私的独占の禁止及び公正取引の確保に関する法律」の通称名であるが、その目的は「私的独占、不当な取引制限及び不公正な取引方法を禁止し、事業

第10章　会社・商事

支配力の過度の集中を防止して、結合、協定等の方法による生産、販売、価格、技術等の不当な制限その他一切の事業活動の不当な拘束を排除することにより、公正且つ自由な競争を促進し、事業者の創意を発揮させ、事業活動を盛んにし、雇傭及び国民実所得の水準を高め、以て、一般消費者の利益を確保するとともに、国民経済の民主的で健全な発達を促進すること」にある（独占禁止法1条）。

　重要なことは、誰でもこの法の適用を受け得るということである。すなわち、ここでいう事業者とは、「商業、工業、金融業その他の事業を行う者」とされており、端的には誰でも事業をしていれば事業者に該当するということであり、事業者が「私的独占、不当な取引制限及び不公正な取引方法」をすれば、独占禁止法違反となるのである。

　本書は、独占禁止法の解説書ではないため、独占禁止法の概要については、専門書をご参照いただきたい。独占禁止法については、公正取引委員会が行政調査の権限だけでなく、犯則事件の調査の権限を有している。

　行政調査の結果として、私的独占、不当な取引制限及び不公正な取引方法を事業者が行っていると認定すれば、公正取引委員会は、当該事業者に対し、排除措置命令や課徴金納付命令などの命令を行うことが出来る。これらは行政処分であるから、当該命令の取消しを求めて、抗告訴訟を提起することができる。

　公正取引委員会は、犯則事件の調査として、令状により差押えなども行うことが出来ることになっている。犯則事件の調査の結果として、公正取引委員会が、犯則の心証を得たときは、検事総長に告発することになっており、刑事手続が始まることとなる。

（2）　手続選択のポイント

　（1）**総論**のとおり、独占禁止法については、行政処分もあり得れば、場合によっては刑事事件になることもあるが、ポイントは、独占禁止法については違反内容を公正取引委員会に自主的に報告した場合、課徴金が減免されるという課徴金減免制度の利用（独占禁止法7条の4）を検討することにある。

　そもそも独占禁止法違反となる私的独占、不当な取引制限及び不公正な取引方法をしているのかどうか、しているとして課徴金減免制度の利用については、かなり専門的かつスピードを要する事項であるため、独占禁止法分野での経験が豊富な弁護士の

助力を得るべきである。

(3) 民事上の責任について

　私的独占、不当な取引制限及び不公正な取引方法をした事業者については、被害者に対し、損害賠償の責めに任ずるとされ、無過失責任を負うこととなっている（独占禁止法25条）。不公正な取引方法に限っては、著しい損害を生じ、又は生ずるおそれがある場合に、当該損害を被る（おそれのある）者は、事業者に対し、その侵害の停止又は予防を請求することができるとされている（同法24条）。

　私的独占、不当な取引制限及び不公正な取引方法は、いずれも公正かつ自由な競争を阻害するものであり、公正かつ自由な競争があれば得られたであろう利益（免れたであろう負担）を当該事業者と取引をしている消費者なり、企業なりに負わせることになるため、これらの消費者や企業から民事上の責任追及がされることが考えられるが、私的独占、不当な取引制限及び不公正な取引方法が認定されれば、そもそも損害賠償責任は免れない（争うとしても損害の範囲である）ため、その点を念頭において対応する必要があろう。

第11章

危機管理

第1

はじめに
～本書で危機管理を取り上げる理由～

　ここまで、各分野においてよく使われる手続、各手続選択の分水嶺、各手続のフローチャートを紹介した。

　この点、依頼者のニーズは、極論「困っている、どうにかして！」ということに尽きる場合が多く、適切な手続を選択し、適切に手続を進め、適切な解決に辿り着ければ、それで満足していただける場合も多いだろう。

　他方で、（読者の中にはフロー型を希求する弁護士もいるであろうが）せっかくご相談いただいた依頼者と今後も長い関係を継続したいという場合、いままさに困っていることを取り除くだけではなく、なぜそのような事態になってしまったのか（原因分析）・今後同じようなことが起きないようにするためにはどうしたらいいのか（再発防止）、という観点からの助言が有用な場合もあろう。

　そして、こうした助言が刺さり得る依頼者であれば、手続選択の段階から、単に目の前の事象の解決との関係で必要な手続を選択するのではなく、原因分析・再発防止に資する手続を選択するということも考えられるであろう。また、担当弁護士において、目の前の事象の解決のみならず、最終的に原因分析・再発防止に関する助言もしたいという意識があれば、依頼者に対して事実関係を確認する際に、直接的にでも、織り交ぜながらでも、原因分析・再発防止に資する事情を聴き出すということもできるだろう。

　とはいえ、（依頼者の内情に詳しく、経験豊富な弁護士であれば別かもしれないが）筆者を含む若手弁護士にとっては、目の前の事象の解決にとどまらず、原因分析・再発防止まで考えることは決して容易ではない。

　そこで、（原因分析・再発防止は、個々の事例・個々の依頼者にフィットしなければ、無意味どころか有害ですらあり得るため、一概に正解例を示すことは難しいものの）読者の皆様において何らかの参考になることを祈念して、本章においては、上場会社が有事発生を踏まえ公表している調査報告書を参照しつつ、まず、上場会社が、何を企図して、調査委員会を立ち上げ、その調査結果を世間に公表しているのか等を確認し（下記**第**

2）、かかる調査委員会において用いられる一般的な調査手法（下記**第3**）を紹介したうえで、公表されている調査報告書に記載されている原因分析・再発防止策等を踏まえ、調査案件以外の事案において考えられる原因分析・再発防止の一例を例示列挙することを試みたい（下記**第4**）。

第2 なぜ原因分析・再発防止が必要なのか?

　日本取引所自主規制法人が策定した「上場会社における不祥事対応のプリンシプル」（平成28年2月24日）においても示されているとおり、上場会社には、顧客、取引先、従業員、地域社会など多様なステークホルダーが存在するところ、上場会社に不祥事（重大な法令違反その他の不正・不適切な行為等）が発生した場合、当該上場会社の企業価値の毀損のみならず、資本市場全体の信頼性にも影響を及ぼしかねない。そのため、上場会社は、自社（グループ会社を含む）に関わる不祥事又はその疑いを察知した場合は、必要十分な調査を尽くすためにも、最適な調査体制の構築・適切な調査環境の整備を行い（その一環として、事案の内容・程度に応じて、調査の客観性・中立性・専門性を確保するため、独立性・中立性・専門性を有するメンバーによって構成される第三者委員会の設置を検討することとなる）、速やかにその事実関係や原因を徹底して解明し、その結果に基づいて確かな再発防止を図り、これらを迅速かつ的確に公表することで、ステークホルダーからの信頼回復・企業価値の再生を行っていくこととなる。

　かかる理は、必ずしも上場会社固有のものではない。非上場会社においても、顧客、取引先、従業員、地域社会など多様なステークホルダーが存在し得、これらの者に対して、対外的に原因や再発防止策を説明しなければならない場合もあろう。また、個人においても、紛争解決に協力いただいた方等に説明しなければならない場面もあるだろうし、相手方と自分のどちらに非があるか等に留まらない、当該紛争の振り返りを行うことによって、自身としても二度と同種の紛争に巻きこまれないためにどうすればよいかの気付きを得られることもあるものと思われる。

第3 不祥事調査の流れ

　本項では、上場会社等において、不祥事又はその疑いを察知した場合、一般的にはどのような流れで、調査等を進めているのかを概説する。上場会社の例でも、以下で述べる全てを行うわけではなく、事案の性質等に応じて、適宜取捨選択することとなる。不祥事調査以外の場面で、これらをフルスケールで行うことは到底現実的ではないものの、何らか参考になる調査手法又は考え方があれば幸いである。

1　初期調査

　初期調査においては、社内の法務・コンプライアンス部門のメンバーを中心に、事案の性質に応じて、他部門の協力を得ながら、初期ヒアリング、証拠の保全・収集を行い、当該事案がどの程度の影響・広がりがあり得るものなのかを見立てることとなる。

　この点、初期調査の相談を受けた弁護士としては、初期調査の公正性・信頼性に疑義が挟まれないよう、かつ、後に行う（可能性のある）本格調査に悪影響が生じないよう、助言することが求められる。

　例えば、初期調査メンバーの組成に関して挙げると、調査対象事案の内容や社内の分業化の程度等によっては、専門的知見の把握や背景事情の確認等のために、不祥事又はその疑いがある部門の役職員の協力を得なければならないものもあり得る。しかし、そのような場合であっても、当該部門の役職員を初期調査のメンバーとして加えることには慎重であるべきであり、当該部門の役職員はあくまでも調査対象者であると位置付け、初期調査のメンバーが有する情報と遮断した上で、当該調査対象者に対するヒアリングという形で、必要な専門的知見の把握や背景事情の確認等を行うにとどめる等の配慮を検討し、その旨助言することが考えられる。

　また、初期調査にあたって、初期調査メンバーによる情報管理・秘密保持は徹底さ

第11章　危機管理

れなければならないことはもとより、ヒアリング対象者に対しても、社内外を問わずヒアリングの内容等を口外しないことを求めなければならない（場合によってはその旨の誓約書に署名させることも検討する必要がある）。また、調査対象事案に直接関与している可能性がある者だけでなく、当該者に近しい立場の者に対するヒアリングを行う場合には、証拠の改ざん・隠滅の可能性があり得ることを念頭に置き、証拠保全状況や調査の緊急度等との関係から、ヒアリング実施のタイミングも慎重に検討する必要がある。

　また、初期調査を踏まえ、調査対象事案の影響・広がりとして、類似事案（他部署、過去・現在含む）の発生可能性、自社・ステークホルダーへの影響の程度・範囲を検討することとなるが、当該検討に当たり、調査対象事案の発生部署はもとより、初期調査メンバーにおいても、事案を矮小化するインセンティブが働き得ることを十分に考慮したうえで助言することが求められる。

2　本格調査

(1)　調査体制の検討

　初期調査の結果を踏まえ、事案の複雑性・組織性、自社・ステークホルダーに与える影響、監査法人・メインバンク・監督官庁等の指摘等を踏まえ、本格調査の要否、本格調査を行う場合の調査体制を検討することとなる。

　本格調査を行う場合であっても、例えば、個人による単発・軽微なハラスメント事案等であれば、調査委員会を設置せずに、初期調査メンバー（や既存の担当部署等）による調査を継続することも考えられるし、調査委員会を設置する場合であっても、比較的単純で組織的不正が疑われず、社会的影響が乏しい事案においては、コスト等の兼ね合いから、弁護士その他の外部専門家を起用せず社内役職員で構成される社内調査委員会の形式で調査することも考えられる。

　他方、組織性が疑われる場合、自社・ステークホルダーに与える影響が大きい場合等は、外部の弁護士等を中心とした、日本弁護士連合会が制定している「企業不祥事における第三者委員会ガイドライン」（以下「第三者委員会ガイドライン」という）に準

拠した第三者委員会（以下、本章において第三者委員会と呼称するものは、いずれも第三者委員会ガイドラインに完全に準拠した委員会を意味するものとする）の設置を検討する必要があり、たとえ、自社において、第三者委員会の設置までは不要と考えた場合でも、監督官庁等から第三者委員会の設置が要求される場合もある。

ただし、第三者委員会ガイドラインにおいて、会社からの高い独立性を確保・維持するために「調査報告書提出前に、その全部又は一部を企業等に開示してはならない」等の様々なルールが設定されているところ、品質不正等、調査と並行して顧客対応を進めるべき事案のような場合、第三者委員会ガイドラインに完全準拠した形で調査を実施すると、会社として調査結果を把握するまでに時間を要し、顧客対応が遅れる等の理由で、かえってステークホルダーの信頼回復に資さないと考えられるようなケースもあり得る。そのような場合は、必ずしも第三者委員会ガイドラインに完全には準拠していない形式の委員会（外部調査委員会、特別調査委員会等と呼称されることがある）を設置することが有用な場合もある[1]。

(2) 調査の流れ

ア　調査対象の設定

本格調査は、大要、①既に発覚している不祥事について更なる調査（以下「本件調査」という）を尽くすとともに、②既に発覚している不祥事以外で、これと関連・類似する不祥事の有無を調査し（以下「件外調査」という）、件外調査にて、新たな不祥事が発覚した場合は、当該不祥事について調査を尽くし、③これらの不祥事が発生した原因・背景を究明し、④③を踏まえた再発防止策の策定・提言を行うことを目的としてなされる。

なお、調査の迅速性の観点から、本格調査開始当初から、本件調査と並行して、関連・類似する不祥事として想定される事象についての検討や、その有無を検証するための調査手法について検討の上、件外調査に着手することが多いが、本件調査の結果、新たな手口が発覚した場合等は、本格調査開始当初に検討した件外調査の手法の見直しを含め、臨機応変に対応することが求められる。

---

[1]　ただし、そのような場合でも、ステークホルダーからすれば、会社からの独立性は高い関心事項であるように思われることからすれば、公表する調査報告書においては、第三者委員会ガイドラインにどの程度準拠したか（又はどの部分において第三者委員会ガイドラインに準拠しなかったか）を、明示する方が望ましいことが多いように思われる。

イ　調査手法

本格調査における代表的な調査手法は、以下のとおりである。

（ア）　客観的資料・データの検証

裁判実務等の通常の弁護士業務と同様、本格調査においても、客観的資料・データの検証は、重要な調査手法となる。

契約書や受発注書等の取引関係書類、会計帳簿や通帳等の会計書類等、事案に応じて関係する文書等を収集するとともに、取締役会等の議事録や稟議書類等の意思決定に関する書類[2]、コンプライアンス体制・内部統制システム・コーポレートガバナンス等に関する資料[3]等、不祥事の原因となった背景事情に関連する資料も入手の上、対象文書の作成名義人の確認、作成目的、使用状況、内容の正確性（改ざん等の有無）等を検証していくこととなる。

調査対象会社の文書保管状況等によっては、後述の関係者ヒアリングと合わせる等して、現地に赴き、その場で資料の検証等を行った方が、調査の迅速性に資する場合もある。

（イ）　DF（デジタル・フォレンジック）

上記の客観的資料・データの検証には、当然ながら電子ファイル等も含まれるし、事案によっては、会社内のPC・サーバ又は外部のクラウド等に保管されている作成途中の資料を検証することも重要になってくる。また、社内外のやり取りについては、メール・LINE・Chatwork等でなされていることも多く、これらが事実認定の基礎となる場面も多い。そのため、本格調査においては、こうした電子データ等に対する調査手法として、DF（デジタル・フォレンジック）が採用される例が極めて多く、反対にDFを行わない場合はその合理的理由について説明が必要となる場面も多い（なお、以下では、主に本格調査におけるDFを念頭に置いて、そのプロセス等の補足を行うが、DFは、例えば残業時間の確認・退職者による営業秘密情報の持出しの確認等、裁判実務等の通常の弁護士業務においても活用可能性の高い調査手法である）。

---

[2] 会議・委員会一覧、取締役会議事録・資料、役員会議事録・資料、経営会議議事録・資料、監査役会議事録・資料、部長会議議事録・資料、内部統制関係会議議事録・資料、内部監査報告書等が考えられる。
[3] 組織図、グループ図、関係会社一覧、ディスクロージャー誌、法人登記簿謄本、定款・組織規程・業務分掌規程、各種社内規程類、経営計画、コンプライアンスマニュアル、業務マニュアル、内部監査マニュアル等が考えられる。

DFは、概ね、①対象機器・記録媒体等の範囲の決定・確保、②データ保全、③保全データの分析・絞り込み、④絞り込んだデータの精査・評価という流れで進められる。

　上記①（対象機器・記録媒体等の範囲の決定・確保）においては、初期調査や進捗中の本格調査において把握できた事実（システム部門に対するヒアリング結果等を含む）に基づき、必要なデータが、誰のどのような機器・記録媒体等に保存されている可能性があるかを検討し、DFの対象とする機器・記録媒体等を決定・確保することとなる。なお、私物のPC・携帯等を用いたやり取りがなされている可能性がある場合は、これらもDFの対象とすることも検討すべきこととなる（ただし、DFの対象とする機器・記録媒体等が、会社からの貸与物であれば、業務命令に基づき、当該機器・記録媒体等を確保することも可能と考えられるが、私物のPC・携帯等の場合で、私物の提出義務を定めた社内規程等が存在しない場合等は、任意の協力を求めるに留まらざるを得ない場合もある）。

　上記②（データ保全）においては、確保した対象機器・記録媒体等から通常の操作によってコピーする方法ではなく、削除されたデータの復元可能性を残すとともに、データ保全の精度を確保するため、（委員会メンバー立会いのもと）専門のDF業者にて、未使用データを含めた媒体全体を丸ごとコピーする方法を採るとともに、当該DF業者において、上記③（保全データの分析・絞り込み）の前に、削除されたデータの復元を試みることが一般的である。

　上記③（保全データの分析・絞り込み）においては、委員会が設定したキーワードを検索する等して、上記④（絞り込んだデータの精査・評価）の対象とするデータを絞り込むことが一般的である。当該キーワードの設定においては、「隠蔽・隠ぺい」その他の一般的に不祥事において用いられがちな用語に加え、当該事案に則した用語・人名・地名、調査対象会社において独自に用いられている社内用語や当該事案において使われている隠語等を抽出・組み合わせる形で、指定することとなる（監査法人・監督官庁等から追加キーワードに関する示唆・指示があることもある）。データの保全自体が完了していれば、その後にデータが隠滅等される危険性がなくなることから、本格調査の初動段階では、データ保全の対象とする機器・記録媒体等を広めに設定し、その後の本格調査の進捗に合わせて、実際に分析・絞り込みの対象とする機器・記録媒体等を限定したり、優先順位を設定したりすることも多い。また、本格調査の進捗等に合わせて、新たに、当該事案に関連する社内用語や隠語等が明らかになることもあるため、

第11章　危機管理

そのような場合は、新たなキーワードを用いて、再度、絞り込む作業を行うこととなる。

　上記④（絞り込んだデータの精査・評価）においては、上記キーワード検索等によって抽出されたデータのみならず、その前後のやり取りや、DF以外の方法で入手した客観的証拠・関係者の供述証拠等も踏まえ、これらの証拠を時系列に並び替えて検証する等して、事案との関連性や重要性等を検討し、その後の関係者ヒアリングや事実認定の用に供することとなる。

（ウ）　関係者ヒアリング
　上記（ア）の客観的資料・データの検証結果や、上記（イ）のDF結果を踏まえ、又は、これらの調査と並行して、関係する役職員や、任意に協力いただける関連業者等に対するヒアリングを実施していくこととなる。また、本格調査に関与する弁護士は、関係者ヒアリングが、基本的かつ必要不可欠な調査手法であることを意識し、十分なヒアリングを実施する必要がある。

　関係者ヒアリングにおいては、効率的かつ実効的なヒアリングを実施するため、事前に資料を精査した上で、ヒアリングをする関係者の順番・スケジュールを検討するとともに、当該ヒアリング対象者に対して、いかなる資料を提示するか、どのような内容のヒアリング事項をどのような順番で聴取するかを検討した上で、ヒアリングに臨むこととなる。多様な調査手法を同時並行的に進めなければならない本格調査において、こうしたヒアリング準備を限られた時間内で行うにあたって、裁判実務等の通常の弁護士業務で培われた経験（尋問経験を含むが、これに限られない）を十分に活かすことが期待されているとともに、本格調査における経験は、裁判実務等の通常の弁護士業務においても活かされ得る経験となると思われる。

　なお、関係者ヒアリングにおいては、ヒアリングに関するクレームを避けられるようにする、当該ヒアリングを主任する弁護士がヒアリングに専念できるようにする等の観点から、ヒアリングを主任する弁護士に加え、記録係も同席し、2名以上の体制で行うことが望ましい。

　また、実際にヒアリングを進めるにあたっては、冒頭にて、ヒアリングの趣旨や、ヒアリングを実施する弁護士等の立場（会社からの依頼を受け調査を実施する立場であり、ヒアリング対象者の相談等に乗り得る立場にないこと等）、ヒアリング結果の取扱い

第3　不祥事調査の流れ

（ヒアリング結果が、会社や監査法人・監督官庁等に共有され得ることや、当該ヒアリング結果も踏まえた内容が調査報告書に記載され、公表される可能性があること等）を説明することが一般的である。

　かかる冒頭説明を経て、事前に準備したヒアリング事項に沿いつつ、ヒアリング対象者の回答を踏まえ臨機応変にヒアリング事項の順番の変更・追加等を行いながら、ヒアリングを進めていき、その記録としてヒアリングメモを作成していくこととなる。

　また、ヒアリングで得られた供述内容は、当該供述をした者の立場（不祥事の直接関与者か否かだけでなく、直接関与者との関係性等にも留意する必要がある）や、客観的資料に照らし合わせたうえで、その信用性を吟味しつつ、本格調査における事実認定に活かしていくこととなる。

（エ）　アンケート調査

　アンケート調査は、役職員等を対象に、委員会が設定した質問事項に関する回答を求める調査手法であり、幅広い対象者から情報を収集でき、特に件外調査（本件調査の対象となっている不祥事と関連・類似する不祥事の有無に関する調査）との関係で、有効な調査となる場合が多い。また、広く社内の声を集め得るため、不祥事に関連する質問事項だけではなく、コンプライアンス意識の調査や、ガバナンス状況の確認等に関する質問事項を設けることも有用である。

　他方、アンケート調査は、書面又はWebによって行われることが通常であるところ、アンケートに対する回答のみでは、必ずしも意味が明確でない回答や、必要な情報を網羅していない回答が寄せられることも稀ではないことに加え、回答内容の信用性・真実性を吟味する必要があることから、大半のケースにおいて、アンケート回答を受領した後に、アンケート回答者に対するヒアリングを実施する必要が生じる。そのため、調査スケジュールの策定においては、かかるアンケート回答受領後のヒアリングに要する時間等も見込むことが必要となる（また、場合によっては、調査人員の補充等を検討する必要が生じることもある）。

　また、アンケート調査は、役職員等から率直な「生の声」を集めることに大きな意義があるものであるから、アンケート調査に当たっては、アンケート目的の十分な説明を行うとともに、アンケート回答を会社に共有しない旨を約束する、アンケートの回収に関し役職員等に関与させずに、弁護士事務所に直送する方法とする等の工夫を

351

行う必要がある（また、事案内容や求める質問事項との関係において、無記名式のアンケートを行うことが有用な場合もある）。

（オ）ホットラインの設置

上記（エ）のアンケート調査は、アンケート回答の回収後に回答者に対するヒアリングを行う必要があることが大半であるし、アンケート回答によって新たな不祥事が発覚した場合には当該不祥事に関する調査も行う必要があることから、これらに要する時間を考慮し、本格調査の前半に行われることが多い。

他方、本格調査の前半段階に単発的に行われるアンケート調査では、必ずしも網羅的に情報提供がなされるとは限らないため（例えば、アンケート回答後に、本件調査又は別件調査に関連する事象について思い出す場合等もあり得る）、アンケート調査とは別に、情報提供用のホットラインも、合わせて設置することが多い。かかるホットラインの設置においても、設置目的について十分な説明を行うとともに、通常時から会社にて設定している内部通報窓口とは別に新規に設置する、調査委員会に所属する弁護士の弁護士事務所を窓口とする、通報内容に関して会社に共有しない旨を約する等の工夫を行う必要がある。

また、ホットラインに寄せられた通報に関しても、上記（エ）のアンケート調査における回答同様、通報内容それ自体のみでは、必ずしも意味が明確でないものや、必要な情報を網羅していないことも稀ではないことに加え、通報内容の信用性・真実性を吟味する必要があることから、通報者の協力が得られるのであれば、通報受領後に、通報者に対するヒアリングを実施することも検討すべきである。

（カ）その他

上記（ア）～（オ）に限らず、社外データベースとの照合、関連団体への照会、弁護士会照会等がなされることもある。

本格調査に関与する弁護士としては、不祥事に関する事実関係の調査を尽くすとともに、かかる不祥事の発生原因の究明・再発防止策の策定・提言を行うという観点から有用と考えられる手法がないか、訴訟実務等の通常の弁護士業務で培った経験も活かしつつ、事案ごとに検討していく姿勢が重要と思われる。

ウ　調査報告書の作成

　上記イの調査で確認できた事実を基に、調査報告書を作成することとなる。

　調査報告書は、概ね、①調査概要、②前提事実、③本件調査における認定事実等、④件外調査、⑤原因分析、⑥再発防止策の提言という構成が取られることが多い。

　また、上記①（調査概要）では、調査に至った経緯、調査目的、委員・補助者構成、独立性確保措置（第三者委員会ガイドラインへの準拠の有無に関する言及含む）、調査対象範囲・調査対象期間、調査期間、調査手法、ディスクレーマー等が記載されることとなる。

　上記②（前提事実）では、調査報告書が社内関係者のみならず、ステークホルダーに広く公開され得るものであることを前提に、上記③〜⑥に記載する内容を理解できるよう、対象会社の概要（沿革・事業内容・業績推移、組織体制等）を記載することとなる。

　上記③（本件調査における認定事実等）では、上記イの調査で確認できた事実を基に、いかなる背景のもとに、いつ・いかなる行為を、いかなる動機で行われ、当該行為の行為者の同僚・上長、間接管理部門（法務部門・財務部門・リスクマネジメント部門等）、内部監査部門は、当該行為にどのように関与していたのか（関与していないとして、当該行為に気付き得なかったのはなぜか、どのようなチェック体制を取っていたのか等）について記載することとなる。

　上記④（件外調査）では、本件調査の対象となった行為と類似する行為がないことを確認するために、どのような調査を実施したか（どのような手法で網羅性を担保しているか）に言及した上で、件外調査によって明らかになった不適切な行為があれば、当該行為について、上記③同様、いかなる背景のもとに、いつ・いかなる行為を、いかなる動機で行われ、当該行為の行為者の同僚・上長、間接管理部門、内部監査部門は、当該行為にどのように関与していたのか（関与していないとして、当該行為に気付き得なかったのはなぜか、どのようなチェック体制を取っていたのか等）を言及するとともに、それ以外には類似する行為がなかったことを記載することとなる。

　上記⑤（原因分析）・⑥（再発防止策の提言）では、主として上記②〜④で認定した事実関係を基に、不適切な行為がなされた原因や、当該行為の発覚が遅れた原因等について言及するとともに、同種事案が起きないようにするためにどのような方策を講じるべきかを記載することになる。特に、調査対象会社のステークホルダーからの信頼

第11章　危機管理

回復のためには、行為者の属人的な原因に留まらず、当該行為が起き、看過された組織体制についても正視することが求められる。

3　調査終了後の対応

　第三者委員会ガイドライン上、調査対象会社は、「第三者委員会から提出された調査報告書を、原則として、遅滞なく、不祥事に関係するステークホルダーに対して開示すること」が求められており、上場企業による資本市場の信頼を害する不祥事（有価証券報告書虚偽記載、業務に関連するインサイダー取引等）や不特定又は多数の消費者に関わる不祥事（商品の安全性や表示に関する事案）については、資本市場がステークホルダーといえるので、記者発表、ホームページなどによる全面開示が原則となるであろうとされている。
　これは、調査対象会社の信頼回復のために本格調査を実施している以上、本格調査を経て提出された調査報告書を開示することで、ステークホルダーに対する説明責任を果たす必要があるという考えに基づくものである。
　もっとも、本格調査によって踏み込んだ事実が確認され、原因分析・再発防止の策定に活かされるべく、関係者の詳細な証言等を詳細に記載された調査報告書が作成されることも稀ではなく、そうした調査報告書が全面的に開示されることによって、関係者のプライバシーが侵害されたり、関係者に対する報復等が行われたりすることが危惧されるケースもあり得るし、営業秘密が記載されているケースや公的機関による調査・捜査に悪影響を及ぼし得る事実が記載されているケースもあり得る。そのような場合、関係者の氏名を匿名化（A氏・B氏等）する措置を施したり、調査報告書の原文を一部墨消ししたり、詳細な全文版の調査報告書とは別に、ステークホルダーに対する説明責任を果たすという観点で必要な限度の情報に限定した、開示版の調査報告書を作成する場合もある。
　調査報告書の開示は、調査対象会社のホームページ上でなされることが多いが、事案に応じて、ホームページ上の開示に加え、それと同時又は近接した時期に記者会見を開く場合や、逆に、ステークホルダーが限定されているケース等は、ホームページ上の開示までは行わずに、当該ステークホルダーに対して個別に開示する場合等があ

第3　不祥事調査の流れ

り得る。
　また、本格調査の調査メンバーとしてではなく、会社側アドバイザーの立場で関与した弁護士は、調査報告書を受領した後、調査報告書の内容を精査し、調査報告書で提言された再発防止策と、調査期間中に社内で検討していた再発防止策の整合性を確認し、必要かつ適切な再発防止策を具体的に策定・実現していく過程に関与したり、行為者・関与者・役員の人事上の処遇について助言等を行ったり、必要に応じて、刑事責任の追及や民事訴訟の提訴等を検討していくこととなる。

第4 各紛争類型の原因分析・再発防止イメージ

　以下、公表されている調査報告書に記載されている原因分析・再発防止策等を踏まえ、調査案件以外の事案において考えられる原因分析・再発防止の一例を例示列挙してみる。

　一般民事、例えば、債権回収の分野では、どのような原因分析・再発防止が考えられるだろうか。まず、取引開始段階において、取引相手の信用調査をどの程度実施していたか、取引中も当該信用調査を継続していたか、仮にすべての取引先との関係で十分な信用調査が現実的でないとして、取引額や当該取引先の規模等に応じて、特別に信用調査することが考えられないか等を、依頼者において許容し得る回収リスクとの兼ね合いを踏まえつつ、検討することが考えられる。信用調査の手法として、帝国データバンク等が提供する信用情報を取得することも考えられるが、そこまですることが現実的でないとしても、取引先本人から自主的に申告することを求めるという程度であれば、可能な場合も多かろう（特に、支払猶予等が求められたタイミングにおいて、資金繰りや資産状況の確認を求めることは不自然でないことが多く、当該タイミングで担保や保証を求めることも考えられる）。また、債権回収のために民事保全を実施したような事案では、保全の必要性の疎明のために取得できた取引先の情報が、より早期のタイミングで取得できなかった理由や、当該情報が経営層に伝達されなかった理由等を確認することが有意な場合もあり得る。

　労働事件、例えば、残業代の請求を受けた事案を担当した場合、訴訟の過程において就業規則の不備等が発覚した場合は、当該不備等を是正すべきことはもとより、会社が認めていない（はずの）労働が何故できたのか、労働時間の管理体制や残業申請の運用状況等を検証し、より容易に勝訴し得るような体制の構築を助言することが考えられる。また、労働時間の立証のために用いた手法を参考に、恒常的に適切に労働時間を把握する方法を検討することも有意となる。他にも、ハラスメント事案に関しては、発覚経緯（自浄作用が機能していたか等）や、紛争化するまで放置されていた理由等を検討し、役職員教育や、通報窓口の設置等を促す等することが考えられる（依

第4　各紛争類型の原因分析・再発防止イメージ

頼者の希望に応じて、定期的に社内セミナーを行う旨を提案することや、内部通報の外部窓口を引き受ける又は引受先を紹介することが喜ばれる場合もある)。

　上記以外の案件においても、いままさに生じている紛争の解決のみならず、当該紛争が発生した原因・背景事情に関心を持つとともに、当該紛争を解決する過程で発見された改善点等を踏まえ、依頼者にとって当該紛争の解決のみに留まらない助言等をすることによって、より信頼され、より継続的な関係を築きたいと思ってもらえる専門家に近付ける可能性があると思われる。

- Teamsは、米国Microsoft Corporationの、米国およびその他の国における登録商標または商標です。
- Instagramは、Meta Platforms, Inc.の登録商標または商標です。
- 本文中に記載されている他の製品名及びサービス名は、各社の登録商標、商標又は商品名です。なお、本文中ではこれらについて、TMなどのマークを省略しています。

サービス・インフォメーション
―――――――――――――――― 通話無料 ――
① 商品に関するご照会・お申込みのご依頼
　　　　　　　　TEL 0120(203)694／FAX 0120(302)640
② ご住所・ご名義等各種変更のご連絡
　　　　　　　　TEL 0120(203)696／FAX 0120(202)974
③ 請求・お支払いに関するご照会・ご要望
　　　　　　　　TEL 0120(203)695／FAX 0120(202)973

●フリーダイヤル（TEL）の受付時間は、土・日・祝日を除く
　9:00〜17:30です。
●FAXは24時間受け付けておりますので、あわせてご利用ください。

迅速な対応はプロセスの理解から！
紛争類型別　手続選択のポイント

2025年3月15日　初版発行

編　集　　第一東京弁護士会　若手会員委員会　出版部会
発行者　　田　中　英　弥
発行所　　第一法規株式会社
　　　　　〒107-8560　東京都港区南青山2-11-17
　　　　　ホームページ　https://www.daiichihoki.co.jp/

DTP　　照　山　裕　爾（有限会社ミニマム）

手続ポイント　ISBN 978-4-474-04315-2　C2032（8）